Friedemann Richert

Platon und Christus

Friedemann Richert

Platon und Christus

Antike Wurzeln des Neuen Testaments

Herrn Robert Spaemann gewidmet

Die Deutsche Nationalbibliothek verzeichnet diese Publikation
in der Deutschen Nationalbibliografie;
detaillierte bibliografische Daten sind im Internet über
http://dnb.d-nb.de abrufbar.

Die Herausgabe dieses Werkes wurde durch
die Vereinsmitglieder der WBG ermöglicht.
Satz: Janß GmbH, Pfungstadt
Einbandgestaltung: Peter Lohse, Heppenheim
Einbandabbildung: Der Philosoph Platon als prophetischer Zeuge der Auferstehung Christi
in einem Ausschnitt eines Freskos an der Nordwand
des Klosters Sucevita in der rumänischen Moldau © Karl Christian Felmy
Gedruckt auf säurefreiem und alterungsbeständigem Papier
Printed in Germany

Besuchen Sie uns im Internet: www.wbg-wissenverbindet.de

ISBN 978-3-534-24058-6

Elektronisch sind folgende Ausgaben erhältlich:
eBook (PDF): 978-3-534-71668-5
eBook (epub): 978-3-534-71670-8

Inhaltsverzeichnis

Erstes Kapitel: Wahrheit

Zweites Kapitel: Gott

Drittes Kapitel: Leben

Viertes Kapitel: Die Wendung zu den Alten S. 160

Vorwort

Dieses Buch verdankt sich einem Gelächter: Als ich auf einer Tagung für Pfarrer und Pfarrerinnen einmal auf die Bedeutung von Platon für die Theologie hinwies, erntete ich Staunen und verwundertes Gelächter. Das gedachte ich mit einem gebildeten Lachen aufzunehmen, vermag dieses doch gedankliche Gegensätze in eine höhere Ordnung der Vernunft aufzulösen. Zum einen wusste Platon darum, zum anderen führte er die uns gängigen Begriffe „Seelsorge“ und „Theologie“ in das abendländische Denken ein. So fing ich an, alle Texte Platons zu studieren und mit denen des Neuen Testaments zu vergleichen. Bei Johannes und Paulus fand ich schnell eine geistige Nähe zu Platon, bedenkt man, wie diese drei Denker die aufeinander bezogenen Begriffe: „Wahrheit, Gott, Leben“ philosophisch und theologisch jeweils ausführen: *eine Wahrheit*, *ein Gott als Vater*, *Leben als Angleichung an Gott bzw. als Kind Gottes*. So redet Platon, so reden Johannes und Paulus. Dieses Reden wird in drei Kapitel: *Wahrheit – Gott – Leben* zur Sprache kommen, bei Platon beginnend, zu Johannes führend, bei Paulus endend. Dabei wird sich zeigen, dass Johannes und Paulus zum einen in christlicher Erhabenheit ihre Theologie betreiben, zum anderen aber zu deren Formulierung durchaus auf Platon zurückgreifen. So komme ich im vierten Kapitel: *Der Wendung zu den Alten* zu der närrisch klingenden These, dass man Platon kennen muss, will man Johannes und Paulus mit ihrer Gedankentiefe verstehen. In diesen geistigen Horizont will das Buch die Leser einweisen.

Hierzu möchte es dem philosophisch Interessierten sowie dem Liebhaber der altgriechischen Sprache die Theologie von Johannes und Paulus nahebringen, wie umgekehrt dem theologisch Aufgeschlossenen das Ebenmaß und die Schönheit von Platons Philosophie gezeigt werden soll. Und das alles wird den geneigten Lesern so vorgelegt, dass man weder Philosoph, Altphilologe noch Theologe sein muss, um an diesem Buch Gefallen zu finden.

Freilich will das Buch in der Haltung christlicher Narrenfreiheit gelesen werden, von der Paulus an die Korinther schreibt: „Wer unter euch meint, weise zu sein in dieser Welt, der werde ein Narr, daß er weise werde.“ So gilt demnach: Leiht mir jemand sein Ohr und sagt: „Der Narr hat recht gesprochen“, soll es gut sein. Werde ich darob ausgelacht, so trage ich das Los des Narren, wenigstens gesprochen zu haben, aber nicht gehört worden zu sein. Mit Lachen will ich es dann nehmen, kommt diesem doch nach Platon auch ein heilsames Moment zu.

All meine Überlegungen zum Thema „Platon und Christus“ wurden in bewährter Weise durch meinen alten Griechischlehrer, Herrn Dr. Günter Vogel aus Nürnberg, begleitet. Ohne seine kundigen, altphilologischen Ratschläge, ohne seine weiterführenden Hinweise und sein Korrekturlesen wäre das Buch in der vorliegenden Form nicht entstanden. Darum gilt ihm mein herzlicher Dank!

Meiner Frau Barbara will ich einen liebenden Dank sagen: Sie hat mir stets die Freiheit und Muße zum Schreiben dieses Buches verständnisvoll gewährt, sodass mein Beruf als Gemeindepfarrer, unser Familienleben und mein Schreiben stets gut zueinandergefunden haben.

Auch Herrn Dr. Laakmann und Frau Inga Deventer von der Wissenschaftlichen Buchgesellschaft will ich meinen Dank bekunden: Mit Freundlichkeit und Interesse haben beide die Entstehung dieses Buches begleitet und so seine Veröffentlichung bei der WBG ermöglicht.

Noch eine Bemerkung zur Transkription: 1. Das lange griechische „e“ (eta/η) wird als „ê“, das lange griechische „o“ (omega/ω) wird als „ô“ geschrieben. 2. Die Betonung zwei- und mehrsilbiger transkribierter Wörter wird nicht mit dem dreigliedrigen altgriechischen Akzentsystem, sondern lediglich durch einen Akut (ˊ) angezeigt.

Gewidmet aber ist dieses Buch dem großen Philosophen Robert Spaemann, der mir seit Jahren in geistiger Verbundenheit begegnet.

Sindelfingen, im Frühjahr 2011 *Friedemann Richert*

Erstes Kapitel: Wahrheit

I. Platon

Platon verwendet das griechische Wort *alétheia* (ἀλήθεια) 375-mal. Es wird im Deutschen mit drei unterschiedlichen Bedeutungen wiedergegeben: 1. Wahrheit im Gegensatz zur Lüge, 2. Wirklichkeit im Gegensatz zum bloß äußerlichen Schein und 3. Wahrhaftigkeit, Aufrichtigkeit im Sinne der personalen Eigenschaft.[1] Platons Wahrheitsverständnis nun umkreist im Allgemeinen die schon vorphilosophisch gebräuchlichen Wörter *alêthés* (ἀληθής) in der Bedeutung „unverhohlen, wahr; wirklich, wahrhaftig" und *alétheia* (ἀλήθεια) in der Bedeutung von „Wahrheit". Beiden Wörtern liegt die sprachgeschichtlich anschauliche Grundbedeutung „Unverborgenheit" zugrunde, der zufolge etwas oder jemand seiner Wirklichkeit gemäß erkannt wird, bezeichnen also die Übereinstimmung der Erkenntnis mit der Sache (Thomas von Aquin nennt das: adaequatio intellectus ad rem). Mit der Übernahme dieses Sprachgebrauchs gibt Platon zu erkennen, dass in seinem Verständnis die Wahrheit über den Weg des richtigen Denkens ans Licht gebracht werden kann. Dieses ist indes an das Gespräch in Frage und Antwort gebunden. Insofern unternimmt es Platon in seinem Werk, das Verborgene zwecks Annäherung an die Wahrheit dialogisch ans Licht zu bringen. Immer wieder führt Platon daher einen fragenden Dialogpartner ein, den Philosophen Sokrates nämlich, um so die Gesprächspartner und Zuhörer seiner Dialoge der Wahrheit auf die Spur kommen zu lassen.

In Platons frühen Werken[2] kommt dem Wahrheitsbegriff eine allgemeine Bedeutung zu. Die griechischen Wörter *aléthés* und *alétheia* sind hier noch begrifflich offen und treten überwiegend in Verbindung mit einem Zeitwort des Sagens oder Wahrnehmens (verbum dicendi) auf, so etwa: „Die Wahrheit sagen, reden, hören."[3] Freilich wird sich

---

[1] Vgl. Liddell-Scott-Jones, A Greek-English Lexicon, Oxford 1961⁹, Artikel: ἀλήθεια = *alétheia*, S. 63 und Pape-GDHW, Bd. 1, S. 94f.

[2] Zu diesen zählen folgende Dialoge: Apologie, Kriton, Protagoras, Ion, Hippias I und II, Euthydemos, Laches, Euthyphron, Charmides, Gorgias, Kratylos und Menexenos. Vgl. Michael Erler, Kleines Werklexikon Platon, Stuttgart 2007, S. 16.

[3] Ein weiterer Textbefund ergibt keine neue Einsicht gegenüber dem oben Dargestellten. Vgl. etwa: Ion 532d; Protagoras 323b; 339e; 340c; 348a; 356d–e. Hippias I 370e; Euthydemos 307a; Charmides 175d.

zeigen, dass Platon zunächst die Wahrheitsrede an die Person des Sokrates gebunden verstanden wissen will.

Platons frühe Zeit

An drei Dialogen aus der frühen Schaffensphase Platons sei dies näher dargestellt. Es handelt sich hierbei um die *Apologie des Sokrates*, deren philosophiegeschichtliche Wirkung beträchtlich gewesen ist, dann um den *Gorgias*, der schon in der Antike große Beachtung gefunden hat, schließlich um den *Kratylos*, der gemeinhin als einer der schwierigsten Dialoge Platons gilt.

1. Apologie des Sokrates

In einem aus drei Reden bestehenden Zyklus nimmt Sokrates vor dem Athener Gericht zur Anklage Stellung, die Jugend verdorben und die Gottlosigkeit (*asébeia* = ἀσέβεια) verkündet zu haben. Indes will Sokrates sich nicht im eigenen Interesse verteidigen, um sein Leben zu retten. Vielmehr ist er als wahrhaftig kundiger Seelsorger bemüht, die Seelen der Richter vor der Schuld eines Fehlurteils zu bewahren. Somit vertauschen sich unter der Hand die Rollen: Aus den Anklägern werden Angeklagte, während umgekehrt aus dem Angeklagten der Ankläger im Namen der Wahrheit wird. Gleich zu Beginn beruft sich der angeklagte Sokrates darauf, die Wahrheit zu reden, während seine Ankläger in Athen nichts Wahres sagen:

> „Was für einen Eindruck meine Ankläger auf euch gemacht haben, ihr Athener, weiß ich nicht; was mich betrifft, so habe ich jedenfalls bei ihren Worten beinahe meiner selbst vergessen. So überzeugend klang, was sie sagten. Und doch haben sie sozusagen kein wahres Wort gesprochen. … Sie haben also, behaupte ich, so gut wie kein wahres Wort gesagt; von mir aber sollt ihr die ganze Wahrheit hören.“[4]

Die ganze Wahrheit wird hier indes mit der Glaubwürdigkeit und ethischen Redlichkeit von Sokrates begründet, ohne dass über das Wesen der Wahrheit eigens nachgedacht werden müsste. So genügt es, dass die Wahrheit durch Sokrates' Reden verbürgt wird, denn des wahren Redners Aufgabe und Pflicht besteht doch darin, „die Wahrheit zu reden“.[5] Für Platon ist es zweifelsfrei, dass die Rede des Sokrates für die reine Wahrheit

---

[4] Apologie 17a–b.

[5] Ebd. 18a: ῥήτορος δὲ τἀληθῆ λέγειν = *Es ist Sache des Redners, die Wahrheit zu reden.*

steht, welche die Athener aus seinem Munde hören werden. Mit Überzeugung bekundet daher Sokrates:

> „So hört denn. Vielleicht werden einige von euch glauben, ich scherze. Ich sage aber die volle Wahrheit."[6]

Dennoch wird Sokrates vom Gericht schuldig gesprochen und mit dem Tode bestraft. Und hier, bei dem scheinbar größten Übel für den Menschen, nämlich sein Leben gewaltsam zu verlieren, zeigt sich zum einen die wahre Größe und Seelenbildung des todgeweihten Sokrates, zum anderen aber die Bosheit derjenigen, die sich der verkündeten Wahrheit bewusst verschlossen haben. So resümiert Sokrates, den eigenen Tod vor Augen:

> „Nicht dies dürfte schwierig sein, ihr Athener, dem Tode zu entrinnen, sondern viel schwerer ist es, die Schlechtigkeit zu vermeiden; denn sie läuft schneller als der Tod. Nun aber hat mich, weil ich langsam und alt bin, das Langsamere von beiden, nämlich der Tod, eingeholt; meine Ankläger aber, kräftig und flink, wie sie sind, wurden von dem Schnelleren, der Schlechtigkeit, ereilt. Und nun gehen wir so von dannen: ich des Todes schuldig gesprochen, diese von der Wahrheit der Schlechtigkeit und der Ungerechtigkeit schuldig erklärt; und bei diesem Urteil bleiben wir beide. Vielleicht mußte das so sein, und ich glaube, daß es so richtig ist."[7]

Wer nicht aus der reinen Wahrheit heraus lebt, wie dies die Ankläger des Sokrates tun, wird von der Wahrheit selbst der Ungerechtigkeit angeklagt. Da indes Sokrates aus der Wahrheit heraus lebt und denkt, somit seine Seele im wahrhaft Guten bestellt ist, gewinnt er eine Lebensgewissheit, die über den physischen Tod hinausweist und das Sterben gar als Gewinn ausmachen kann. Findet doch im Tod ein Umzug der Seele in die himmlischen Sphären statt, an dem der Leib keinen Anteil haben kann. So verkündet Sokrates, aus dem Geist der Wahrheit kommend, seinen Richtern:

> „Aber auch auf folgende Art wollen wir erwägen, wie sehr wir hoffen dürfen, daß der Tod etwas Gutes sei. Er ist nämlich eines von beiden: entweder wie ein Nichts-Sein, so daß der Tote auch keine Wahrnehmung mehr von irgendeiner Sache hat; oder dann ist er, wie die Überlieferung sagt, ein Übergang und eine Übersiedlung der Seele von dieser Stätte an eine andere. Wenn nun gar keine Empfindung mehr vorhanden und wenn der Tod wie ein Schlaf ist, wo der Schläfer nicht einmal träumt, dann wäre er wohl ein wunderbarer Gewinn. … Ist dagegen der Tod gewissermaßen eine Reise von hier an einen anderen Ort und stimmt das, was man sagt, daß dort alle Verstorbenen versammelt sind, was könnte es dann für ein größeres Glück geben als dies, ihr Richter? … Sich mit diesen zu unterhalten, mit ihnen zusammenzuleben und sie zu prüfen, das wäre wohl eine unbeschreibliche Glück-

[6] Ebd. 20d.

[7] Ebd. 39a–b.

> seligkeit. … Aber auch ihr sollt dem Tode gegenüber zuversichtlich sein, ihr Richter, und müßt vor allem das als wahr erkennen, daß es für einen guten Menschen kein Übel gibt, weder im Leben noch im Tod, und daß auch die Götter seinem Schicksal gegenüber nicht gleichgültig sind. Auch das meinige hat jetzt nicht zufällig diese Wendung genommen, sondern es ist mir ganz klar, daß es nun am besten für mich ist, zu sterben und die Sorgen los zu werden. … Aber nunmehr ist es Zeit, daß wir gehen, ich, um zu sterben, ihr, um zu leben. Wer von uns dem besseren Los entgegengeht, das weiß niemand als der Gott allein."[8]

Sokrates bezeugt angesichts seines bevorstehenden Todes hoffnungsvoll die Wahrheit. Seine Wahrheitsrede will zudem in ein wahrhaftiges Leben einweisen, für das es kein Übel gibt: weder im Leben noch im Tod. Diese Haltung kann als Tugendleben begriffen werden, welches sich von den Verleumdungen seiner Ankläger positiv abhebt: Mithilfe dieses guten Lebens könne zu Lebzeiten schon der erstrebenswerte Gewinn des göttlichen Geheimnisses ausgemacht werden: die Erkenntnis der Unsterblichkeit der Seele als ewige Glückseligkeit (*eudaimonía* = εὐδαιμονία).

Der von Platon aufgewiesene Zusammenhang zwischen dem Redezeugnis des Sokrates und der ganzen Wahrheit zeigt sich auch im Dialog Gorgias.

2. Gorgias

Der Dialog *Gorgias (oder über die Redekunst)* greift Platons Auseinandersetzung mit der sophistischen Rhetorik auf. Diese war, allgemein gesprochen, bemüht, im Stil der rhetorisch geschickt aufgebauten Prunkrede Wissen als Machtmittel einzusetzen. Infolgedessen entschied die Sophistik das Verhältnis von gesellschaftlichem Brauch und Naturrecht – als Recht des Stärkeren – zugunsten des Letzteren. Damit war auf der einen Seite das Vorrecht des Individuums gegenüber der Gesellschaft gedanklich geboren worden, auf der anderen Seite mündete aber dieses Denken in den Relativismus und Nihilismus. Platon ist nun bemüht zu zeigen, dass der Mensch sich zwischen zwei grundsätzlichen Lebensweisen zu entscheiden hat. So geht es in diesem Dialog um die Frage, was für den Menschen das Vorzugswürdigere sei: Das reine machtpolitische Streben, das mithilfe der Redekunst nach Gutdünken gerechtfertigt werden kann, oder das Leben in ethischer Integrität, das nur über den Weg philosophischer Wahrheitsliebe zu gewinnen ist. Diese Frage erörtert Sokrates nun vornehmlich mit dem Rhetoriklehrer Gorgias, dessen Schüler Polos und dem Politiker Kallikles. Für uns von Interesse ist hier das Gespräch zwischen Sokrates und Kallikles.

In diesem wird zunächst die von Sokrates gegenüber Polos vertretene These aufgegriffen, dass das Gute das Maß allen Handelns zu sein hat. Deswegen formuliert Sokrates auch die Maxime, dass Unrechttun schädlicher ist als Unrechterleiden. Denn für den

[8] Ebd. 40c–42a.

Täter ist doch das getane Unrecht ein Schaden an seiner Seele, während das Opfer durch das erlittene Unrecht keinen Schaden an seiner Seele nimmt. Folgendes Gespräch will dies verdeutlichen:

„SOKRATES: Wohlan denn, was sagten wir doch eben vom Unrechttun und vom Unrechtleiden? Hast du nicht behauptet, es sei schlimmer, Unrecht zu leiden, aber häßlicher, Unrecht zu tun?
POLOS: So sagte ich.
SOKRATES: Nicht wahr, wenn das Unrechttun häßlicher ist als das Unrechtleiden, dann ist es doch wohl auch schmerzlicher, nämlich darum häßlicher, weil es durch den Schmerz oder durch das Übel oder durch beides überwiegt? Auch das muß doch so sein?
POLOS: Allerdings.
SOKRATES: So wollen wir also zunächst prüfen, ob das Unrechttun das Unrechtleiden an Schmerzen übertrifft und ob die, die Unrecht tun, mehr leiden als die, denen Unrecht getan wird?
POLOS: Das ist auf keinen Fall so, Sokrates.
SOKRATES: Es überwiegt also nicht durch Schmerz?
POLOS: Durchaus nicht.
SOKRATES: Wenn nicht durch Schmerz, dann kann es doch auch nicht mehr durch beides überwiegen.
POLOS: Offensichtlich nicht.
SOKRATES: Es bleibt also nur: durch das andere.
POLOS: Ja.
SOKRATES: Durch das Übel.
POLOS: Offenbar.
SOKRATES: Wenn es aber durch das Übel überwiegt, dann muß doch wohl das Unrechttun schlimmer sein als das Unrechtleiden?
POLOS: Das ist klar.“[9]

Der dem allen hier zugrunde liegende Kerngedanke ist das Maß des Schönen als des Guten, welches das Unrechtleiden als das Schönere gegenüber dem Unrechttun erweist. Indes überzeugt dieser Gedanke nur, wenn er aus der Wahrheit heraus formuliert worden ist. So muss Sokrates im Gespräch mit dem Politiker Kallikles diese These nochmals bewähren. Denn Kallikles versteht sich als Realpolitiker, der die von Sokrates vorgetragenen philosophischen Überlegungen in Bezug auf Politik schlicht für Narretei hält. Sokrates hingegen ist von der Wahrheit seiner Rede überzeugt:

„So höre denn – wie man zu sagen pflegt – einen sehr schönen Logos (= vernünftige Rede). Du wirst ihn zwar, wie ich glaube, für einen Mythos halten, ich halte ihn für einen Logos; denn was ich dir jetzt berichten will, erzähle ich dir als etwas, was wahr ist.“[10]

---

[9] Gorgias 475b–c.

[10] Ebd. 523a.

Die nun folgende Erzählung beschreibt ein von Zeus verhängtes Totengericht, welches die Seelen der Verstorbenen ohne Ansehen der Person nach ihren Werken richtet: Sind diese gut gewesen, so gelangen diese Seelen auf die Insel der Seligen, sind diese aber böse und schlecht gewesen, so werden diese Seelen in einen noch unter der Unterwelt gelegenen ewig modrigen, dunklen und schauderhaften Raum, den Tartaros, verbannt.[11] Diese vollständig seiende Wahrheit hat demnach mit einem metaphysisch unbestechlichen Wissen darüber zu tun, wie sich die Seele des Menschen zeitlebens in ethischer Verantwortung mit Blick auf das Totengericht zu bewähren hat. So bekennt Sokrates freimütig:

> „Das ist es, Kallikles, was ich gehört habe, und ich glaube, es ist wahr."[12]

Diese erkannte und von Sokrates verkündete Wahrheit lässt die Seele des Menschen gesunden, so diese in der Wahrheit aufgewachsen ist. Geschieht dies gleichwohl nicht, so wird die Seele krank und hässlich,

> „weil sie ohne Wahrheit aufgewachsen ist. Und er (= der Totenrichter) sieht, wie die Seele durch Willkür, Üppigkeit, Übermut und Unbesonnenheit im Handeln mit Maßlosigkeit und Schändlichkeit beladen ist."[13]

Das Ziel von Platons Dialog Gorgias kann darum mit dem Stichwort „Seelsorge" umschrieben werden, die Sokrates in seiner Gestalt und mit seiner philosophischen Tugendethik zur Gesundung und Heilung den kranken Seelen seiner Gesprächspartner angedeihen lassen will. Dies gelingt aber nur deswegen, weil Sokrates mit Leib und Seele der Wahrheit verpflichtet ist, wie am Ende des Dialogs deutlich wird:

> „Was nun mich betrifft, Kallikles, so habe ich mich durch diese Geschichten überzeugen lassen und trage Sorge, daß ich mit möglichst gesunder Seele vor dem Richter erscheinen kann. Die Ehren, die bei der Menge gelten, lasse ich fahren und bemühe mich, indem ich nach der Wahrheit forsche, wirklich so gut als möglich zu sein, im Leben und, wenn ich dereinst sterben muß, auch im Tode. Ich ermahne aber auch alle meine Mitmenschen, soweit ich kann, und namentlich dich ermuntere ich zu dieser Lebensweise und zu diesem Kampfe, der, wie ich glaube, wichtiger ist als jeder andere Kampf in diesem Leben."[14]

Hier ist der Zusammenhang zwischen dem Seelsorger Sokrates, seiner Wahrheitsliebe und seinem tugendhaften Leben zu greifen. Mit seiner beharrlichen und allgegenwärtigen Wahrheitssuche, immer wieder im Gespräch als *tí-estin-Frage* (*was ist es?*) vorgetragen, will Sokrates alle unwahren Vorurteile überwinden. Denn er ist überzeugt, dass die

---

[11] Vgl. Gorgias 523a–524a.

[12] Ebd. 524a.

[13] Ebd. 525a.

[14] Ebd. 526d–e.

höchstmöglichste, richtige (Er-)Kenntnis der Wahrheit zwangsläufig zu ethisch rechtem Handeln führt, das die Seele gesunden lässt. So aber wird ersichtlich, dass die Wahrheit bei Platon mit dem Besten für das Leben und Sterben zusammenfällt, mithin also eine himmlische Qualität hat.

3. Kratylos

Im Dialog *Kratylos (oder von der Richtigkeit der Benennungen)* geht es um die sprachphilosophische Frage nach der Richtigkeit der Wörter, also um die Frage, ob die Wörter das hergeben, was sie aussagen. Die sokratischen Gesprächspartner Kratylos und Hermogenes haben Sokrates als Schiedsrichter für ihren Gedankenaustausch angerufen, damit er zur Entscheidung und Klärung der strittigen Frage beitragen kann. Kratylos vertritt folgende These: Jedes Ding hat von Natur aus seinen richtigen Namen. Der Gegenspieler Hermogenes behauptet hingegen, dass Name und sprachliche Bezeichnung allein auf Konventionen beruhen. Für Sokrates ist letztlich keine der beiden Positionen überzeugend. Denn Wörter an sich sind keine selbstständigen Erkenntnismittel, vielmehr muss dem Ganzen schon ein unveränderliches Wissen vom wahren Wesen der Dinge und der Sachen vorausgehen. Während des Gesprächs spielt zudem noch die Meinung des Sophisten Protagoras eine entscheidende Rolle, der behauptet, dass der Mensch das Maß aller Dinge sei. So fragt Sokrates:

> „So wollen wir denn sehen, Hermogenes, ob sich die seienden Dinge nach deiner Absicht auch so verhalten, daß sie alle für einen jeden ein besonderes Wesen haben, wie das Protagoras meint, wenn er sagte, aller Dinge Maß sei der Mensch – daß also für mich die Dinge so, wie sie mir zu sein scheinen, auch wirklich sind, für dich aber so, wie sie dir scheinen. Oder meinst du, sie hätten eine feste Bestimmtheit ihres eigenen Wesens?“[15]

Die Antwort, die gefunden werden wird, lautet dann, dass das vernünftige philosophische Suchen sich der unveränderlichen Welt des wahren Seins gedanklich zu nähern hat, andernfalls verliert sich die Philosophie in Beliebigkeit.

> „Sokrates: Wenn nun Protagoras recht hat und wenn das die Wahrheit ist, daß die Dinge so beschaffen sind, wie sie einem jeden scheinen – ist es dann möglich, daß die einen von uns vernünftig und die anderen unvernünftig sind?
> Hermogenes: Gewiss nicht.
> Sokrates: Ich nehme also an, daß du wenigstens mit folgendem ganz einverstanden bist: Wenn es Vernunft und Unvernunft gibt, so ist es gar nicht möglich, daß Protagoras recht

[15] Kratylos 385e–386a.

hat. Denn in Wahrheit wäre der eine nicht vernünftiger als der andere, wenn doch für jeden das wahr ist, was ihm scheint.
HERMOGENES: Ja, so ist es."[16]

Der hier gebräuchliche Wahrheitsbegriff widerspricht dem sophistisch vorgetragenen Relativismus von Wirklichkeit, ist dieser doch insofern nicht einsichtsvoll und vernünftig, weil er der allgemeinen Klugheit, dem gesunden Menschenverstand also, zuwider ist.[17] Umgekehrt wird die Haltung der Vernunft dann eingenommen, wenn man sich der wahren und unveränderlichen Welt der Dinge an sich zuwendet. Zu dieser gehört auch die Wahrheit, die sich einer begrifflichen Definition insofern entzieht, weil sie im göttlichen Bereich beheimatet ist. So trägt Sokrates überzeugend vor:

> „Die ‚Wahrheit' (*alétheia*) aber scheint ähnlich wie die anderen Wörter zusammengehämmert zu sein. Denn offenbar ist die göttliche Bewegung des Seienden in diesem Wort ‚*alétheia*' ausgedrückt, als ob sie ein ‚göttliches Umherschweifen' (*theía álê*) sei. Die ‚Lüge' (pseúdos) aber ist das Gegenteil der Bewegung. … Das ‚Seiende' (on) aber und das ‚Wesen' (usía) stimmen mit der Wahrheit überein."[18]

Wahrheit ist demnach für Platon ein dynamisches, lebendiges und zugleich wesendes Geschehen, das dem Bereich des Göttlichen zugehört. Deswegen ist die Wahrheit auch mit einer, man könnte fast sagen, verschmitzt-heiteren Qualität ausgezeichnet, die Sokrates immer wieder zur Sprache bringt.[19] So bleibt der einzig richtige Weg zur Schlichtung des Streites zwischen Kratylos und Hermogenes der von Sokrates vorgeschlagene Ausweg, sich zu dem Wesen der Dinge an sich als Wahrheit gedanklich vorzutasten:

> „Es herrscht also nun ein Streit zwischen den Namen: die einen behaupten, sie seien der Wahrheit ähnlich, und die anderen sagen nein, sie seien es – wonach sollen wir da eine Entscheidung treffen, und woran sollen wir uns halten? Gewiß nicht an andere Namen als diese; das führt zu nichts. Sondern wir müssen offenbar etwas anderes suchen als Namen, das uns ohne diese darüber Klarheit verschaffen kann, welche von den beiden Arten wahr ist, indem sie uns offenbar die Wahrheit über das Seiende zeigt."[20]

---

[16] Ebd. 386c–d.

[17] Der im obigen Text verwendete Begriff „vernünftig" heißt im Griechischen φρόνιμος = *phrónimos* und bedeutet „bei Verstande, vernünftig, einsichtsvoll, klug". Vgl. Pape-GDHW, Bd. 2, S. 1309.

[18] Kratylos 421b.

[19] Die im griechischen Text gegebenen Formulierung (421b): τῇ „ἀληθείᾳ" ὡς θεία οὖσα ἄλη kann auch übersetzt werden mit „Wahrheit, als eine göttlich seiende heitere Wanderung". Vgl. ἄλη (*álê*) in der Bedeutung „Umherschweifen": Pape-GDHW, Bd. 1, S. 94.

[20] Ebd. 438d.

Platons Wahrheitsverständnis zentriert sich hier demnach auf die Unverborgenheit und Klarheit des Seienden, welches – als das Eine und absolut Gute – wiederum ohne das Göttliche nicht zu denken ist, ja letztendlich das Göttliche selbst ist.

Platons mittlere Zeit

In seinen mittleren Dialogen[21] unternimmt es nun Platon, über sein bisheriges Wahrheitsverständnis hinaus eine philosophisch voraussetzungsreiche Wahrheitskonzeption zu entfalten, die für seine metaphysische Erkenntnis- und Ideenlehre von Bedeutung ist. Auffällig hierbei ist, dass die bisher geübte Personalisierung von Wahrheit in Bezug auf Sokrates und seinen Reden zurücktritt zugunsten eines überpersonalen, autoritativen Anspruchs der Wahrheit an sich.

1. Parmenides

In dem aporetisch, also ergebnisoffen gehaltenen Dialog *Parmenides* unternimmt es Platon, den Sokrates im Gespräch mit Parmenides[22] und Zenon[23] die Ideenlehre entfalten zu lassen. Der aus dem süditalienischen Elea stammende Philosoph Parmenides und die ihm folgenden sogenannten Eleaten vertreten die These eines absoluten, einheitlichen, unwandelbaren, nicht-empirischen Seins, das allein Wahrheit ist. Kriterium für die Wahrheitserkenntnis ist darum einzig das richtige, logische Denken. Darum können über die empirisch wahrnehmbare Welt keine gesicherten Erkenntnisse, sondern nur trügerische Meinungen (*dóxai* = δόξαι) gewonnen werden. Ausgangspunkt im Dialog ist das gemeinsame Nachdenken über das Verhältnis von Einheit und Vielfalt, von Sein und Nicht-Sein, sodass die Frage auftaucht, wie denn Erkenntnis möglich sei.

Für unseren Zusammenhang ist folgendes Gespräch zwischen Sokrates, Parmenides und Zenon von Bedeutung, in dem der Wahrheitsbegriff eine zentrale Rolle spielt. Parmenides erörtert in dialektischer Weise das Beziehungsverhältnis von „Herr und Knecht“ bzw. von „Herrschaft und Knechtschaft“ und führt dann aus, dass Herr und Knecht nur über die gedankliche Brücke des Menschseins füreinander beides sind. Da-

[21] Zu diesen rechnet man allgemein folgende Dialoge: Phaidon, Staat, Phaidros, Gastmahl, die unter der Rubrik „Ideendialoge“ zusammengefasst werden, und die „ideenkritischen“ Dialoge Parmenides und Theaitetos. Vgl. Michael Erler, Kleines Werklexikon Platon, Stuttgart 2007, S. 16.

[22] Parmenides lebte ca. 515–445 v. Chr., war u. a. Gesetzgeber seiner Vaterstadt Elea und Verfasser des fragmentarisch überlieferten philosophischen Lehrgedichts „Über die Natur“.

[23] Zenon d. Ältere aus Elea lebte ca. 490–430 v. Chr. und war ein Schüler des Parmenides. Zudem gilt er als Schöpfer der Dialektik.

raus zieht Parmenides den Schluss, dass nicht das Beziehungsgeschehen zwischen Herr und Knecht, sondern das über diesem waltende Vermögen (*dýnamis* = δύναμις) an sich den gedanklichen Ausschlag zur Erfassung des Herr-Knecht-Verhältnisses gibt.[24] So fragt Parmenides den Sokrates:

> „Oder verstehst du nicht, was ich sagen will? Sehr wohl verstehe ich das, habe Sokrates erwidert. Und auch das Wissen selbst über das, was das wirkliche Wissen ist – müßte das nicht das Wissen von jener Wahrheit selbst sein, die wirklich Wahrheit ist? Gewiß."[25]

Hier wird demnach der Wahrheitsbegriff einer erkenntnistheoretischen Haltung zugeordnet, zu welcher der nach Wahrheit suchende Mensch am besten über den Weg der dialektischen Philosophie kommt. Darum empfiehlt Parmenides dem noch jungen Sokrates, sich an diese alte Philosophie zu halten,

> „tu das, solange du noch jung bist. Sonst wird dir die Wahrheit entgehen."[26]

Die Spitze der Rede des Parmenides mündet hier nun in die Aussage, dass die vollkommene Erkenntnis, damit auch die vollkommene Erkenntnis der Wahrheit, einzig in Gott selbst anzusiedeln ist. Dieser aber entzieht sich in und mit seiner Erkenntnis dem menschlichen Denkvermögen, sodass auch die Wahrheit der menschlichen Erkenntnis letztlich unzugänglich bleibt.[27] So kommt Sokrates zu der Einsicht, dass es mit der Erkenntnis der Wahrheit „ein unendliches Geschäft"[28] ist, und lässt sich durch Zenon wie folgt belehren:

> „Es ist ja durchaus keine geringe Sache, von der er (= Parmenides) spricht. Oder siehst du nicht, wie groß die Aufgabe ist, die du stellst? Wenn wir hier unserer mehr wären, so schickte es sich freilich nicht, ihn darum zu bitten; denn es gehört sich nicht, derartige Fragen vor einem großen Publikum zu behandeln, insbesondere nicht für einen Mann in diesem Alter. Die große Menge begreift ja nicht, daß es, ohne die ganze Frage kreuz und quer zu behandeln, nicht möglich ist, der Wahrheit zu begegnen und zur Einsicht zu gelangen."[29]

Der Wahrheitsbegriff wird im Parmenidesdialog von der Person des Sokrates vollkommen gelöst und demgegenüber als einer eingeführt, der sich in Wechselseitigkeit zum Begriff der Erkenntnis als Wissenschaft zu erschließen anschickt. Insofern korrelieren hier die beiden Begriffe ἀ-λήθεια *(a-létheia)* im Sinne von Unverhülltheit, Wahrheit

---

[24] Vgl. Parmenides 133e.

[25] Ebd. 134a.

[26] Ebd. 135d.

[27] Vgl. ebd. 134b–135a.

[28] Ebd. 136c.

[29] Ebd. 136d–e.

und ἐπιστήμη *(epistémê)* in der Bedeutung von „das Verstehen, die Wissenschaft, die Einsicht" miteinander. Die sinngleich gebrauchten Wörter „Wahrheit und Einsicht" beziehen sich demnach auf die erkennbare, geistig fassbare Wirklichkeit, die nicht mit einem einfachen Führwahrhalten eines Sachverhaltes zu verwechseln sind. Vielmehr bedeutet Wahrheit hier mehr: nämlich die das Wesentliche erschließende und damit zeitunabhängige Einsicht in einen gedanklich gewonnenen Gegenstand oder Sachverhalt. Wahrheit ist also von epistemischer Art und Weise. Insofern rührt für Platon die Wahrheit hier an das Göttliche, das freilich nicht ohne weiteres zu gewinnen ist.

2. Das Gastmahl

Der Dialog *Das Gastmahl (oder über die Liebe)* führt den Leser in die Welt der platonisch verstandenen Liebe (*érôs* = ἔρως) ein. Geschildert wird ein antikes Symposion, also eine gesellige Zusammenkunft von Freunden, die den Sieg eines von ihnen, des Agathon, im Tragödienwettbewerb feiern. Mit einzelnen Lobreden auf den Eros versuchen sich nun die Symposionteilnehmer in einer Art geistigem Wettkampf gegenseitig zu übertrumpfen: Einmal wird Eros als ältester Gott, ein andermal als Naturprinzip, dann als leidenschaftliche Sehnsucht, schließlich als der Seele entspringende jüngste und schönste Gottheit besungen. So unternimmt es auch Sokrates, einen Lobgesang anzustimmen. In der ihm typischen Unwissenheit hebt er an, eine an der Wahrheit ausgerichtete Rede über das Wesen des Eros vorzutragen:

> „Denn auf diese Art will ich nicht noch eine Lobrede halten; ich könnte es auch gar nicht. Wenn ihr aber einverstanden seid, will ich die Wahrheit sagen, auf meine Art und nicht so, wie eure Reden waren, damit ich mich nicht lächerlich mache."[30]

Es scheint so, als wäre Sokrates (wie in der Apologie) wieder in seiner Person der Gewährsmann für die Wahrheit. Unterstützt wird diese Ansicht noch durch den Umstand, dass er sich in seiner Rede auf die Priesterin und Seherin Diotima beruft, die ihm das wahre Wesen des Eros geoffenbart hat: Der Eros ist eine Art Geistwesen, Dämon genannt, der selbst nicht schön ist, indes sich durch Liebe zum Schönen und Guten auszeichnet. Vorgestellt wird er als ein Mittler zwischen Gott und Mensch, Ideal und Erscheinung, Wissen und Meinen. Das Wirken dieses engelhaften Wesens aber will letztlich zur Idee des Schönen führen.[31]

Doch die Worte des Sokrates, so beglaubigt sie auch durch den vorgetragenen Mythos klingen mögen, sind zur Wahrheitserkenntnis nicht mehr hinreichend. Und so

[30] Gastmahl 199a–b.

[31] Vgl. ebd. 201d–212c.

gibt Platon folgendes Gespräch zwischen Sokrates und dem Tragödiendichter Agathon in Bezug auf die Wahrheit wieder:

„»Ich kann dir nicht widersprechen, Sokrates«, habe er erwidert. »Sei es also so, wie du sagst.« »Nein, lieber Agathon«, sagte Sokrates, »der Wahrheit kannst du nicht widersprechen; dem Sokrates zu widersprechen böte gar keine Schwierigkeit«.“[32]

Platon gibt hier also zu erkennen, dass für ihn die Wahrheit nicht mehr an die Person des Sokrates gebunden, sondern in einer höheren Erkenntnisordnung beheimatet ist, als der menschlichen Rede innewohnt.

3. Phaidon

Nicht anders verhält es sich im Dialog *Phaidon (oder über die Seele)*. Hier findet ein Gespräch über die Frage der Unsterblichkeit der Seele statt. Seine besondere Dramatik erhält dieses Gespräch indes durch die unmittelbar bevorstehende Hinrichtung des Sokrates. Diese vor Augen will nun Sokrates der reinen Wahrheit auf die Spur kommen. Ein wesentliches Hindernis hierfür ist der Leib des Menschen, der in seiner zeitlichen Gebrechlichkeit die Seele des Menschen nur verwirrt und somit die Erkenntnis der Wahrheit verhindert.[33] Somit aber ist die denkende Seele, nach Ablegung des Leibes im Tode, in einer erlösten Haltung allein in der Lage, der seienden, reinen Wahrheit zu begegnen.[34]

„Von einem echten Philosophen wenigstens, o Freund, sollte man das annehmen können; denn er wird völlig davon überzeugt sein, daß er die vernünftige Einsicht an keinem Orte in reiner Form finden kann als dort. Wenn dem aber so ist, wie ich eben sagte, dann wäre es doch völlig widersinnig, wenn so ein Mann sich vor dem Tode fürchtete.“[35]

Dementsprechend ist es eine Aufgabe der Seele, sich zur Fahrt in den Tod mit der Zierde der Wahrheit zu schmücken. So sagt Sokrates:

„Und darum darf denn auch jeder um seine Seele unbesorgt sein, der in seinem Leben den leiblichen Lüsten und allem äußeren Putz als wesensfremden Dingen, die seiner Überzeugung nach das Übel nur schlimmer machen, nichts nachgefragt, der sich dagegen der Lust am Lernen hingegeben und so seine Seele geschmückt hat, nicht mit fremden, sondern mit dem zu ihr gehörigen Schmuck, mit Besonnenheit, Gerechtigkeit, Tapferkeit, Freiheit und

---

[32] Ebd. 201c.

[33] Vgl. Phaidon 66a–c.

[34] Vgl. ebd. 65c.

[35] Ebd. 68b.

Wahrheit: so wartet er auf die Fahrt nach dem Hades, zum Aufbruch bereit, wenn das Schicksal ruft."[36]

Wahrheit ist demnach ein höchstes Seelengut, das den Menschen zusammen mit anderen Tugenden zur Seelenfahrt in den Hades bestens bestellt und rüstet. Darum aber kann die Wahrheit nicht mehr allein durch des Menschen Mund verbürgt werden. Daher greift Platon weiter aus und spricht davon, der Wahrheit des Seienden mithilfe des vernünftigen Denkens ansichtig zu werden. Das freilich erfordert eigene Anstrengung und Konzentration. So erzählt Sokrates:

„Nachdem ich es also aufgegeben hatte, die Dinge zu betrachten, ... glaubte ich mich vorsehen zu müssen, daß mir nicht dasselbe widerfahre wie den Leuten, die eine Sonnenfinsternis beobachten und erforschen. Denn es kommt etwa vor, daß einige dabei ihr Augenlicht verlieren, wenn sie das Abbild der Sonne nicht im Wasser oder in etwas Derartigen betrachten. Etwas Ähnliches kam auch mir in den Sinn, und ich befürchtete, an meiner Seele völlig blind zu werden, wenn ich die Dinge mit meinen Augen betrachtete und wenn ich versuchte, sie mit jedem meiner Sinne zu erfassen. Ich beschloß daher, meine Zuflucht zu den Gedanken zu nehmen und in diesen die Wahrheit über das Seiende zu erforschen."[37]

Das wahre Wesen des Seienden (τῶν ὄντων τὴν ἀλήθειαν = *tôn óntôn tên alḗtheian*) aber liegt dem eigentlichen Sein der Wirklichkeit zugrunde: die Ideen. Insofern ist die Wahrheit immer zu unterscheiden von allen ihr zukommenden sinnlichen Erscheinungen: Wahres Sein und wirklicher Schein sind darum als zu unterscheidende Größen genuin der metaphysischen Philosophie als Wissenschaft aufgegeben. Deswegen aber reicht des Menschen Autorität nicht hin, für die Wahrheit selbst zu zeugen. Den eigenen Tod vor Augen, sagt darum Sokrates:

„Ihr aber, wenn ihr mir Folge leisten wollt, sollt euch weniger um Sokrates als vielmehr um die Wahrheit kümmern; wenn euch dünkt, ich sage etwas Richtiges, so stimmt mir zu; ist dies aber nicht der Fall, so bekämpft mich mit jedem Beweismittel, und nehmt euch in acht, daß ich nicht vor lauter Eifer mich selbst und euch zugleich täusche und wie eine Biene bei meinem Weggang einen Stachel ich euch zurücklasse."[38]

Und auch in *Der Staat* wird die Wahrheit gänzlich aller anthropologischen Bindung enthoben. Im Schlusskapitel wird um der Wahrheit willen selbst der altehrwürdige Homer seiner bis dato hehren Autorität beraubt. So lässt Platon den Sokrates bekennen:

„Ich muß mit der Sprache herausrücken, erwiderte ich, obschon mich Liebe und Ehrerbietung, die ich seit meiner Jugend für Homer empfinde, am Reden hindern wollen. Denn er

[36] Ebd. 114d–115a.
[37] Ebd. 99d–e.
[38] Ebd. 91b–c.

> ist doch offenbar der erste Lehrer und Führer all dieser schönen tragischen Dichter gewesen. Aber man darf einen Mann nicht höher achten als die Wahrheit.“[39]

Insofern unternimmt es Platon in seiner mittleren Schaffenszeit, im emphatischen Sinne die Wahrheit, von allen personalen Autoritäten losgelöst, als überpersonale und uneingeschränkte Instanz für das richtige Denken ins Spiel zu bringen. Ziel seiner Wahrheitstheorie ist es, die Wahrheit als höchstes Gut für die Seele auszuweisen, die so für die Unsterblichkeit bestens bestellt werden kann.

4. Der Staat

Der Philosoph hat sich also um die Wahrheit an sich zu bemühen, ungeachtet des Geredes der Leute. Ist doch die Wahrheit nicht widerlegbar. Nun stellt sich die Frage, warum denn die Wahrheit gesucht werden muss. Als Antwort darauf ist ein Blick auf den Dialog *Der Staat (oder übers Gerechte)* angezeigt, wird doch hier der Lebens- und Seinsbezug der Wahrheit an der Frage der Gerechtigkeit evident. *Der Staat* gilt als Hauptwerk Platons, in dem er der Frage nach Wesen und Wirkung der Gerechtigkeit hinsichtlich der Menschen und der Verstorbenen im Staatswesen nachgeht. Da nun die Wahrheit die Seele der Menschen veredeln kann, ist sie von der „wahren Lüge“ als Unwahrheit zu unterscheiden, die sowohl von den Göttern als auch den Menschen verabscheut wird.

> „Die ‚wahre Lüge‘ wird also nicht nur von den Göttern, sondern auch von den Menschen verabscheut.“[40]

Und umgekehrt gilt, dass die Philosophen die Wahrheit lieben, die mit dem Seienden zusammenfällt.[41] Diesen veritativen Gebrauch des Seienden, also das in Wahrheit Seiende, führt nun Platon weiter aus. Ist doch Wahrheit mit der Weisheit und dem Ebenmaß verwandt.[42] Platon wird indes nicht müde, der Wahrheit noch weitere Attribute zuzuschreiben, die in ihrer engen Verknüpfung vom Wahren als dem erkennbar Wirklichen und dem Wahren als dem metaphysisch Seienden vor allem in Platons Gleichnissen zum Tragen kommen. So eröffnet das *Sonnengleichnis* einen besonderen Blick auf Platons Wahrheitsverständnis: So wie den Dingen durch das Sonnenlicht ihre Sichtbarkeit verliehen wird, so verleihen ihnen die Wahrheit und die Idee des Guten letztlich ihre Erkennbarkeit, die dem „lichten Auge der Seele“ vermittelt wird.[43] Der Begriff „Wahrheit“ erweist sich hier in der etymologischen Bedeutung von „Un-verborgenheit“

---

[39] Staat 595b–c.

[40] Ebd. 382c.

[41] Vgl. ebd. 501d.

[42] Vgl. ebd. 485c; 486d.

[43] Vgl. zum Sonnengleichnis: ebd. 506e–509b.

(als ἀ-λήθεια = *a-létheia* im wahrsten Sinne des Wortes), mit der Folge, dass die Wahrheit selbst nicht das Gute, wohl aber mit diesem verwandt ist.

„Das ist es also, was dem Erkannten Wahrheit verleiht und was dem Erkennenden das Vermögen (des Erkennens) gibt: verkünde es nur, das sei die Idee (Urgestalt) des Guten. Denke sie dir als die Ursache des Wissens und der Wahrheit, die wir erkennen. So schön aber diese beiden, Erkenntnis und Wahrheit, sind, so wirst du es doch recht halten, wenn du die Idee des Guten für etwas hältst, das noch schöner ist als diese beiden. So wie es dort richtig war, Licht und Gesicht als etwas Sonnenhaftes anzuerkennen, aber unrichtig, sie für die Sonne selbst zu halten, so ist es auch hier richtig, diese beiden, Wissen und Wahrheit, als etwas Guthaftes anzuerkennen, aber unrichtig, eines von ihnen für das Gute zu halten. Nein, man muß das Wesen des Guten noch höher einschätzen.“[44]

Aus dieser überschwänglichen Schönheit heraus schildert Platon nun im nachfolgenden *Liniengleichnis*, wie unterschiedlichen Wissensstufen auch unterschiedlichen Seinsstufen entsprechen, die mit je unterschiedlichem Wahrheitsgehalt angereichert sind. So kommt Platon zu der Einsicht, dass auch den menschlichen vier Seelenzuständen, nämlich Vermutung (*eikasía* = εἰκασία), Glauben (*pístis* = πίστις), Verstandesgewissheit (*diánoia* = διάνοια) und Vernunfteinsicht (*nóêsis* = νόησις) auch ein ebenso hohes, aufsteigendes Wahrheitsverständnis zukommt, an dem die Seele Anteil hat.[45] In seinem wohl bekanntesten Gleichnis, dem *Höhlengleichnis*, greift Platon nun diese Einsicht auf und will sie auch für das politische Gemeinwesen nutzbar machen.[46] Die Höhle ist der normale Lebensort der ungebildeten Menschen. In Unwahrheit und Unwissenheit fristen sie dort ihre nachthaften Tage. Nur das schrittweise Aufdecken von Wahrheit, für den Menschen mit Mühe und Anstrengung verbunden, vermag hier eine Klärung und Lösung von den Fesseln des dunklen Unverstandes zu bringen. Dies gelingt nur über eine Umlenkung der Seele, welche ihr eine Fahrt zum wahren Sein eröffnet. So sagt Sokrates zu Glaukon:

„Bist du nun einverstanden, daß wir untersuchen, auf welche Weise man zu solchen Männern kommt und wie man sie ans Licht hinaufführt, so wie man von einigen erzählt, sie seien aus dem Hades zu den Göttern aufgestiegen? »Natürlich bin ich einverstanden«, sagte er. Das wäre nun freilich nicht bloß ein Umwenden wie das einer Scheibe beim Spiel, wie es scheint, sondern das Umwenden einer Seele aus einem gleichsam nächtlichen Tage zum wirklichen Tage, der Aufstieg zum wirklichen Sein, den wir eben als die wahre Philosophie bezeichnen wollen.“[47]

---

[44] Ebd. 508e–509a.

[45] Vgl. zum Liniengleichnis ebd. 509c–511e.

[46] Vgl. zum Höhlengleichnis ebd. 514a–517a.

[47] Ebd. 521c.

Diese wahre, unverborgene Philosophie führt nun die Seele des Menschen hin zur Idee des Guten, die sich im Erkennbaren als Herrscherin der Wahrheit und der Vernunft für alle Belange des Lebens zeigt.[48] Indes stellt Platon fest, dass solch ein Leben aus der Wahrheit heraus für den Philosophen im Alltagsleben gefährlich ist, denn man würde ihn gewiss auslachen

> „und von ihm sagen, er komme von seinem Aufstieg mit verdorbenen Augen zurück und es lohne sich nicht, auch nur versuchsweise dort hinaufzugehen. Wer aber Hand anlegte, um sie zu befreien und hinaufzuführen, den würden sie wohl umbringen, wenn sie nur seiner habhaft werden und ihn töten könnten."[49]

Dennoch muss der Philosoph als Seelenführer diese Gefährdung auf sich nehmen und sich um der Wahrheit willen in das alltägliche Geschehen des Gemeinwesens einbringen. Denn seine Wahrheitsschau eröffnet einen tieferen und schärferen Blick für die Wirklichkeit, zum Wohle des Staates:

> „Denn seid ihr einmal daran gewöhnt, so werdet ihr tausendmal besser sehen als die Bewohner dort und werdet erkennen, was alle die Bilder sind und wovon sie die Bilder sind, weil ihr über das Schöne und Gerechte und Gute die Wahrheit geschaut habt."[50]

Die Wahrheit mit den lichten Augen der Seele gesehen zu haben erhebt somit den Philosophen über das irdische Leben hin zu dem Bereich der Ideen des Guten, die den solcherart Wissenden zu wahren Urteilen über Sein und Schein führt. Von dieser hohen Wahrheitskenntnis unterscheidet Platon dann noch die bloße unkundige Meinung und Vorstellung (*dóxa* = δόξα), die den der Wahrheit Unkundigen nur der lächerlichen Redekunst preisgibt.[51] So kann festgehalten werden: Nur der philosophisch Kundige und Geübte ist in der Lage, mithilfe seiner Seelenkraft die Wahrheit in ihrer Schönheit zu erkennen.

Platons späte Zeit

Platons späte Dialoge[52] umspielen seinen bisher dargestellten Wahrheitsbegriff dahingehend, dass sie die Wahrheit als Seelenführerin ausweisen. Damit will er das der Seele

---

[48] Vgl. ebd. 517b–c.

[49] Ebd. 517a.

[50] Ebd. 520c.

[51] Vgl. Phaidros 262c. Vgl. hierzu auch Theaitetos 262c, wo der gleiche Gedanke des Zusammenhangs von Vorstellung bzw. Meinung und Wahrheit thematisiert wird.

[52] Zu diesen zählen die „ideenkritischen" Dialoge: Sophistes, Politikos, Philebos und die „Ideendialoge": Timaios, Kritias und Gesetze. Vgl. Michael Erler, Kleines Werklexikon Platon, Stuttgart 2007, S. 16.

gemäße rechte Denken und Erkennen in Bezug auf die Wirklichkeit möglich machen. Platon geht dieser Frage etwa am Beispiel des Irrens nach und formuliert im Dialog *Sophistes (oder über das Seiende)* die bestechende Aussage, dass keine Seele freiwillig irrt. Vielmehr ist das Irren nichts anderes als ein Vorbeidenken der Seele an der Einsicht der Wahrheit.[53] Insofern ist dieses Irren mit dem Nichtwissen (*agnoeín* = ἀγνοεῖν) der Wahrheit gleichzusetzen. Diesem irrenden Nichtwissen aber hat der Staat entgegenzuwirken, indem er für die richtige Erziehung als Veredlung der Seelen seiner Bürger zu sorgen hat. So schreibt Platon im Dialog *Der Staatsmann*, dass das göttliche Band der Erziehung die tapfere Seele jene Wahrheit ergreifen lässt, die die wahrhafte Vorstellung (*dóxa* = δόξα) vom Gerechten, Schönen und Guten wohlbegründet in der Seele einwohnen lässt. Dies alles zusammen nennt Platon „das Göttliche in einem dämonischen Geschlecht."[54] Das seelsorgerische Anliegen Platons in Bezug auf die Wahrheit kommt besonders beredt in den Dialogen *Philebos*, *Timaios* und *Die Gesetze* zum Ausdruck.

1. Philebos

Der Dialog *Philebos* kreist um die zentrale Frage der Verhältnisbestimmung von Lust und Wissen. Im Gespräch mit Protarchos und Philebos formuliert Sokrates sodann die These, dass Lust und Wissen nur in einer Mischform für ein gutes Leben von Bedeutung sein können. Denn ein Leben ohne Vernunft weiß nichts von der Lust am Leben, und umgekehrt wäre ein rein vernünftiges Leben reinweg empfindungslos.[55] Für den philosophisch gestimmten Menschen ergibt sich daher in Bezug auf die Lust die Frage, in welchem Verhältnis zur Wahrheit stehen die gegensätzlichen Werte von „wahr" und „falsch", die Platon ausdrücklich der geäußerten Vorstellung bzw. Meinung (*dóxa* = δόξα) zuschreibt?[56] Platons Antwort lautet: Nur die richtige Ordnung des Denkens vermag diese Frage zu klären: der Vorrang der Vernunft vor der natürlicherweise unbegrenzten Lust. Nur auf diese Weise wird ein Leben in die Wahrheit eingebunden. Dieser Vorrang erweist sich indes in der rein erschlossenen Erkenntnis, dass die unvermischte und reinste Lust der größten und höchsten Lust vorzuziehen ist.[57] Gewonnen wird diese Erkenntnis über eine mathematisch erschlossene Verhältnisbestimmung von Lust und Vernunft. Ist doch der Mathematik nach Platon die höchste gedankliche Reinheit und Klarheit eigen. Zudem eröffnet die Mathematik die Erkenntnis von selbstständigen und

[53] Vgl. Sophistes 228c–d.

[54] Vgl. Der Staatsmann 309c–e. Das Wort „Dämonisches" (*daimónion* = δαιμόνιον) bedeutet hier, dem griechischen Sprachgebrauch zurzeit Platons gemäß: „die Wirkung der Gottheit, die im Menschen wohnende Stimme des Göttlichen". Vgl. Pape-GDHW, Bd. 1, S. 514.

[55] Vgl. Philebos 20b–23b.

[56] Vgl. ebd. 37b–c.

[57] Vgl. ebd. 52c–53d.

intelligiblen Wesenheiten als Objekt.[58] Im weiteren Gespräch führt Sokrates seinen Dialogpartner Protarchos zu der Einsicht, dass die mathematischen Wissenschaften im Verhältnis zu den verschiedenen Künsten die genauesten sind:

> „Und es sei gesagt, daß sich diese Künste schon sehr vor den anderen auszeichnen, daß sich aber unter ihnen selbst diejenigen mit dem Antrieb des wahrhaft wissenschaftlich Interessierten durch Genauigkeit und Wahrheit in den Maßen und Zahlen noch gewaltig hervortun."[59]

Hier begegnet ein bisher nicht zum Ausdruck gebrachter dialektischer Gedanke, dass nämlich dem menschlichen Leben eine durch Zahlen erschließbare Ordnung von Lust und Vernunft zugehört. Dem entspricht das natürliche Vermögen der menschlichen Seele, das reine Wahre zu lieben und alles um seinetwillen zu tun.[60] So ist für Platon die Genauigkeit des mathematischen Denkens ein sicherer Erkenntnisweg, der Wahrheit am nächsten zu kommen. Denn im mathematischen Denken ist das Verhältnis von Wahrheit und Genauigkeit, und darum von unbegreiflicher Reinheit, idealtypisch erfasst. Das aber bekommt der Seele gut. So kommt Protarchos nicht umhin festzustellen,

> „daß man schwerlich einer anderen Wissenschaft oder Kunst zubilligen darf, daß sie sich mehr an die Wahrheit halte als diese."[61]

Am Ende des Dialoges wird dann der Gedanke entfaltet, wie Schönheit, Wahrheit und Mäßigkeit im Verhältnis von Lust und Vernunft zum Stehen kommen. Die Antwort liegt für Platon auf der Hand. Da die reine Lust jedweder Vernunft entbehrt, verspricht die Lust mehr zu geben als sie faktische geben kann und betrügt aufschneiderisch den Menschen um sein Seelenwohl.[62] Hingegen wird die vernünftige Einsicht im hohen Maße als ganz bei der Wahrheit seiend erkannt.

> „Einsicht aber ist entweder dasselbe wie Wahrheit oder dann das, was ihr am allerähnlichsten und damit am wahrsten ist."[63]

---

[58] Der Begriff Mathematik ist hier dem griechischen μάθημα (*máhêma*) in der Bedeutung „Gelerntes, die Wissenschaft" entnommen, welches zwar durchaus in Arithmetik, Geometrie und Astronomie unterteilt wird, jedoch nicht unserem gebräuchlichen Mathematikverständnis entspricht. Vgl. Pape-GDHW, Bd. 2, S. 81.

[59] Philebos 57c–d.

[60] Vgl. ebd. 58d.

[61] Ebd. 58e.

[62] Vgl. ebd. 65c. „Denn die Lust ist das Unzuverlässigste unter allen Dingen." Das mit „Unzuverlässigste" übersetzte Adjektiv ἀλαζονίστατον (*alazonístaton*) bedeutet betrügerisch, aufschneiderisch, prahlerisch. Vgl. Pape-GDHW, Bd. 1, S. 88.

[63] Philebos 65d.

Dementsprechend ist ein vernünftiges Leben auch ein wahrhaftiges Leben, das sich in der Ordnung des einsichtig richtigen Denkens erschließt.

2. Timaios

Im Dialog *Timaios* legt Platon eine Kosmologie vor, die zudem den Ursprung des Menschen beinhaltet. Rückblickend auf den Dialog *Der Staat* wird die Entstehung der Gesellschaft angedeutet. Im Gegensatz zu den anderen Dialogen Platons spielt Sokrates im Timaios nur eine randständige Rolle, welche die anderen Gesprächspartner namens Hermokrates und Kritias mit ihm teilen. Hauptredner hingegen ist der Astronom und Philosoph Timaios, der dem Dialog seinen Namen gegeben hat. In unserem Zusammenhang ist zunächst ein Blick auf Timaios' Proömion zu werfen, in dem die Erschaffung der Welt und des Menschen thematisiert wird. Timaios führt darin aus, dass seine Erzählung über die Entstehung der Welt keine wahre, sondern nur eine wahrscheinliche, analoge Rede (ἀνὰ λόγον = aná lógon) sein kann. Denn im Gegensatz zu den wahrhaft intelligiblen Formen, wie etwa die Mathematik oder die Ideen, kann die Welt doch nur als Abbild von etwas Ewigem verstanden werden, sodass

> „die Worte dagegen über das, was jenem nachgebildet ist, die müssen, indem dies selbst ja nur ein Bild ist, wahrscheinlich sein und jenen Gegenständen entsprechen. Denn wie zum Werden das Sein, so verhält sich zum Glauben die Wahrheit."[64]

Platon verwendet hier einen metaphysisch verstandenen Wahrheitsbegriff, der den Menschen handlungsanleitend in der Haltung des Glaubens (*pistis* = πίστις) zukommt. Insofern liegt es auf der Hand, dass Platon hier die Wahrheit hypostasiert, also in einem ewigen göttlichen Bereich angesiedelt wissen will. Dementsprechend kommt der Wahrheit für das menschliche Leben eine ordnende und heilende Funktion zu. Dies wird besonders in den anthropologischen Überlegungen deutlich, die Platon im Timaios ausführt. Gemäß allgemeiner antiker Vorstellungen beschreibt er die Leber als Sitz der Empfindungen und der Leidenschaften des Menschen. In der Leber ist dementsprechend der begehrliche Seelenteil des Menschen zu finden, der sich auf der einen Seite durch Heiterkeit und Wohlbefinden, auf der anderen Seite aber durch Unvernunft und Unwissenheit auszeichnet.[65] Letzteres ist für den Menschen nicht gut. Abhilfe schafft hier wiederum die göttlich verstandene Wahrheit, mit der der Mensch im antiken Mantikwesen in Berührung kommen kann.

---

[64] Timaios 29c.

[65] Vgl. ebd. 70e–72d.

„Denn die uns gestaltet haben, erinnerten sich an den Auftrag ihres Vaters, als er sie anwies, das sterbliche Geschlecht so gut als möglich zu machen, und so erhoben sie auch das Minderwertige in uns, und damit es irgendwie mit der Wahrheit in Berührung komme, machten sie es zum Sitz der Weissagung."[66]

Kern des mantischen Verständnisses ist für Platon der Gedanke der Weissagung, der den Menschen – über die Seelenkraft des Orakelsitzes der Leber – an die Wahrheit heranführt.[67] Das orakelhafte Ergriffensein ist indes mit einer Art geistiger Bewusstlosigkeit für die Menschen verbunden, kommt doch dem mantischen Ergriffenen selbst keine vernünftige Erkenntnis über das sich in der Zeit einstellende Gute oder Böse zu. Vielmehr ereignet sich die mantische Schau im der Denkkraft ermangelnden Schlaf, bei Krankheit oder gar aufgrund von göttlicher Verzückung. Dies wiederum führt den mantisch Ergriffenen nicht zur Erkenntnis der Erscheinungen (φαντάσματα = fantásmata). Vielmehr bedarf dieses göttlich inspirierte Geschehen der vernünftigen Deutung durch theologisch geschulte Propheten, welche die orakelhafte Schau zu erklären verstehen. Diese allein sind darum in der Lage, die orakelhaft wahrgenommenen Bilder durch nüchternes und verständiges Nachdenken wahrheitsgemäß zu deuten und zu beurteilen.[68] Das Göttliche und die damit einhergehende Wahrheit erschließen sich nach Platon über den Weg des vernünftigen Überlegens, welches je persönlich in der Haltung des Glaubens Lebensgestalt findet. Beides aber kommt mit der Wahrheit in Berührung.

Platons Überlegungen gehen nun aber weiter, indem er das gedankliche Ergreifen des Ziels menschlichen Lebens im Zusammenhang mit der Wahrheit zum Thema macht. Zur Pflege der Seele gehört nämlich auch die richtige Erkenntnis der Kreisläufe des Alls. Ist doch die geschaffene Welt ein ewig fortbestehendes Vernunftwesen, das durch das Band der mathematisch strukturierten Weltseele dem Kosmos in seinem Sein und Werden Identität verleiht. So sagt Timaois gegen Ende des Dialogs Folgendes:

„Wer dagegen die Liebe zum Lernen und die wahren Erkenntnisse gepflegt und von seinen Fähigkeiten vorzugsweise diese geübt hat, der wird, sofern er überhaupt zur Wahrheit gelangt, nur unsterbliche und göttliche Gedanken haben – das ist gar nicht anders möglich –, und er kann auch selbst in gar keiner Weise weniger unsterblich sein, als die menschliche Natur es überhaupt zuläßt, an der Unsterblichkeit teilzuhaben. Und weil er nur das Göttliche pflegt und den Schutzgeist (= Daimon), der in ihm wohnt, in guter Ordnung gehalten hat, muß er auch in vorzüglichem Maße glücklich (= vom guten Geist beseelt) sein. Die Pflege aber, die man jedem zu erweisen hat, ist jedesmal dieselbe: man muß einem jeden die Nahrung und die Bewegungen geben, die ihm zukommen. Die Bewegungen aber, die Ver-

---

[66] Ebd. 71d–e.

[67] Das griechische Wort μαντεῖον = *manteíon* bedeutet: Orakelspruch, Weissagung, Orakel, Orakelsitz. Vgl. Pape-GDHW, Bd. 2, S. 93.

[68] Vgl. Timaios 71e–72b.

wandtschaft mit dem Göttlichen in uns haben, sind die Gedanken und die Umläufe des Alls. Diesen also muß ein jeder Gefolgschaft leisten; die Kreisläufe, die sich in unserem Kopfe befinden und die durch unsere Entstehung gestört sind, müssen wir in der Weise wieder in Ordnung bringen, daß wir zur Erkenntnis der Harmonien und der Umläufe des Alls gelangen und so das Denken mit dem Gegenstande des Denkens in Übereinstimmung bringen, entsprechend seinem ursprünglichen Wesen, und daß wir, wenn das geschehen ist, die Vollendung jenes Lebens erreichen, das den Menschen von den Göttern für die Gegenwart und für die zukünftige Zeit als Bestes vorgesetzt ist."[69]

Die Wahrheit zu berühren führt den Menschen notwendigerweise an das Göttliche an sich heran. Dieses Ziel menschlichen Strebens zu erreichen, ist nach Platon aber nur demjenigen möglich, der sich um die wahrhafte Erkenntnis vom Sein und Werden des Kosmos bemüht. Hat sich aber der Mensch in seiner Seele auf diesen mühsamen Weg begeben, dann wird er durch das Göttliche in ihm und durch den ihm einwohnenden Schutzgeist, den Platon Dämon nennt, die Glückseligkeit erlangen, nach der der wissende Mensch strebt: die Unsterblichkeit. Begründet ist dies für Platon in der gedanklichen Verwandtschaft zwischen den göttlich-kosmischen Bewegungen des Alls und dem Göttlichen im Menschen, das den Menschen einer Gottähnlichkeit zuführt. Das Ziel der Wahrheitserkenntnis ist somit die Erlangung göttlicher Harmonie.

3. Die Gesetze

Der Dialog *Die Gesetze* (oder *Gesetzgebung*) ist Platons umfangreichstes und zugleich letztes Werk. Ein namenloser Athener, der Spartaner Megillos und der Kreter Kleinias beraten sich während einer Wanderung über die Fragen nach der besten Staatsform und der Gesetzgebung. Dabei kommen auch Probleme der Philosophie und der Theologie, der Geschichte, der Pädagogik und des Rechts zur Sprache. Der Dialog beabsichtigt im Rückblick auf die Schrift *Der Staat* die Gründung einer zweitbesten Stadt, in der die Herrschaft nicht durch weise Philosophen, sondern durch gerechte Gesetze begründet ist. Die in dieser Stadt wohnenden 5040 Bürger sind alle gleich und ihre Erziehung hat sich nach dem Maß der Verwirklichung der Tugend und einer einheitlich religiösen Überzeugung auszurichten. Demnach werden alle menschlichen Dinge in folgender Ordnung gelenkt: 1. von Gott, 2. vom göttlichen Zufall und 3. vom menschlichen Können. Demgemäß ist nicht der Mensch, sondern das Göttliche das Maß aller Dinge.[70] Insofern liegt es Platon daran, ein frommes und gerechtes Leben zu beschreiben, das sich an der Wahrheitsliebe orientiert. Hierzu freilich greift Platon als Erziehungsmittel auch die pädagogische Lüge auf. Darunter ist eine Redeweise zu verstehen, die den noch

---

[69] Ebd. 90c–d.

[70] Vgl. Gesetze 709b.

Wahrheitsunkundigen mit einer Lüge insofern täuscht, als mithilfe dieser Lüge sein Denken und Sinnen dann doch der Wahrheit an sich zugeführt werden soll.

> „Der Athener: Und nehmen wir auch an, daß sich das nicht so verhalten sollte, wie es unsere Untersuchung jetzt ergeben hat: könnte wohl ein Gesetzgeber, der auch nur ein wenig etwas taugt, wenn je er sonst sich erlaubt hätte, in guter Absicht den jungen Leuten eine Unwahrheit zu sagen, jemals eine nützlichere Lüge vorgebracht haben und eine, die besser dazu geeignet war, sie alle zu veranlassen, alles, was gerecht ist, nicht unter Zwang, sondern freiwillig zu tun?
> Kleinias: Etwas Schönes, Fremdling, ist die Wahrheit, und etwas Dauerhaftes; es scheint jedoch nicht leicht zu sein, ihr Geltung zu verschaffen.“[71]

Ziel dieser pädagogischen Lüge ist demnach, die Schönheit und Unumstößlichkeit der Wahrheit hervorzuheben, ein Geschehen, das freilich nicht leicht zu gewinnen ist. Einzig die schöne Mühe des zur Wahrheit hinführenden Lernens kann hier Abhilfe schaffen. So lässt Platon den Athener sagen:

> „Und auch das Lernen soll von der Anmut, also von der Lust begleitet sein; die Richtigkeit aber und den Nutzen und was es Gutes und Schönes daran hat, das soll dabei die Wahrheit zustande bringen.“[72]

Die Wahrheit wird demnach Wirklichkeit im Erlernen eines tugendhaften und frommen Lebens, das sowohl dem Einzelnen als auch der Stadt (Polis) von Nutzen ist. Denn ein tugendhafter und gottesfürchtiger Mensch wird jede Lüge zu seinem eigenen Vorteil und zum Schaden anderer meiden. Darum ist auch die Selbstliebe die Quelle aller Fehltritte, weil man sich hierbei höher als die Wahrheit schätzt.[73] Und umgekehrt gilt ein Leben aus der Wahrheit als löblich und tugendhaft. So lässt der Athener das Lob der Wahrheit erklingen:

> „Allen Gütern geht die Wahrheit voran, bei den Göttern sowohl wie bei den Menschen; an ihr müßte gleich schon von Anfang an derjenige Anteil haben, der glücklich und gesegnet sein will, damit er eine möglichst lange Zeit als wahrhafter Mensch verbringen kann. So ist er dann vertrauenswürdig.“[74]

Die Wahrheit ist demnach sowohl für die Götter als auch für die Menschen das höchste Gut und gewährt ein glückseliges Leben in Schönheit, Richtigkeit, Tugend und einem guten Ruf.[75] Aufgabe des Gesetzgebers ist es darum, für dieses Leben als das Schönste

---

[71] Gesetze 663d–e. Vgl. zur pädagogischen Lüge auch: Staat 331c–d; 389b; 414b–415c; 459c–d.

[72] Gesetze 667c.

[73] Vgl. ebd. 731e; 732a.

[74] Ebd. 730c.

[75] Vgl. ebd. 734d.

und Wahrste Sorge zu tragen.[76] Und so kommt Platon am Ende seiner Ausführungen zur abschließenden Bemerkung,

> „daß diejenigen, die wirklich und wahrhaft Wächter der Gesetze werden wollen, nicht nur die Wahrheit über diese Dinge wirklich kennen, sondern auch fähig sein sollten, sie mit Worten zu erklären und mit ihren Taten zu befolgen, indem sie genau beurteilen können, welche Handlungen ihrem Wesen nach gut sind und welche nicht."[77]

So verwundert es nicht, dass Platon nicht nur von den Verantwortlichen, sondern von allen Bewohnern der Stadt (Polis) ein frommes, tugendhaftes Leben, ein Leben aus der Haltung der Wahrheit erwartet.

Diese Lebenskunst führt Platon auch in seinem *zweiten Brief* aus.[78] In diesen greift Platon seine politischen Erfahrungen im Umgang mit Dionysios II. und Dion auf.[79] Unter Bezugnahme auf die Wahrheit führt Platon dann gegenüber Dionysios aus, dass die menschliche Seele alles in seiner Beschaffenheit zu ergreifen und verstehen sucht. Dabei geht die Seele solange in die Irre, als sie hierbei nur das ihr Verwandte, nämlich das Unvollkommene, in Betracht nimmt. Solch ein menschliches Suchen ist darum irrendes Suchen. Das aber ist aller Übel Grund und Ursache. Nur eine geläuterte Seele, befreit vom Wehenschmerz der Selbstsuche, wird zum Grund und zur Ursache von allem gelangen: zur Wahrheit.[80]

---

[76] Vgl. ebd. 746b.

[77] Ebd. 966b.

[78] Dieser Brief setzt die zweite Reise Platons nach Sizilien im Jahre 366/365 v. Chr. voraus. Hierüber schreibt Diogenes Laertius in seiner antiken Philosophiegeschichte „Leben und Meinungen berühmter Philosophen", Bd. 1, hg. von Klaus Reich, Hamburg 2008, S. 148 Folgendes: „Seine zweite Reise führte ihn zum jüngeren Dionysios, den er um Land und Leute bat, welche das von ihm entworfene Staatsideal verwirklichen sollten. Dionysios sagte das zwar zu, hielt aber nicht Wort." Insgesamt sind im Corpus Platonicum 13 Briefe überliefert, an deren Echtheit jedoch bis heute mitunter philologische Zweifel angemeldet werden. Vgl. Michael Erler, Kleines Werklexikon Platon, Stuttgart 2007, S. 31–34.

[79] Dionysios II. (430–367 v. Chr.) war Tyrann von Syrakus auf Sizilien. Dion (geb. 409 v. Chr.) war dort Tyrann zwischen 357 und 354. Er war Anhänger und Freund Platons, den er zu sich berufen, um eine Verfassungsreform vorzubereiten; Dion stirbt 354 durch Meuchelmord.

[80] Vgl. Zweiter Brief 312d–313b. Vgl. hierzu auch Dritter Brief 319e.

Zusammenfassung

In seinen *Frühwerken* legt Platon noch keine ausgearbeitete Wahrheitstheorie vor. Jedoch lassen sich in dieser Phase folgende Akzente ausmachen:

1. Gewährsmann für die ganze, reine Wahrheit ist Sokrates in seiner Person und mit seinen Worten. Diese sokratisch verkündete Wahrheit ist für das Leben und Sterben des Menschen von göttlicher Qualität: Führt doch ein Leben in der Haltung der Wahrheit auf den Tugendpfad und zur Erkenntnis der Unsterblichkeit der Seele.
2. Die gelingende Form der Wahrheitssuche ist die durch Sokrates geübte Seelsorge. Diese versteht es nämlich, zur Gesundung und Heilung der kranken Seelen beizutragen, indem diese zu dem wahrhaft Schönen hingeführt werden und so im Totengericht bestehen können.
3. Wahrheit ist ein vernünftiges Geschäft und darum dem lebendigen Bereich des Göttlichen zuzuordnen. Nur wer in der Haltung der Wahrheit lebt, kann zum Wesen der Dinge, also zur Wirklichkeit gelangen. Darum zeigt die Wahrheit auch, wie etwas oder wer jemand wirklich ist.

In seiner *mittlerer Schaffensphase* entwickelt Platon eine dezidierte Wahrheitskonzeption, die ohne Sokrates als Gewährsmann gedanklich erschlossen wird und folgende Merkmale aufweist:

1. Wahrheit ist eine allen menschlichen Autoritäten enthobene, überpersonale und uneingeschränkte metaphysische Instanz, die mittels der Ideenlehre Schritt für Schritt erschlossen werden kann.
2. Der Wahrheit Ziel und zugleich Wirkung ist das richtige Denken des Philosophen in Bezug auf alles, was der Fall ist. Darum ist die Wahrheit als höchstes Gut eine Zierde für die Seele.
3. Daraus resultiert ein veritativer Sprachgebrauch der Wahrheit: Das Sein und die Wahrheit fallen so zusammen, dass beide einander entsprechen. Deswegen ist die Wahrheit von der Lüge als Unwahrheit zu unterschieden. Die Götter und der Philosoph lieben daher das Sein der Wahrheit, während sie die Lüge hassen.
4. Demgemäß entfaltet Platon einen attributiven Sprachgebrauch der Wahrheit als Weisheit, Ebenmaß und Schönheit. Darum ist die Wahrheit mit der Idee des Guten verwandt.
5. Der Leib des Menschen aber verhindert diese wahrhaftige Erkenntnis. Nur die denkende Seele des Menschen kann die reine Wahrheit erkennen. So sucht die erwachte Seele die Ideen als das wahre Wesen des Seienden und will dabei das Gute und die Wahrheit finden. Hierbei muss sie sich der philosophischen Erkenntnis der Unterscheidung zwischen bloßer Meinung und Vorstellung als Schein und dem Sein der Wahrheit bedienen.
6. So aber sind Wahrheit und wissenschaftliche Einsicht als sinngleich zu verstehen, so-

dass die Wahrheit auch die wesentliche Erkenntnis über einen gedanklich gewonnenen Sachverhalt oder Gegenstand beinhaltet. Das aber ist für den Wahrheitssuchenden beschwerlich, mit Mühe und gedanklicher Anstrengung verbunden, sodass die Wahrheit letztlich nur den Philosophen zugänglich ist. Zugleich kann die Wahrheitserkenntnis für ihn – gegenüber der einfachen Menge – auch gefährlich werden, weil sie die Wahrheitserkennenden im Gegenüber zu den Wahrheitsunkundigen als Elite auszeichnet.

In seiner *späten Zeit* ergänzt Platon seine bisherige Wahrheitstheorie noch um folgende Aspekte:
1. Indem die Wahrheit ordnend und heilend an das Göttliche heranführt, ist sie die Seelenführerin des Menschen.
2. Dem entspricht das Ziel der Wahrheitserkenntnis: die Erlangung der göttlichen Harmonie, der Eudaimonia.
3. Diese göttliche Harmonie spiegelt sich in der mathematischen Erschließung des Lebens als vernünftiges Geschehen wider, weswegen Vernunft und Wahrheit als sinngleich zu verstehen sind.
4. Des Menschen entsprechend rechte Haltung hierzu ist der Glaube, welcher die Wahrheit als metaphysische Größe begreift. Wirklich wird darum die Wahrheit mithilfe eines tugendhaften Lebens, welches einen wahrhaftigen Nutzen für den Einzelnen und die Stadt (Polis) mit sich bringt.
5. Für die solcherart noch Unkundigen ist die pädagogische Lüge insofern von Nutzen, als sie es versteht, aus dem Geist der Wahrheit heraus gesprochen, eben zur Wahrheit zu führen. Da aber niemand freiwillig irrt, hebt allein die Kenntnis der Wahrheit diesen Irrtum auf.

In Summa lassen sich somit folgende Hauptaspekte von Platons Wahrheitsverständnis ausmachen:
1. Die Wahrheit gibt es nur im Singular und ist eine metaphysische Größe. Als Seelenführerin will sie die Seele zur ewigen göttlichen Harmonie hinführen. Der wahrhaftige Seelsorger ist Sokrates.
2. Die Erkenntnis der Wahrheit ist nur der denkenden Seele zugänglich, das leibliche Gebundensein des Menschen hingegen verhindert die Wahrheitserkenntnis.
3. Die aus den nachthaften Tagen erwachte Seele erkennt sodann in Schönheit das Sein, die Vernunft und die Idee des Guten als sinnverwandt mit der Wahrheit.
4. Wirklich wird die Wahrheit im Leben des Menschen in der Führung eines tugendhaften Lebens. Die entsprechende Haltung des Menschen hierzu ist der Glaube.

II. Johannes

Das Johannesevangelium ist die erste philosophisch gehaltene Schrift des Neuen Testaments, die das theologische Gespräch mit den hellenistisch Gebildeten seiner Zeit gesucht hat.[1] Darum liegt es nahe, mit Klaus Berger an einer Frühdatierung des Johannesevangeliums festzuhalten, also an der Zeit vor 70 nach Christus.[2] Zudem kann der Verfasser des Johannesevangeliums dem hellenistischen Bildungskreis von Alexandrien zugerechnet werden, sodass auch der Platonismus als geistige Folie zur Konzipierung des Johannesevangeliums gedient haben dürfte.[3] Hatte doch die Hellenisierung, so kann man allgemein sagen, sowohl im Juden- als auch im Christentum alle Bereiche des politischen, kulturellen und alltäglichen Lebens weit und tief durchdrungen. Infolge dessen ist die damalige geistige Welt in Literatur, Religion, Philosophie, Kunst und Gesellschaft ohne die vorherrschende griechische Sprache, Koine genannt, nicht zu denken.[4] Und in dieser Sprache wurde denn auch das gesamte Neue Testament geschrieben, mithin ebenfalls das Johannesevangelium.

Wahrheit bei Johannes

In keinem anderen Evangelium spielt der griechische Wahrheitsbegriff *alḗtheia* (ἀλήθεια) mit seinen Derivaten eine solch zentrale Rolle wie im Johannesevangelium. Taucht der Wahrheitsbegriff bei den Synoptikern[5] nur marginal auf, so verhält sich dies

---

[1] So mit Carl Schneider, Geistesgeschichte der christlichen Antike, München 1970, S. 88.

[2] Vgl. Klaus Berger, Im Anfang war Johannes, Stuttgart 1997, S. 11–127.

[3] Vgl. ebd., S. 54–64.

[4] Vgl. Artikel: „Hellenismus“ in: RGG[4], Bd. 3, S. 1609–1615. Und Burkhard Meißner, Hellenismus, Darmstadt 2007, bes. S. 104–134.

[5] Das Substantiv Wahrheit (*alḗtheia* = ἀλήθεια) begegnet im Matthäusevangelium einmal (Mt. 22, 16), im Markusevangelium dreimal (Mk. 5, 33; 12, 14. 32) und im Lukasevangelium dreimal (Lukas 4, 25; 20, 21; 22, 59). Nicht anders verhält es sich mit dem Adjektiv wahr (*alêthḗs* = ἀληθής), welches bei Matthäus (22, 16) und bei Markus (12, 14) je einmal und bei Lukas überhaupt nicht begegnet. Das Adjektiv wahrhaftig (*alêthinós* = ἀληθινός) begegnet nur einmal in Lukas 16, 11.

im Johannesevangelium völlig anders: In ihm ist „Wahrheit“ ein tief gefüllter Begriff, der auf genial-spielerische Weise die johanneische Theologie zum geistigen Leuchten bringt. So begegnet das Substantiv „Wahrheit“ (*alḗtheia* = ἀλήθεια) im Johannesevangelium 25-mal, das Adjektiv „wahr“ (*alêthḗs* = ἀληθής) erscheint 13-mal. Und das Adjektiv „wahrhaftig“ (*alêthinós* = ἀληθινός) ist im Johannesevangelium neunmal zu lesen.[6] Im Folgenden soll es nun darum gehen, zu sehen, inwiefern der johanneische und der platonische Wahrheitsbegriff miteinander korrelieren.

Wie schon bei Platon begegnet der Wahrheitsbegriff bei Johannes immer wieder in Verbindung mit einem Zeitwort (verbum dicendi), sodass die Wahrheit in Bezug auf Sprache und Wirklichkeit von grundlegender Bedeutung ist. Demnach ist Wahrheit zunächst ein bestimmter Gegenstand des Wissens, der Erkenntnis und der Rede.

> „Da sprach nun Jesus zu den Juden, die an ihn glaubten: Wenn ihr bleiben werdet an meinem Wort, so seid ihr wahrhaftig meine Jünger und ihr werdet die Wahrheit erkennen, und die Wahrheit wird euch frei machen.“[7]

Deutlich ist von Anfang an, dass nur das durch Jesus verbürgte Wort (*lógos* = λόγος) zur Erkenntnis der Wahrheit führt, die ihm wiederum von Gott selbst vermittelt wurde (vgl. 1, 1–18). Dieser Anspruch konnte freilich nicht ohne Konflikte bleiben. In Anlehnung an das antike literarische Genus der Biografie will Johannes daher sein Evangelium als idealtypische Apologie des angeklagten Jesus vor Gericht verstanden wissen.[8] So gehört es zum Selbstverständnis des Johannesevangeliums, seine hellenistisch gebildeten Leser *weg* vom „Christus nach dem Fleisch“ *hin* zu „Christus nach dem Geist“ zu führen, also die Darstellung des Lebens und der Lehre Jesu ins Licht seiner Auferstehung zu rücken.[9] In dieser Absicht lässt Johannes sogleich Jesus seinen jüdischen Gesprächspartnern, die ihn der Unwahrhaftigkeit seiner Worte zeihen und sich hierfür – als Gewährsmann des wahren, rechten Glaubens – auf Abraham berufen, Folgendes antworten:

> „Nun aber sucht ihr mich zu töten, einen Menschen, der euch die Wahrheit gesagt hat, wie ich sie von Gott gehört habe. Das hat Abraham nicht getan.“[10]

---

[6] Ein gleicher Befund ist in den Johannesbriefen festzustellen: Hier begegnet der Begriff Wahrheit (*alḗtheia* = ἀλήθεια) 20-mal, das Adjektiv wahr (*alêthḗs* = ἀληϑής) dreimal, das Adjektiv wahrhaftig (*alêthinós* = ἀληϑινός) ist im 1. Johannesbrief viermal zu lesen.

[7] Johannes 8, 31f. Vgl. 1. Johannesbrief 2, 21.

[8] Vgl. Klaus Berger, Im Anfang war Johannes, Stuttgart 1997, S. 131.

[9] So mit Carl Schneider, Geistesgeschichte der christlichen Antike, München 1970, S. 88.

[10] Johannes 8, 40. Die Verknüpfung mit einem verbum dicendi in: „Der ich euch die Wahrheit gesagt habe“ (ὃς τὴν ἀλήθειαν ὑμῖν λελάληκα), ist hier von besonderem Gewicht: Sie bedeutet nicht einfach „Die Wahrheit sagen“ im Sinne der Richtigkeit einer Aussage. Hierfür verwendet Johannes „schön reden“ (*kalṓs légein* = καλῶς λέγειν, vgl. 4, 17; 8, 48; 13, 13.) Sondern sie bedeutet: „Die göttliche Wahrheit im allumfassenden Sinne verkündigen“ (vgl. 3, 34; 6, 63; 8, 26b;

Interessant ist hier die geistige Parallele zur Apologie des Sokrates. Wie Sokrates vor dem Athener Gericht der Gottlosigkeit angeklagt ist und demgegenüber Platon den Sokrates die Wahrheit bezeugen und sagen lässt, so auch Johannes hier: Unter der Hand wird der der Gotteslästerung angeklagte Jesus (vgl. 19, 7) im Namen der Wahrheit selbst zum Ankläger seiner jüdischen Gesprächspartner, die ihn als Unschuldigen ermorden lassen (vgl. 18–19, 16a).[11] Im Unterschied zu Platon verfolgt Johannes jedoch ein dezidiert theologisches Interesse: Es dürfte nicht von ungefähr sein, dass an unserer Stelle von Jesus als „einem Menschen" gesprochen wird, der mit seiner Person für die göttlich verbürgte Wahrheit eintritt. Der damit verbundene Sinn ist die gänzliche Überstrahlung der bisher an die Juden ergangenen Offenbarung der Wahrheit, für die eben der Mensch Abraham mit seinem Gottesbund steht.[12] Dieser alte Gottesbund wird durch die nunmehr vollkommene Wahrheitsoffenbarung der Worte des Menschen Jesus mit göttlicher Autorität endgültig überboten. Daher formuliert Johannes gleich im Prolog seines Evangeliums den Spitzensatz:

> „Denn das Gesetz ist durch Mose gegeben; die Gnade und die Wahrheit ist durch Jesus Christus geworden."[13]

Johannes will Wahrheit hier als Heilsereignis verstanden wissen, das inhaltlich durch Wohlwollen und Gnade gegenüber den Menschen bestimmt ist.[14] Insofern ist Wahrheit für Johannes nicht nur ein der göttlich-ideellen Sphäre zugehöriges höchstes Gut, wie dies Platon versteht, sondern eine den Menschen zugewandte, heilende Seelenfürsorge. Diese ereignet sich indes in der Wirklichkeit der Welt:

> „Und das Wort (*lógos* = λόγος) ward Fleisch und wohnte unter uns, und wir sahen seine Herrlichkeit als des eingeborenen Sohnes vom Vater, voller Gnade und Wahrheit."[15]

12, 49f.) Die Verwendung des Perfekts, das einen aus einer Handlung resultierenden Zustand bezeichnet, hat den Sinn, alle vorangehenden Offenbarungsreden Jesu als der göttlichen Wahrheit gemäß auszuweisen. Vgl. hierzu: Rudolf Schnackenburg, Das Johannesevangelium, zweiter Teil: Kapitel 5–12, Freiburg, Basel, Wien 1971, S. 284.

[11] Vgl. Klaus Berger, Im Anfang war Johannes, Stuttgart 1997, S. 80f.

[12] Vgl. 1. Mose 15; 17; 21. Der Inhalt dieses Bundes ist die sog. Landgabe und reiche Nachkommenschaft, der in der Geburt Isaaks – als lachendes Geschehen – seine Erfüllung findet. Vgl. Friedemann Richert, Kleine Geistesgeschichte des Lachens, Darmstadt, 2009, S. 62–64.

[13] Johannes 1, 17.

[14] Das deutsche Wort „Gnade" gibt den Sinn des griechischen Wortes „*cháris* = χάρις" nur unzureichend wieder: *charis* bedeutet über Gnade hinaus auch „Anmut, Lieblichkeit, Gunst, Wohlwollen, Fürsorge, Dank". Vgl. Walter Bauer, Griechisch-Deutsches Wörterbuch zum Neuen Testament, Berlin, New York 1971, S. 1734–1737.

[15] Johannes 1, 14.

Deswegen ist dieser Jesus als Verkünder und Bürge der Wahrheit mehr als nur ein Mensch: Er ist der göttliche Logos schlechthin, das göttliche wahrhafte Wort selbst, das mit der Wahrheit in eins fällt und zugleich die Wahrheit ist. So verbürgt Jesus als der Logos die Wahrheit und das göttlich-himmlische Leben. Darum kann Johannes den Jesus folgendes absolute Wort sagen lassen:

> „Ich bin der Weg, die Wahrheit und das Leben; niemand kommt zum Vater, denn durch mich."[16]

So ist das Zeugnis Jesu über sich zugleich auch ein Zeugnis über Gott an sich und die wirkliche Welt und deshalb in jeder Hinsicht wahr. Wahrheit wird auf diese Weise bei Johannes – im Unterschied zu Platon – mit und in der Person Jesus Christus in einem universellen Sinn personifiziert. Ist bei Platon die Wahrheit *etwas*, so ist sie bei Johannes *jemand*. Und diejenigen, die diesen Jemand erkennen und bezeugen, sind ebenso in und aus dieser befreienden Wahrheit lebend (vgl. 8, 32). Besonderes Augenmerk ist hierbei der Aussage des „Lieblingsjüngers" zu schenken, der die Wahrheit des Kreuzesgeschehens bezeugt:

> „Und der das gesehen hat, der hat es bezeugt, und sein Zeugnis ist wahr, und er weiß, daß er die Wahrheit sagt, damit auch ihr glaubt."[17]

Dieses Zeugnis des Lieblingsjüngers wird als beglaubigende Autorität eingeführt, welche die johanneische Darstellung der Person Jesus Christus als die vollkommene Wahrheit ausweisen will. Auch hierbei kann das platonische Wahrheitsverständnis als geistiger Pate ausgemacht werden: Wie in der platonischen Wahrheitssuche immer wieder die wahrheitssuchende Frage „Was ist es?" (*tí-estin-Frage*) vorgetragen wird, so kommt diese bei Johannes ebenso zum Ausdruck: Demnach ist für Johannes die Wahrheit einer Aussage – im Sinne der Übereinstimmung mit dem tatsächlichen, wirklichen Geschehen (*tí-estin?*) – dann gewährleistet, wenn diese von zwei Zeugen ausgesagt wird. So lässt er Jesus Folgendes zu seinen Gesprächspartnern sagen:

> „Auch steht in eurem Gesetz geschrieben, daß zweier Menschen Zeugnis wahr sei. Ich bin's, der von sich selbst zeugt; und der Vater, der mich gesandt hat, zeugt auch von mir."[18]

Diese Doppelbezeugung erweist demnach die göttliche Wahrheit des Jesus. Demnach erschließt sich auch der Sinn der bekannten Frage des Pilatus im Verhör Jesu:

> „Da fragte ihn Pilatus: So bist du dennoch ein König? Jesus antwortete: Du sagst es, ich bin ein König. Ich bin dazu geboren worden und in die Welt gekommen, daß ich die Wahrheit

---

[16] Ebd. 14, 6.

[17] Ebd. 19, 35.

[18] Johannes 8, 17f. Diese Textstelle bezieht sich auf 5. Mose 17, 6; 19, 15.

bezeugen soll. Wer aus der Wahrheit ist, der hört meine Stimme. Spricht Pilatus zu ihm: Was ist Wahrheit?"[19]

Hier wird der Kerngedanke der johanneischen Theologie der Wahrheit deutlich: Wahrheit ist mehr als nur ein Gegenstand des Wissens, der Erkenntnis und der Rede. Wahrheit ist das göttlich autorisierte Auftreten, Reden und In-der-Welt-Sein der Person Jesus Christus. Freilich wird diese göttliche Wahrheitsperson Jesus Christus nur dem offenbar, der aus dem Geist der Wahrheit ist (vgl. 14, 17). Aus diesem Geist ist freilich nur derjenige, der „nicht von dieser Welt ist." Da aber Pilatus ein Repräsentant dieser Welt ist, bleibt ihm die Wahrheit Jesus Christus verschlossen und er kann sie demnach auch nicht hören. Deswegen kann er eben auch diese eine Wahrheit an sich nicht bezeugen, sondern bleibt bei seiner „Was-ist-das-Frage" nach der Wahrheit aporetisch stehen. Kann Pilatus hier nicht wie einer der Gesprächspartner in den aporetischen Platondialogen verstanden werden, der als der Unwissende sich seiner Unwissenheit inne wird und darum am Ende ratlos die Szene verlässt?[20]

Ganz anders ergeht es den Jüngern Jesu als Repräsentanten der christlichen Gemeinde in der wahrheitslosen Welt. Durch Gottes Geist, den Geist der Wahrheit, werden sie, in der Welt seiend, in die ganze Wahrheit eingewiesen werden:

> „Wenn aber jener, der Geist der Wahrheit, kommen wird, wird er euch in alle Wahrheit leiten. Denn er wird nicht aus sich selber reden; sondern was er hören wird, das wird er reden, und was zukünftig ist, wird er euch verkündigen."[21]

Die Gläubigen werden also in das höchste, zeitübergreifende, göttliche Geheimnis eingeführt, nämlich die innige Beziehung zwischen Gott, dem Vater, Jesus Christus und dem Heiligen Geist, welche sich dem Gläubigen als lebendige Wahrheit manifestiert. Demnach sind die Jünger Jesu Repräsentanten der Wahrheit in und gegenüber der Welt. So verheißt Jesus Christus:

> „Wenn aber der Tröster kommen wird, den ich euch senden werde vom Vater, der Geist der Wahrheit, der vom Vater ausgeht, der wird Zeugnis geben von mir."[22]

---

[19] Johannes 18, 37–38a.

[20] Zu denken wäre hier etwa an *Parmenides*, der Platons Ideenlehre grundsätzlich hinterfragt (vgl. 132a–135c), oder auch an *Menon* (vgl. 80d–86c), der in Bezug auf Platons Tugendverständnis ratlos die Szene verlässt.

[21] Johannes 16, 13. Vgl. 1. Johannesbrief 4, 6, wo es gemäß der johanneischen Diktion heißt: „Wir sind von Gott, und wer Gott erkennt, der hört uns; wer nicht von Gott ist, der hört uns nicht. Daran erkennen wir den Geist der Wahrheit und den Geist des Irrtums."

[22] Johannes 15, 26. Vgl. 1. Johannesbrief 5, 6, wo ein Zeugnis Gottes für seinen Sohn Jesus Christus wiedergeben wird: „Dieser ist's, der gekommen ist durch Wasser und Blut, Jesus Christus; nicht im Wasser allein, sondern im Wasser und im Blut; und der Geist ist's, der das bezeugt, denn der *Geist ist die Wahrheit*."

Hier liegt gar ein veritativer Sprachgebrauch vor, sind doch Gott als Vater, der Geist der Wahrheit und Jesus Christus als seiender Grund von allem auszumachen, ganz so wie es schon im Prolog ausgeführt ist.

> „Im Anfang war das Wort, und das Wort war bei Gott, und Gott war das Wort. Dasselbe war im Anfang bei Gott. Alle Dinge sind durch dasselbe gemacht, und ohne dasselbe ist nichts gemacht, was gemacht ist. In ihm war das Leben, und das Leben war das Licht der Menschen."[23]

Dieser Gedanke basiert auf der Logos-Christologie, die besagt: Jesus ist als der Logos der wahrhaftige Offenbarer der göttlichen Wahrheit. Und dieser Logos ist zugleich die alles überfließende göttliche Lebensfülle (πλήρωμα = *plérôma*), wie Johannes es denn treffend zum Ausdruck bringt:

> „Und von seiner Gnade haben wir alle genommen Gnade um Gnade."[24]

Um die vollkommene Weite und Tiefe der johanneischen Logos-Christologie zu verstehen, muss man freilich wissen, dass das griechische Wort *lógos* (λόγος) in seiner deutschen Übersetzung mit „Wort" nur unvollständig wiedergegeben werden kann. Denn *lógos* bedeutet neben dem Begriff „Wort" auch „Ausspruch, seelsorgerlicher Zuspruch, Weissagung, Verkündigung, Unterricht, Offenbarung Gottes, vernünftiger Grund."[25] Wenn also Jesus dieser göttliche *lógos* ist, dann ist er, präexistent wie Gott selbst, als lebenserfüllende Wahrheit zu denken und zu bekennen. Ein Gedanke, der im veritativen Sprachgebrauch des Wortes *lógos* zum Ausdruck kommt. Mit diesem Gedanken konkretisiert und überbietet Johannes das Wahrheitsverständnis Platons ganz im christlichen Sinne: Für Platon ist die gelingende Form der Wahrheitssuche die von Sokrates geübte Seelsorge. Diese versteht es nämlich, die kranken Seelen zum wahrhaft Schönen zu führen. So vorbereitet, können diese im Totengericht bestehen. Zudem lehrt Platon die Erkenntnis der Wahrheit besonders über die Idee des nicht personifiziert gedachten Guten, die als eine „Angleichung an Gott" (*homoíôsis theố* = ὁμοίωσις θεῷ)[26] dem Menschen zeitlich partiell möglich ist. Johannes hingegen geht einen anderen, kühneren Weg: In der Wahrheitsperson Jesus als *lógos* wird zum einen schon Gott selbst in seiner Wahrheit gesehen (vgl. 14, 9) und zum anderen wird das ewige Leben, garantiert durch die Person Jesus, zeitüberwindend schon als präsentisch gedacht. So verheißt Jesus:

---

23 Johannes 1, 1–4.

24 Johannes 1, 16.

25 Vgl. Walter Bauer, Griechisch-Deutsches Wörterbuch zum Neuen Testament, Berlin, New York 1971, S. 942–947.

26 Vgl. Drittes Kapitel, I./1. Ewiges Leben.

„Wahrlich, wahrlich, ich sage euch: wer mein Wort hört und glaubt dem, der mich gesandt hat, der hat das ewige Leben (garantiert sicher) und kommt nicht in das Gericht, sondern (kann gewiss sein:) er ist (bereits) vom Tode zum Leben hindurch gedrungen."[27]

Nicht erst zum wahrhaft Schönen muss der Jünger Jesu geführt werden, um Heilung seiner geschundenen Seele zu erlangen, es genügt das Hören der selig machenden Worte Jesu und das Glauben an seinen himmlischen Vater. Auf diese himmlische Weise ist man schon zu Lebzeiten im himmlischen Stand der Eudaimonia, denn das Totengericht entfällt. Sogar noch mehr verheißt Jesus: nicht nur das Ausfallen des Jüngsten Gerichts, sondern sogar die gänzliche Überwindung des Todes. Der um ihren verstorbenen und hernach auferweckten Bruder Lazarus trauernden und um sein Seelenheil besorgten Schwester Martha sagt Jesus kühn und fest:

„Ich bin die Auferstehung und das Leben. Wer an mich glaubt, der wird leben, auch wenn er stirbt; und wer da lebt und glaubt an mich, der wird nimmermehr sterben."[28]

Wer aber diese Wahrheit erkennt, der wird in das göttliche Licht gestellt und ist darum frei vom „Tun der Sünde" (vgl. 8, 34–36), sodass er sogar die „Wahrheit tun kann." So sagt Jesus:

„Wer aber die Wahrheit tut, der kommt zu dem Licht, damit offenbar wird, daß seine Werke in Gott getan sind."[29]

Da Jesus selbst das Licht der Welt ist (vgl. 8, 12), führt die Erkenntnis der Wahrheit folgerichtig auch zum Tun der Wahrheit, ohne dass hierfür eigens eine ethische Unterweisung oder Tugendlehre, etwa im Sinne Platons, vonnöten wäre. Wer aber in diesem Licht Christi die Wahrheit tut, der ist von der Erkenntnis der Wahrheit in den Stand des Glaubens gekommen. Für das Johannesevangelium ist es denn auch charakteristisch, dass es das Substantiv „Glauben" (πίστις = *pístis*) nicht gebraucht, sondern nur die Verbform „glauben" (πιστεύειν = *pisteúein*) kennt.[30] Die Wahrheit zu tun ist lebendiges Glauben im Licht der Welt. Wie die Wahrheit in der Inkarnation Jesu ein heilsames Geschehen Gottes für den Menschen ist, so wird auch der Mensch durch das Reden und Zeugnis Jesu von sich als der göttlichen Wahrheit zum Glauben gebracht. So antwortet Martha Jesus, nachdem dieser sich als „die Auferstehung und das Leben" geoffenbart hat:

„Ja, Herr, ich glaube, daß du der Christus bist, der Sohn Gottes, der in die Welt gekommen ist."[31]

---

[27] Johannes 5, 24.

[28] Johannes 11, 25–26a; vgl. Drittes Kapitel, II./1. Christus und das Leben.

[29] Johannes 3, 21.

[30] Und zwar 98-mal.

[31] Johannes 11, 27.

Zugang zu dieser Erkenntnis gewährt nur die geistige Haltung des Zum-Glauben-Kommens an Jesus Christus, welche als Gabe Gottes das Heil des ewigen Lebens schlechthin gewährt. Wer aber nicht in diesem wahren Sinne wiedergeboren ist, der kommt nicht in das „Reich Gottes“ (vgl. 3, 1–21), der kann das Wort Gottes nicht hören, sondern ist weiterhin in der Lüge gefangen. So fragt Jesus die nicht an ihn glaubenden Juden:

> „Warum versteht ihr denn meine Sprache nicht? Weil ihr mein Wort nicht hören könnt! Ihr habt den Teufel zum Vater, und nach eures Vaters Gelüste wollt ihr tun. Der ist ein Mörder von Anfang an und steht nicht in der Wahrheit; denn die Wahrheit ist nicht in ihm. Wenn er Lügen redet, so spricht er aus dem Eigenen; denn er ist ein Lügner und der Vater der Lüge. Weil ich aber die Wahrheit sage, glaubt ihr mir nicht. Wer von euch kann mich einer Sünde zeihen? Wenn ich aber die Wahrheit sage, warum glaubt ihr mir nicht? Wer von Gott ist, der hört Gottes Worte; ihr hört darum nicht, weil ihr nicht von Gott seid.“[32]

Wer hingegen an Jesus glaubt, also die Wahrheit tut, der wird in die besondere Seelenfürsorge Jesu gestellt und somit schon zu Lebzeiten dem ewigen Leben zugeführt: der Erkenntnis des wahren Gottes und der Wahrheitsperson Jesus Christus. So betet Jesus im hohepriesterlichen Gebet:

> „So redete Jesus, und hob seine Augen auf zum Himmel und sprach: Vater, die Stunde ist da: verherrliche deinen Sohn, damit der Sohn dich verherrliche; denn du hast ihm Macht gegeben über alle Menschen, damit er das ewige Leben gebe denen, die du ihm gegeben hast. Das ist aber das ewige Leben, daß sie dich, der du allein wahrer Gott bist, und den du gesandt hast, Jesus Christus, erkennen.“[33]

Dieser verherrlichende Glaube lebt einzig von der siegreich verstandenen Kreuzigung Jesu her, die in seine glorreiche Auferstehung mündet. So verkündet der Gekreuzigte als der in und als Wahrheit über die Welt Erhöhte sein majestätisches „Es ist vollbracht!“:

> „Als nun Jesus den Essig genommen hatte, sprach er: Es ist vollbracht! und neigte das Haupt und verschied.“[34]

Dieses die Welt erlösende Geschehen eröffnet für die Jünger Jesu ein völlig neues Gottesverständnis. Von nun an nämlich ist Gott in seiner lebendigen, trinitarischen Wahrheit als der zu verehren, der er in Wahrheit ist: *als Geist*. In einem Glaubensgespräch belehrt daher der wahre Jude Jesus seine in jüdischen Augen ungläubige samaritanische Gesprächspartnerin:

> „Ihr wißt nicht, was ihr anbetet; wir wissen aber, was wir anbeten; denn das Heil kommt von den Juden. Aber es kommt die Zeit und ist schon jetzt, in der die wahren Anbeter den

---

[32] Johannes 8, 43–47.

[33] Johannes 17, 1–3.

[34] Johannes 19, 30.

> Vater anbeten werden im Geist und in der Wahrheit; denn auch der Vater will solche Anbeter haben. Gott ist Geist, und die ihn anbeten, die müssen ihn im Geist und in der Wahrheit anbeten."[35]

Damit benennt Johannes weitreichende Folgen seines Wahrheitsverständnisses, welche den apologetischen Charakter seines Evangeliums verdeutlichen: Nicht nur wird hier der komplette jüdische und samaritanische Tempelkult mit seinem Wahrheitsanspruch in Frage gestellt, sondern es findet demgegenüber eine theologisch-philosophische Elitenbildung der rechten Wahrheitsanbeter statt: Deren wahrhaftiges Kennzeichen ist es, dass sie Gott, den Vater, einzig und allein im Geist und in der Wahrheit anbeten. Eine radikalere Kritik am damaligen jüdischen und samaritanischen Wahrheitsverständnis kann es nicht geben.[36] Kann hier nicht als gedankliche Folie das von Platon herrührende Verständnis der wenigen Wahrheitssuchenden, der Philosophen, ausgemacht werden, die gegenüber den Vielen mitunter gar in Bedrängnis geraten können? Immerhin kann das Johannesevangelium doch als Apologie verstanden werden. Von der Hand zu weisen ist jedenfalls dieser Gedanke nicht.

Zusammenfassung

Das Johannesevangelium lebt von einem konzeptionsreichen Wahrheitsbegriff, der gleichsam wie ein Adler über dem ganzen theologischen Geschehen schwebt.[37]

1. Ausgangspunkt hierfür ist die trinitarisch gedachte *Logoschristologie*, mit der Jesus Christus als göttlich präexistente, nunmehr inkarnierte *Wahrheitsperson* dargestellt und im wahrhaftigen Sinne von all denen bezeugt wird, die ebenso „aus der Wahrheit" sind.[38]
2. Diese göttliche Wahrheitsperson Jesus Christus wird sprachlich in der „verbum-dicendi-Konstruktion" vorgetragen, nach der Jesus die göttliche Wahrheit im umfassenden Sinne redet, verkündet und bezeugt. Darüber hinaus aber betont Johannes die Besonderheit, dass die Wahrheit mehr als nur ein Gegenstand des Wissens, der Erkenntnis und der Rede ist. Denn der *lógos* Jesus ist als gnadenreiche Gottesfülle die

[35] Johannes 4, 22.

[36] Vgl. Zweites Kapitel, II./1. Gott ist Vater und Geist.

[37] Nicht umsonst wurde schon in der frühen christlichen Ikonografie das Johannesevangelium mit dem Symbol des Adlers bezeichnet. Vgl. Wörterbuch der christlichen Ikonographie, hg. von Hannelore Sachs u. a., Regensburg 2005^9, S. 21.

[38] Freilich gilt es zu vermerken, dass Johannes noch keine explizite Trinitätstheologie vorzuweisen hat.

allumfassende Verkündigung und Repräsentation der göttlichen Wahrheit, ja ist diese absolute Wahrheit selbst.

3. Diese wahrhaftige Gnadenfülle kommt all denen zugute, die „aus der Wahrheit" sind und dementsprechend die „Wahrheit tun", verstanden als Ausdruck des Lebens im wahren Lichte der Welt und des Glaubens.
4. Dem entspricht der veritative Sprachgebrauch von der allumfassenden Wirklichkeit Gottes als Wahrheit schlechthin. Diese beruft mit dem *lógos* Jesus eine neue theologisch-philosophische Elite, nämlich die Hörenden der Wahrheit, zum wahren Gottesdienst im „Geist und in der Wahrheit".
5. Den so in Wahrheit Lebenden wird gnadenhalber das ewige Leben und die Auferstehung ohne jüngstes Gericht geschenkt.
6. Das Ganze kulminiert in der glorreichen Kreuzigung und Auferstehung Jesu, die als triumphale Erhöhung der Wahrheit über die Welt verstanden wird.
7. Die freilich nicht aus „der Wahrheit sind", können die Wahrheit weder hören noch erkennen und darum auch nicht in ihr leben. Sie verbleiben entweder in unwissender Aporie oder in der tödlichen Lüge und Sünde verhaftet.

Parallelen zu Platon

Mit dem aufgezeigten Wahrheitsverständnis des Johannes lassen sich unschwer geistige Parallelen zu Platon aufzeigen:

1. Johannes konzipiert sein Evangelium als Apologie Jesu gegenüber den ihn anklagenden Juden. Die geistige Parallele zur Apologie des Sokrates ist mit Händen zu greifen: Sowohl Sokrates als auch Jesus werden in ihrer wahren Größe als die überlegenen Seelenführer dargestellt. Beide sind sich ob ihres bevorstehenden Todes hoffnungsvoll der Wahrheit (Sokrates) bzw. des „tröstenden Geistes der Wahrheit" (Jesus) gewiss. Platon und Johannes ist es daran gelegen, das Leben und das Sterben von Sokrates bzw. Jesus als göttliche Erfüllung bzw. bei Jesus als Gottes Heilshandeln für die Menschen darzustellen. Jedoch in einem entscheidenden Punkt geht Johannes über die platonische Apologie hinaus: In der Apologie ist Sokrates derjenige, der die reine Wahrheit bezeugt und seine Zuhörer in ein wahrhaftiges Tugendleben einweisen will. Ziel dessen ist die Erlangung der Erkenntnis der Unsterblichkeit der Seele, solche Erkenntnis führt in die ewige Glückseligkeit (Eudaimonia).

   Ganz anders hingegen im Johannesevangelium: Hier ist Jesus nicht nur der Bezeuger der Wahrheit, sondern er ist *selbst* als *lógos* die göttliche Wahrheit in Person. Und als dieser lehrt er kein Tugendleben als Voraussetzung zur Erlangung der Eudaimonia, sondern nur das „Hören auf seine Stimme." Und diesem Hören entspringt und entspricht auch der Glaube als *höchste* Form der Wahrheitserkenntnis. Ist doch Jesus selbst als „Auferstehung und das Leben" der Inbegriff der himmlischen Eudaimonia.

Bei Platon hingegen ist der Glaube einer der vier Seelenzustände mit einem minderen Wahrheitsverständnis.[39] Und weiter: Ist bei Platon die Bedingung zur Erlangung der Eudaimonia noch der Durchgang durch das untrügliche Totengericht vonnöten, so entfällt im Johannesevangelium das „Jüngste Gericht" ersatzlos, und zwar für die, die „die Wahrheit tun", also an Jesus Christus glauben.

2. Damit aber verbindet sich ein zweiter Gedanke. Für Platon ist die Wahrheitserkenntnis an eine Elitenbildung gebunden: So bekundet Platon in seiner Schrift *Der Staat*, dass ein Leben aus der Wahrheit nicht nur anstrengend, sondern auch gefährlich ist: Nur die Elite der Philosophen kann diese Bürde des Wahrheitslebens rechtschaffen tragen. Genau der gleiche Gedanke begegnet uns im Johannesevangelium: Auch hier redet Johannes einer geistigen Elite das Wort, die in Abgrenzung und Überwindung aller bisherigen Wahrheitsbekundungen von nun an „Gott als Geist im Geist und in der Wahrheit anbetet", dabei jedoch Gefahr läuft, „in der Welt Angst zu haben" (vgl. Johannes 16, 33; 17, 17).
3. Damit geht ein dritter Gedanke einher: Da nach Platon nicht alle Menschen sich der schwierigen Aufgabe der Wahrheitssuche unterziehen wollen, bleiben diese eben in der aporetischen Haltung des um ihre Unwissenheit Wissens (*tí-estin-Frage*) verhaftet. So auch bei Johannes: Sowohl die ungläubigen Juden als auch vor allem der Heide Pilatus können die Wahrheitsrede Jesu nicht hören und begreifen und bleiben darum, wie die Juden, im Unglauben verhaftet, oder, wie Pilatus, in seiner Ratlosigkeit hinter der Wahrheit verloren zurück.

---

[39] Vgl. Erstes Kapitel, I./4. Der Staat.

III. Paulus

Paulus zählt zu den bedeutendsten Theologen des Christentums. Als kundiger antiker Briefschreiber hat er die christliche Briefgattung im Neuen Testament entscheidend zur geistigen Blüte entfaltet.[1] Was indes Sokrates für Platon ist, das ist Christus für Paulus. Platon und Paulus bezeugen ihre Protagonisten mit einer gedanklichen Weite und Freiheit, deren Wirkung bis heute geistesgeschichtlich anhält. Paulus kommt dabei seine „doppelte Herkunft" zugute, ist er doch ein Bürger zweier Welten: Von der jüdischen Tradition herkommend, ist er als Exponent eines einflussreichen gebildeten Hellenismus zu verstehen, der das Christentum in Sprache und Stil, in Theologie und Bildung zur Vollendung geführt hat.[2] Paulus ist in seiner Person ein typisch hellenistischer Denker gewesen, der in seiner Wirksamkeit wie kein anderer das Christentum als Heidenmissionar im Römischen Reich gelehrt und verbreitet hat.[3] In seiner Verkündigung wendet sich Paulus zunächst an sein eigenes Volk, erlebt dort in kläglichem Misserfolg eine Ablehnung, sodass er sich von den Juden in Fragen der Wahrheit des Glaubens leiderfüllt distanziert. Und selbst bei den Judenchristen im Umfeld des Petruskreises findet er wenig Anerkennung.[4] Anstelle dessen sucht er nun das gebildete Gespräch mit den heidnischen Griechen und kann dabei mittels seiner hellenistischen Bildung unschwer das philosophisch-theologische Gespräch eröffnen. „Hinter diesem ganzen grie-

[1] Zu den echten Paulusbriefen gehören: Römerbrief, 1. und 2. Korintherbrief, Galaterbrief, Philipperbrief, 1. Thessalonicherbrief, Philemonbrief. Nur diese Briefe finden in unsere Untersuchung Eingang. Die Echtheit der übrigen unter seinem Namen geschriebenen Briefe (Epheserbrief, Kolosserbrief, 2. Thessalonicherbrief, 1. und 2. Timotheusbrief, Titusbrief) ist weithin umstritten. Vgl. Eduard Lohse, Die Entstehung des Neuen Testaments, Stuttgart 1979[3], S. 34–65.

[2] Einerseits dürfte Paulus durch das seinerseits hellenistisch beeinflusste Pharisäertum von der jüdischen Apokalyptik geprägt gewesen sein. Andererseits ist der Einfluss des hellenistischen, griechischsprachigen Diasporajudentums nicht zu übersehen. So bewegt sich Paulus souverän in der hellenistischen Rhetorik, verwendet zahlreiche hellenistisch-philosophische Topoi und Vorstellungen und tritt in seinen Briefen zudem in der Rolle des philosophischen Lehrers auf, vgl.: Samuel Vollenweider, Artikel: „Paulus", in: RGG[4], Bd. 6, S. 1044f. Vgl. allgemein zum Hellenismus: Burkhard Meißner, Hellenismus, Darmstadt 2007, bes. S. 97–134.

[3] So mit Carl Schneider, Geistesgeschichte der christlichen Antike, München 1970, S. 65.

[4] Vgl. Galater 2.

chischen Reichtum des Paulinismus steht aber *Platon*."[5] So soll nun im Folgenden das paulinische Wahrheitsverständnis herausgearbeitet werden, ist doch der Wahrheitsbegriff schlechthin der Schlüssel zum Verstehen und Begreifen jedweder Philosophie und Theologie. Und möglicherweise zeigt sich hier eine gedankliche Nähe zwischen Paulus und Platon.

Wahrheit bei Paulus

Bei Paulus begegnet das Substantiv „Wahrheit" (*alétheia* = ἀλήθεια) 24-mal, das Verbum „die Wahrheit reden" (*alêtheúein* = ἀληθεύειν) einmal, das Adjektiv „wahr" (*alêthés* = ἀληθής) erscheint zweimal, das Adjektiv „wahrhaftig" (*alêthinós* = ἀληθινός) verwendet Paulus einmal.[6]

Paulus beansprucht zunächst in seinen Briefen, „die Wahrheit zu sagen". In seiner wohl theologisch bedeutendsten Schrift, dem Römerbrief, beginnt er seine grundsätzlichen Überlegungen zum Verhältnis von Judentum und Christentum in Fragen der heilsgeschichtlichen Erwählung beider wie folgt:

> „Ich sage die Wahrheit in Christus und lüge nicht, wie mir mein Gewissen bezeugt im heiligen Geist, daß ich große Traurigkeit und Schmerzen ohne Unterlaß in meinem Herzen habe."[7]

Nach Paulus ist der Begriff „Wahrheit" ein bestimmbarer Gegenstand des Redens (verbum dicendi), der die Wirklichkeit in angemessener Sprache durchdringt und gestaltet. Diese als feierlicher Schwur gestaltete Eröffnung der Wahrheitserkenntnis über das Judentum und das Christentum führt hin zu einem Verständnis der Wahrheit, das sich nicht in der Person des Paulus, sondern vielmehr „in Christus" als dem Bürgen der Wahrheit begründet und beheimatet weiß. Das aber schließt eine wohlfeile Lügenrede selbstredend aus. Kann doch Paulus gegen die Wahrheit nicht angehen, sondern wird vielmehr durch sein Gewissen, gefestigt und beglaubigt „im heiligen Geist", zur wahren Einheit mit sich selbst gezwungen, eben die Wahrheit zu sagen. Diese Wahrheit „in Christus" ist für Paulus denn auch Grund zur Traurigkeit ob der Verstockung seines Volkes Israels in Fragen der Erkenntnis der Wahrheit in Christus. Aber nicht nur den Juden gegenüber, sondern auch seinen ihm in der christlichen Gemeinde gegenübertretenden Gegnern kann er nur die Wahrheit bezeugen. So schreibt er im 2. Korintherbrief

[5] Carl Schneider, Geistesgeschichte der christlichen Antike, München 1970, S. 69.

[6] Vgl. Novum Testamentum Graece, CD-ROM, Deutsche Bibelgesellschaft, Stuttgart 2008.

[7] Römer 9, 1f.

in Bezug auf seine als schwächlich gebrandmarkte Verkündigung als Apostel – mit einem humorvollen Augenzwinkern:

> „Und wenn ich mich rühmen wollte, wäre ich nicht töricht; denn ich würde die Wahrheit sagen.“[8]

Dieses Rühmen ist wiederum einzig in der Wahrheit begründet, die für Paulus einen absoluten Anspruch beinhaltet. Gegen diese Wahrheit kann Paulus nichts ausrichten, er muss sie sich vielmehr zur eigenen Lebensmaxime machen:

> „Denn wir vermögen nichts wider die Wahrheit, sondern nur etwas für die Wahrheit.“[9]

Auf diese Weise wird Paulus – wie einst Sokrates – selbst zum Bürgen und Zeugen der Wahrheit. Aber nicht irgendeiner unbestimmten Wahrheit, sondern zur Wahrheit Christi, der er sich sogar rühmen darf:

> „So gewiß die Wahrheit Christi in mir ist, so soll mir dieser Ruhm … nicht verwehrt werden.“[10]

So kommt es zu einer komplementären Wahrheitsverkündigung: Zum einen ist Christus selbst der Inhalt der Wahrheit, zum anderen bürgt Christus selbst für die Wahrheit der Rede des Paulus, sodass Paulus selbst die Wahrheit sagt. Paulus hat demnach ein doxologisches Wahrheitsverständnis: Paulus verkündigt die ganze Wahrheit, welche Christus ist. Damit aber will Paulus Gott verherrlicht wissen. Wahrheit ist demnach nicht nur mit einer göttlichen Qualität versehen, sondern fällt im univoken Sinn in eins mit Christus zusammen. Diese Wahrheit aber konfrontiert die Wirklichkeit des Menschen mit dem, worin er von Natur aus nicht ist, jedoch notwendig zu einem gottseligen Leben, zur Eudaimonia braucht: die Wahrheit Christi. So schreibt Paulus, Gottes Gericht über den natürlichen Menschen vor Augen:

> „Darum, o Mensch, kannst du dich nicht entschuldigen, wer du auch bist, der du richtest. Denn worin du den andern richtest, verdammst du dich selbst, weil du ebendasselbe tust, was du richtest. Wir wissen aber, daß Gottes Urteil recht ist über die, die solches tun. Denkst du aber, o Mensch, der du die richtest, die solches tun, und tust auch dasselbe, daß du dem Urteil Gottes entrinnen wirst? Oder verachtest du den Reichtum seiner Güte, Geduld und Langmut? Weißt du nicht, daß dich Gottes Güte zur Buße leitet? Du aber mit deinem verstockten und unbußfertigen Herzen häufst dir selbst Zorn an auf den Tag des Zorns und der Offenbarung des gerechten Gerichtes Gottes, der einem jeden geben wird nach seinen Werken: ewiges Leben denen, die in aller Geduld mit guten Werken trachten nach Herrlich-

---

[8] 2. Korinther 12, 6.

[9] Ebd. 13, 8.

[10] Ebd. 11, 10.

> keit, Ehre und unvergänglichem Leben; Ungnade und Zorn aber denen, die streitsüchtig sind und der Wahrheit nicht gehorchen, gehorchen aber der Ungerechtigkeit."[11]

Hier zeigt sich, dass Paulus die Wahrheit zuerst der Ungerechtigkeit (*adikía* = ἀδικία) antithetisch gegenüberstellt. Denn sowohl die Wahrheit als auch die Ungerechtigkeit bestimmen als jeweilige Grundhaltungen Form, Ausrichtung und Inhalt des Lebens. Wer der Wahrheit (Christi) nicht gehorcht, der gehorcht notgedrungen der Ungerechtigkeit, verstanden als Ausdruck natürlich-menschlicher Gottlosigkeit. Erkenntlich wird dies an den Taten des Menschen: Sind diese aus der Wahrheit, so führt diese den so wahrhaftigen Menschen ins ewige Leben, sind diese aus der Ungerechtigkeit kommend, so gehen damit für den unwahrhaftigen, d. h. ungerechten Menschen Gottes Ungnade und Zorn einher. Die Haltung der Ungerechtigkeit führt darum zwangsläufig zur Lüge als Lebensform. Deswegen versteht Paulus zweitens die Wahrheit Gottes der Lüge der Menschen als kategorisch entgegengesetzt (vgl. Römer 1, 25; 3, 7), verweigern sich doch die natürlichen Menschen als Sünder dem Willen Gottes, aus der Wahrheit zu leben (vgl. Römer 1, 18). Klingt hier nicht als geistige Folie Platons Wirklichkeitsverständnis des *Höhlengleichnisses* an, das den natürlichen Menschen in einer täuschend-echten Scheinwirklichkeit gefangen sieht, die nur durch die mühsame Begegnung mit der Wahrheit überwunden werden kann? So kommt Paulus denn zur nüchternen Erkenntnis:

> „Gott ist wahrhaftig und alle Menschen sind Lügner."[12]

Gegenüber der lügnerischen Wirklichkeit des Menschen verkündet Paulus nun die befreiende Wahrheit des Evangeliums. Freilich ist der genaue Inhalt der Wahrheit nur in christologischer Perspektive zu gewinnen: Nicht die philosophische Anstrengung der platonischen Askese und Ideenschau eröffnet den Weg zur Wahrheit, sondern das erlösende und zur Wahrheit führende Evangelium, das sich inhaltlich durch Kreuzigung, Tod und Auferstehung Christi bestimmt. So hebt Paulus gegenüber der korinthischen Gemeinde wie folgt an, das Evangelium zu benennen:

> „Ich erinnere euch aber, liebe Brüder, an das Evangelium, das ich euch verkündigt habe, das ihr auch angenommen habt, in dem ihr auch fest steht, durch das ihr auch selig werdet, wenn ihr's festhaltet in der Gestalt, in der ich es euch verkündigt habe; es sei denn, daß ihr umsonst gläubig geworden wärt. Denn als Erstes habe ich euch weitergegeben, was ich auch empfangen habe: Daß Christus gestorben ist für unsre Sünden nach der Schrift; und daß er begraben worden ist; und daß er auferstanden ist am dritten Tage nach der Schrift; und daß er gesehen worden ist von Kephas, danach von den Zwölfen. Danach ist er gesehen worden von mehr als fünfhundert Brüdern auf einmal, von denen die meisten noch heute leben, einige aber sind

---

[11] Römerbrief 2, 1–8.

[12] Römer 3, 4.

entschlafen. Danach ist er gesehen worden von Jakobus, danach von allen Aposteln. Zuletzt von allen ist er auch von mir als einer unzeitigen Geburt gesehen worden."[13]

Durch dieses göttliche Heilshandeln durch Christus aber ist die Sünde des Menschen als seine natürliche Gottlosigkeit und Ungerechtigkeit ein für allemal überwunden. So lässt Paulus die Römer triumphierend wissen:

> „Nun aber ist ohne Zutun des Gesetzes die Gerechtigkeit, die vor Gott gilt, offenbart, bezeugt durch das Gesetz und die Propheten. Ich rede aber von der Gerechtigkeit vor Gott, die da kommt durch den Glauben an Jesus Christus zu allen, die glauben. Denn es ist hier kein Unterschied: sie sind allesamt Sünder und ermangeln des Ruhmes, den sie bei Gott haben sollten, und werden ohne Verdienst gerecht aus seiner Gnade durch die Erlösung, die durch Christus Jesus geschehen ist. Den hat Gott für den Glauben hingestellt als Sühne in seinem Blut zum Erweis seiner Gerechtigkeit ... So halten wir nun dafür, daß der Mensch gerecht wird ohne des Gesetzes Werke, allein durch den Glauben."[14]

Darum kann auch kein anderes Evangelium im Namen Christi verkündet werden. In diesem Punkt erweist sich Paulus – um der Wahrheit willen – als kompromisslos. An die Gemeinden in Galatien, die sich einer anderen Lesart des Evangeliums zugewandt hatten, schreibt er im apodiktischen Sinne:

> „Mich wundert, daß ihr euch so bald abwenden lasst von dem, der euch berufen hat in die Gnade Christi, zu einem andern Evangelium, obwohl es doch kein andres gibt; nur daß einige da sind, die euch verwirren und wollen das Evangelium Christi verkehren. Aber auch wenn wir oder ein Engel vom Himmel euch ein Evangelium predigen würden, das anders ist, als wir es euch gepredigt haben, der sei verflucht. Wie wir eben gesagt haben, so sage ich abermals: Wenn jemand euch ein Evangelium predigt, anders als ihr es empfangen habt, der sei verflucht."[15]

Schärfer und härter lässt sich um der Wahrheit des Evangeliums willen nicht reden. Diese Wahrheit duldet keinen Widerspruch oder eine inhaltliche Abänderung. So resümiert Paulus:

> „Wir vermögen nichts wider die Wahrheit, sondern nur etwas für die Wahrheit."[16]

Auch wenn Paulus immer wieder von der Wahrheit im absoluten Sinne redet, fallen doch die Wahrheit und Christus in jeder Hinsicht zusammen, sodass Paulus von Christus und seinem Evangelium in einem veritativen Sprachgebrauch redet bzw. schreibt.

---

[13] 1. Korinther 15, 1–8.

[14] Römer 3, 21–25.28.

[15] Galater 1, 6–9. Vgl. zum Evangelium Gottes: Zweites Kapitel, III./1.

[16] 2. Korinther 13, 8.

Daher ergibt sich für Paulus die Erkenntnis, dass „in Christus sein" dasselbe ist wie „in der Wahrheit sein." In der Wahrheit sein aber heißt, neues Leben von Gott geschenkt zu bekommen:

> „So gibt es nun keine Verdammnis für die, die in Christus Jesus sind. … Wenn aber Christus in euch ist, so ist der Leib zwar tot um der Sünde willen, der Geist aber ist Leben um der Gerechtigkeit willen."[17]

Damit aber entwirft Paulus ein Menschenbild, das den Christen in zwei unterschiedlichen Seinsbereichen verortet sieht:

1. Der irdische Leib (σῶμα = *sṓma*), verstanden als Gegensatz zur Seele und dem Geist des Menschen[18], ist in seiner Sterblichkeit der Wirklichkeit der Sünde bleibend zugeordnet und wird der Vergänglichkeit anheimfallen.

2. Der Geist von Christus, der im Christenmenschen – durch die Taufe (vgl. Römer 6, 1–11) – einwohnt, verleiht ihm göttliches, dem Tod entgegengesetztes Leben (ζωή = *zôé*)[19] aus der Gerechtigkeit Christi heraus. Diese Perspektive zieht Paulus dann noch weiter aus, indem er von dem Glaubenden sagt, dass er eine neue Schöpfung, eine neue Kreatur Gottes ist, enthoben aller Ungerechtigkeit und Unwahrhaftigkeit, allein aus der Wahrheit Christi lebend:

> „Darum: Ist jemand in Christus, so ist er eine neue Kreatur; das Alte ist vergangen, siehe, Neues ist geworden."[20]

Dieser Gedanke lebt seinerseits von der verkündeten Wahrheit Christi, die ins Wort gesetzt selbst zur geschehenden wirksamen Wahrheit wird. Der Hörer dieser wahren Worte wird auf diese Weise in den absoluten Machtbereich der Wahrheit gestellt: neues Leben aus Christi Hand. Dem entspricht die Reinheit der paulinischen Wahrheitsverkündigung, die sich im göttlichen Sonnenlicht[21] der Wahrheit einstellt und vernehmen lässt (vgl. 2. Korinther 1, 12).

Diese wahrhaftige Macht des neuen Gotteslebens ist freilich einzig in der Haltung des Glaubens (πίστις = pístis) zu erfahren, der durch die wahre Verkündigung des Evangeliums schöpferisch hervorgerufen wird. „Dieser Glaube … hat keinen anderen Inhalt als den des gepredigten Evangeliums selbst."[22] So schreibt Paulus in seiner ältesten Epistel, dem 1. Thessalonicherbrief, wie folgt:

---

[17] Römer 8, 1.10. Vgl. zum Lebensbegriff bei Paulus: Drittes Kapitel, III.

[18] Vgl. Pape-GDHW, Bd. 2, S. 1059.

[19] Vgl. ebd. Bd. 1, S. 1142. Und Drittes Kapitel, III.

[20] 2. Korinther 5, 17.

[21] Das von Paulus 2. Korinther 1, 12 verwendete Wort εἰλικρίνεια = *eilikríneia* bedeutet ursprünglich: „Die Betrachtung im Sonnenlicht, die Reinheit, Lauterkeit, vgl. Walter Bauer, Wörterbuch zum Neuen Testament, Berlin, New York 1971, S. 441.

[22] Otfried Hofius, Paulusstudien, Tübingen 1994², S. 154.

> „Und darum danken wir auch Gott ohne Unterlass dafür, daß ihr das Wort der göttlichen Predigt, das ihr von uns empfangen habt, nicht als Menschenwort aufgenommen habt, sondern als das, was es in Wahrheit ist, als Gottes Wort, das in euch wirkt, die ihr glaubt."[23]

Paulus bezeichnet darum auch den Glauben selbst als „Glaube an das Evangelium" (vgl. Phil. 1, 27), sodass Paulus auch im absoluten Sinn von der „Wahrheit des Evangeliums" redet, das er bezeugt und proklamiert (vgl. Gal. 2, 5.14), nämlich „daß Gott in Jesus Christus heilsschaffend gehandelt hat und daß in dieser seiner Heilstat und nirgends sonst die Rettung des gottlosen Menschen beschlossen liegt. Der Glaube an Christus ist deshalb als solcher Glaube an Gott: an den Gott, »der Jesus, unseren Herrn, von den Toten auferweckt hat« (Röm. 4, 24), der sich damit als der erwiesen hat, »der die Toten lebendig macht und das Nichtseiende ins Dasein ruft« (Röm 4, 17) und der in dieser seiner schöpferischen Macht »den Gottlosen gerechtspricht«, d. h. ihm das Heil gewährt (Röm 4, 5).[24]"

Dieser Glaube, hervorgerufen und gewirkt durch Gottes wahrhaftiges Wort, eröffnet für den Glaubenden die befreiende Dimension der Wahrheit des Evangeliums zu einem vernünftigen Leben. Dieses aber zeigt und erweist sich für Paulus als vernünftiger Gottesdienst:

> „Ich ermahne euch nun, liebe Brüder, durch die Barmherzigkeit Gottes, daß ihr eure Leiber hingebt als ein Opfer, das lebendig, heilig und Gott wohlgefällig ist. Das sei euer vernünftiger Gottesdienst."[25]

Ein heiliger und wohlgefälliger Lebenswandel ist deswegen vernünftig, weil er sich in der Barmherzigkeit Gottes gründet. Mit anderen Worten gesprochen: Weil er aus der erlösenden Wahrheit Christi kommt. Diese Wahrheit aber zeigt sich vollendet in der Haltung derjenigen Liebe, die den Charakter der bedingungslosen Zuwendung zum anderen aufweist. Der entsprechende Ausdruck hierfür ist *agápê* (= ἀγάπη). So wie Christus die Menschen liebt, so sollen sich die Menschen auch untereinander lieben. Paulus kommt daher in seinem „Hohe Lied der Liebe" zu der zeitlosen Einsicht:

> „Nun aber bleiben Glaube, Hoffnung, Liebe, diese drei; aber die Liebe ist die größte unter ihnen."[26]

Wahrheit ist demnach, so kann Paulus verstanden werden, ohne Liebe nicht zu denken, ja diese Liebe ist in Vollendung die Wahrheit selbst.

---

23 1. Thessalonicher 2, 13.

24 Otfried Hofius, Paulusstudien, Tübingen 1994², S. 155f.

25 Römer 12, 1.

26 1. Korinther 13, 13.

Zusammenfassung

Paulus ist in seinem Denken von der Wahrheit beseelt, steht oder fällt doch sein theologisches und philosophisches Reden und Schreiben mit seinem Wahrheitsverständnis, das für ihn einen absoluten Wirklichkeitsanspruch innehat.

1. Wahrheit ist für Paulus ein konkret bestimmbarer Begriff des Redens (verbum dicendi), der die Wirklichkeit in angemessener Sprache durchdringt und gestaltet.
2. Paulus selbst ist – wie vor ihm Sokrates – Zeuge der Wahrheit, die jedoch bei Paulus genau mit der Person „Christus“ in eins fällt. Insofern liegt zwischen Wahrheit und Christus ein univoker, veritativer Sprachgebrauch vor.
3. Diese absolute Gleichsetzung ist für Paulus kompromisslos, weswegen Paulus
4. die Heilsgeschichte des Christus als Inhalt des Evangeliums verkündet.
5. Deswegen herrscht bei Paulus ein doxologisches Wahrheitsverständnis vor: Diese verkündete Wahrheit der Heilstat Christi gibt Gott die Ehre, weswegen sich Paulus auch dieser Wahrheit rühmen kann.
6. Diese Wahrheit lässt in ihrem absoluten Anspruch die natürliche Wirklichkeit als Ungerechtigkeit und als der Lüge verpflichtet erkennen und erweist den natürlichen Menschen als das, was er in Wahrheit ist: ein ungerechter Lügner, der nur in einer täuschenden Scheinwirklichkeit lebt.
7. Erkennbar freilich ist diese Wahrheit nur in der Haltung des Glaubens, der aber – um der Wahrheit willen – dem Glaubenden ein neues, geistgewirktes, ewiges Leben gewährt.
8. Dieses aber führt schon hier auf Erden zu einem vernünftigen Gottesdienst als wahrhaftiger Lebensform, die sich als wohlgefälliger Lebenswandel in der Liebe als irdische Vollendung der Wahrheit zeigt.

Parallelen zu Platon

Das Wahrheitsverständnis des Paulus weist durchaus Parallelen zu Platon auf, die wie folgt benannt werden können:

1. Wie bei Platon ist für Paulus die Wahrheit ein konkret gefüllter Begriff, der die Wirklichkeit des Menschen durchdringt und zugleich zum wahren Leben hin gestaltet.
2. Paulus ist – wie einst Sokrates – selbst der Zeuge der Wahrheit. Diese ist für Paulus wie bei Platon eine allen menschlichen Autoritäten enthobene metaphysische Instanz. In ihrer Erkennbarkeit ist sie indes nicht der Ideenlehre vorbehalten, sondern wird durch die Verkündigung des Evangeliums von Christus, als personalem Inhalt der Wahrheit, allen Menschen verkündigt.

3. Die Wahrheit Christus wird so zur Seelenführerin, die den Geist des Menschen ewige Eudaimonia, neues göttliches Leben eröffnet.
4. Ein Leben in Vollendung aus dieser Wahrheit ist die Liebe als Maß eines vollkommenen tugendhaften Lebens.
5. Die entsprechende Haltung hierzu ist der Glaube, den Paulus über Platon hinausgehend – an Christus bindet.

Zweites Kapitel: Gott

I. Platon

Platons Gedanken und Überlegungen zum Gottesverständnis setzen den antiken Stadtkult der griechischen Polis voraus: Jede Stadt steht unter dem Schutz einer bestimmten Gottheit, die ihren Bestand verbürgt. Umgekehrt ist der gemeinsame Kult der Bürger konstitutiv für den Polisverband. Dem entspricht das Verständnis, dass nicht die Stadtmauern, sondern die Bürgergemeinschaft das verbindende Element der antiken griechischen Polis ist. Dementsprechend wurden in diesem Stadtkult sowohl der Lokalgott als auch andere Götter angerufen und verehrt, während mythologische Erzählungen in pädagogischer Weise dem Volk von der Stadtgottheit und den anderen Göttern kündeten. Antikes Leben war mithin ohne die Gottheiten nicht zu denken. So verwundert es nicht, dass bei Platon das griechische Wort *theós* (θεός) in der Bedeutung „Gott" und „Gottheit" 345-mal und das entsprechende feminine *theá* (θεά) für „Göttin" 36-mal begegnet. Die Pluralbildung *theoí* (θεοί) „Götter" verwendet Platon 438-mal, während sich die weibliche Form „Göttinnen" (*theaí* = θεαί) sechsmal finden lässt.[1] Dabei gilt es zu bedenken, dass sich das griechische Wort für Gott, *theós* (θεός), etymologisch nicht auf unpersönliche Kräfte bezieht, sondern einen persönlichen Bedeutungshorizont aufweist, der seitens der Menschen mit der Haltung der Frömmigkeit (*eusébeia* = εὐσέβεια) beantwortet wird.[2] Gott ist demnach nicht etwas, sondern jemand.

Platon greift diese Erkenntnis auf und weitet sie in seinem Werk zu einer besonderen Gotteslehre aus. Hierzu grundlegende Texte Platons sollen im Folgenden zur Sprache kommen.

1. Das Daimonion

Ausgangspunkt von Platons Gotteslehre ist die Frömmigkeit des Sokrates. Dieser ist vor dem Athener Gericht indes der Gottlosigkeit (*asébeia* = ἀσέβεια) angeklagt, die in dem Vorwurf gründet, dass Sokrates durch sein Reden und Philosophieren das Zusammen-

---

[1] Vgl. Platon im Kontext Plus, Griechisch-Deutsche Parallelausgabe, CD-ROM-Anwendung, hg. von Karsten Worm, Berlin 2004[2].

[2] Vgl. Christian Schäfer, Platon-Lexikon, Darmstadt 2007, S. 138.

leben im Polisverband ernsthaft gefährde. Bevor der Schuldspruch des Gerichts erfolgt, lässt Platon den Sokrates seinen Glauben wie folgt ins Wort setzen:

> „Mutet mir also nicht zu, ihr Athener, daß ich euch gegenüber tun soll, was ich weder für schön noch für gerecht noch für fromm halte, zumal ich ja – bei Zeus! – von Meletos gerade wegen Gottlosigkeit angeklagt bin. Denn das ist doch offenbar: wenn ich euch etwa überredete und euch durch meine Bitten gegen euren Eid etwas abnötigte, dann würde ich euch glauben lehren, daß es keine Götter gebe, und durch meine Verteidigung würde ich recht eigentlich mich selber anklagen, daß ich nicht an Götter glaube. Aber so verhält es sich bei weitem nicht; denn, ihr Athener, ich glaube an sie wie keiner von meinen Anklägern, und ich lege es euch und dem Gotte anheim, so über mich zu urteilen, wie es für mich und für euch am besten ist."[3]

Für Platon liegt es auf der Hand, dass mit Sokrates' Frömmigkeit ein neues Gottesverständnis anhebt: Die in Athen stattfindende Verehrung der (Stadt)-Gottheiten ist zwar recht und billig, reicht aber zur wahren Frömmigkeit nicht aus. Vielmehr mündet das schöne, gerechte und fromme Denken in die Anrufung *des* Gottes, dem Recht und Gerechtigkeit, Leben und Tod anheimgestellt ist. Dieser hier namenlose Gott mag indes der delphische Gott Apollon sein, in dessen Namen Sokrates seine Menschenprüfung nach Weisheit und Frömmigkeit ausgeführt hat. So erklärt Sokrates vor Gericht:

> „Als Zeugen für meine Weisheit, wenn es denn eine ist, kann ich euch den delphischen Gott (= Apollon) stellen."[4]

Dieser wird von Sokrates, so ist Platon zu verstehen, als Ausdruck der rechten Frömmigkeit als bezeugender Gott angerufen. Diese sich auf *einen* Gott zentrierende Frömmigkeit ist indes von der Wahrheitssuche des Sokrates geleitet. Hierbei hat sich gezeigt, dass es nur *eine, göttliche* Wahrheit gibt.[5] Daraus ist der Schluss zu ziehen, dass es um der Wahrheit willen den einen, höchsten Gott geben muss. Mögliche Einwände seiner Richter vorwegnehmend, führt dann Sokrates aus:

> „Und wenn ihr mir dann sagtet: »Sokrates, wir folgen dem Anytos nicht, sondern sprechen dich frei, unter der Bedingung aber, daß du dich nicht mehr mit dem Suchen der Wahrheit abgibst und nicht mehr philosophierst. Wenn du aber noch einmal darüber betroffen wirst, mußt du sterben« – wenn ihr mich, wie gesagt, unter diesen Bedingungen freiließet, dann würde ich zu euch sagen: »Ich verehre und liebe euch sehr, ihr Athener. Aber ich will lieber dem Gotte als euch gehorchen, und solange ich atme und die Kraft dazu habe, nicht ablassen zu philosophieren. … Denn das, wisset es wohl, befiehlt mir der Gott, und ich glaube,

---

[3] Apologie 35c–d.

[4] Ebd. 20e. Apollon wurde im delphischen Orakel vor allem als Gott des Heils verehrt.

[5] Vgl. Erstes Kapitel, I. Wahrheit bei Platon.

daß euch in der Stadt noch keine größere Wohltat widerfahren ist als dieser Dienst, den ich dem Gotte leiste«."[6]

Dieser Gottesdienst des Sokrates ist indes keiner beliebigen Laune oder einem Irrglauben geschuldet. Vielmehr weiß sich Sokrates in seinem philosophischen Reden zu derjenigen Theologie gedrängt, die dem *einen* Gott verpflichtet ist und ihm durch das Göttlich-Dämonische eingegeben wird. So bekennt Sokrates:

> „Der Grund dazu liegt in dem, was ihr mich oft und an manchem Ort habt sagen hören: daß etwas Göttliches und Dämonisches in mir vorgeht – Meletos hat es in seiner Klageschrift höhnend erwähnt. Schon von Kindheit an habe ich das: irgendeine Stimme, die mich jedesmal, wenn sie sich hören läßt, von dem abmahnt, was ich gerade tun will, die mich aber nie zu etwas auffordert."[7]

Mit Platons Verweis auf die innere Stimme des Sokrates, die man mit dem heutigen Begriff des Gewissens annäherungsweise umschreiben kann, eröffnet sich ein neuer Zugang zum theologischen Denken. Dieses Göttliche und Dämonische (θεῖόν τι καὶ δαιμόνιον = *theíón ti kai daimónion*) überkommt den Sokrates von Kindheit an und zwingt ihn, in Einheit mit dem Göttlichen zu leben, sodass Sokrates nicht gegen diese göttliche Eingebung angehen kann. Die göttliche Wahrhaftigkeit dieses Geschehens verbürgt die Tatsache, dass diese innerer Stimme, dieses Daimonion in Sokrates von Kindheit an wirkt. Galten doch in der griechischen Antike besonders die Kinder als reine Wesen, sodass diese in religiöser Hinsicht einen höheren Ehrenrang innehatten als die Erwachsenen: In Mysterienkulte eingeweiht, als Chorsänger und Opferdiener tätig, am heiligen Tanz teilnehmend, bringen die Kinder unblutige Opfer dar. Denn Kinder sind reinen Herzens, lügen und betrügen nicht und weisen dadurch eine besondere Nähe zum Göttlichen auf.[8] Diese Sichtweise galt, allgemein gesprochen, in der Antike bis zu Augustin, der aufgrund der Erbsündenlehre auch schon das Kind als unrein und des Bösen fähig erachtet hat.[9]

Platon indes greift den Gedanken des reinen Kindes Sokrates auf und zeigt mit seiner Rede vom Daimonion, dass es für Sokrates – und damit für alle theologisch orientierten Philosophen – nicht gut ist, etwas der Gottheit nicht Wohlgefälliges zu sagen oder zu tun.[10] Um dies zu unterstreichen, bedient sich Platon der schon älteren Vorstellung des

[6] Apologie 29c–d.30a.

[7] Ebd. 31c–d. Vgl. Theages 128d. In diesem, freilich unechten Platon-Dialog, wird das sokratische Erziehungskonzept dargestellt, wobei im 2. Teil das Daimonion des Sokrates dem Theages näher erläutert wird.

[8] Vgl. Platon, Protagoras 325c–326e; Plutarch, Consolatio ad uxorem, 11.

[9] Vgl. Augustinus, Bekenntnisse, 1. Buch, 7, 11 f., Lateinisch und Deutsch, hg. von Joseph Bernhart, Frankfurt/Main, Leipzig 1987. Augustin lebte von 354–430 n. Chr.

[10] Vgl. Artikel: Daimonion, in: HWPH, Bd. 2, Darmstadt 1972, S. 2.

Dämon, formt diese jedoch zum Guten um, sodass Sokrates nolens volens unter der guten Macht des Dämons steht.

In den frühen Zeiten der griechischen Sprach- und Denkwelt war mit dem Begriff *Dämon* (*daímôn* = δαίμων) noch eine dunkle und bedrohliche Bedeutung verbunden. Der Dämon wird als Gott oder Göttin verstanden, der bzw. die die Lebenslose für die Menschen unergründlich verteilt. So berichtet *Homer* (8. Jh. v. Chr.) in seiner *Odyssee* davon, wie ein unbestimmter Gott als Verderber den Odysseus mit einer Krankheit anfällt und ihn bedrängt, sodass dieses göttliche Wesen als Dämon jeweils Verhängnis, Schicksal und Unglück über Odysseus bringt.[11] Mit *Hesiod* (7. Jh. v. Chr.) hebt nun eine anderes Verständnis an. Er unterscheidet in seinem Epos *Werke und Tage* die Dämonen von den Göttern: Nach ihrem Tod werden die Menschen des „Goldenen Geschlechts" auf das Geheiß des Zeus zu guten, edlen Dämonen, denen die Aufgabe zufällt, das Walten und Tun der Menschen zu überwachen.[12] Diese Gemengelage zwischen dem Glück oder Unglück bringenden Dämon bleibt auch bei den Tragikern der griechischen Antike erhalten.[13]

Platon ist nun von der Vorstellung geleitet, dass Sokrates durch seinen persönlichen Dämon, seinen Schutzgeist, eine besondere geistige Führung und Anleitung erlebt: Die Einweisung in die Wahrheit über das Göttliche. Diese Führung und Wirkung nennt Platon *Daimonion.*[14] Gleich zu Beginn des Dialogs *Euthyphron (oder über die Frömmigkeit)* kommt es zu folgendem Gespräch zwischen Sokrates und Euthypron. Ausgangspunkt ist die von Meletos eingereichte Klage, Sokrates würde die Jugend verderben:

> „Sokrates: Es ist widersinnig, mein Bester, wenn man es so hört. Er behauptet nämlich, ich erdichtete Götter, und weil ich – neue Götter erfindend – an die alten nicht glaube, darum, behauptet er, reichte er die Klage gegen mich ein.
> Euthyphron: Ich verstehe, Sokrates! Offenbar, weil du behauptest, du hörtest immer wieder deine göttliche Stimme (= Daimonion). Deshalb hat er gegen dich als einen Neuerer in Glaubensdingen diese Klage eingereicht."[15]

Platon ist hier so zu verstehen, dass das Daimonion den Sokrates in den Augen der anderen dazu bringe, erdichtete Götter zu verkündigen. In Wahrheit aber weist das

---

[11] Vgl. Homer, Odyssee, V., 396; XI., 61 und öfters, aus dem Griechischen von Johann Heinrich Voß, Köln 2008; vgl. Homer, Ilias, VIII., 166, neue Übertragung von Wolfgang Schadewaldt, Frankfurt/Main 1976.

[12] Vgl. Hesiod, Werke und Tage, 121–127, übersetzt und hg. von Otto Schönberger, Stuttgart 2007. Hesiod selber schreibt hier, dass die Menschen des „Goldenen Geschlechts", nachdem „die Erde ihr Geschlecht drunten barg, sie nach dem Willen des großen Zeus gute Geister sind" (*daímonés eisi esthloí* = δαίμονές εἰσι ἐσθλοί).

[13] Vgl. Artikel: δαίμων = *daímôn*, in: Pape-GDHW, Bd. 1, S. 515f.

[14] Vgl. ebd., S. 514.

[15] Euthyphron 3b.

Daimonion den Sokrates in die wahre Gotteserkenntnis ein. Aber nicht nur das, auch zu einer wirklichkeitsnahen Einschätzung im Umgang mit Personen wird Sokrates durchs Daimonion angeleitet. Im Dialog *Theaitetos* berichtet Platon, wie Sokrates von der inneren göttlichen Stimme davon abgehalten wird, weiterhin mit Personen zu verkehren, die sich, bedingt durch schlechten Umgang, der von Sokrates gelehrten Wahrheit als nicht würdig erwiesen haben. So erzählt Sokrates:

> „Nachdem sie mich aber verlassen hatten, brachten sie infolge der schlechten Gesellschaft im weiteren nur noch Fehlgeburten hervor und verdarben durch mangelhafte Pflege auch das, wovon ich sie entbunden hatte, indem sie falsche Trugbilder höher achteten als die Wahrheit. … Wenn sie dann zurückkommen und meinen Verkehr wieder wünschen und dafür weiß was alles unternehmen, so verbietet mir bei einigen das Daimonion in mir den Umgang mit ihnen; bei anderen läßt es ihn zu, und diese machen dann auch gleich wieder Fortschritte."[16]

Aber nicht nur im Umgang mit anderen erfährt Sokrates durch sein Daimonion eine innere Führung, sondern auch sein eigenes Handeln wird mitunter davon bestimmt. So erzählt Sokrates im Dialog *Euthydemos (oder die Kunst der Streitrede)* seinem Gesprächspartner Kriton davon, wie ihn sein Daimonion davon abhält, zu früh aufzustehen und wegzugehen. Infolgedessen kommt es zu einem philosophischen Gespräch mit den Sophisten Euthydemos und Dionysodoros, obwohl er, Sokrates, gerade anderes im Sinn hatte:

> „Kriton: Doch erkläre mir zuerst, was das für eine Weisheit ist, über die die beiden Männer verfügen, damit ich sehe, was wir eigentlich bei ihnen lernen können.
> Sokrates: Das bekommst du gleich zu hören; … ich will nun versuchen, es dir von Anfang an vollständig zu erzählen. Es geschah nämlich durch göttliche Fügung, daß ich dort saß, wo du mich erblickt hast. Ich war ganz allein im Ankleideraum und hatte eben im Sinn aufzustehen. Als ich das aber gerade tun wollte, kam mir das gewohnte daimonische Zeichen zu. Ich setzte mich also wieder, und kurz darauf traten die beiden herein, Euthydemos und Dionysodoros, und mit ihnen noch andere Schüler, in großer Zahl, wie mir schien."[17]

Darüber hinaus führt das Daimonion den Sokrates zur Haltung der Frömmigkeit gegenüber den Göttern, indem Sokrates selbst seiner eigenen Fehler ansichtig wird. Im Dialog *Phaidros (oder über das Schöne)* erzählt Platon von einem Gespräch zwischen Sokrates und Phaidros, in dem sich Sokrates zu einer Rede hat hinreißen lassen, die er später bereut:

> „Phaidros: Was du mir sagst, ist kein Grund zum Streiten! Doch wie meinst du es, und was ist das für eine Rede?
> Sokrates: Als ich eben durch den Fluß gehen wollte, mein Guter, da geschah es, daß sich mir

[16] Theaitetos 150e–151a.

[17] Euthydemos 272d–273a.

das Daimonion und das gewohnte Zeichen zeigte, das mich stets zurückhält, wenn ich etwas tun will. Ich meinte, eine Stimme von dorther zu hören, die mich nicht weitergehen ließ, bevor ich mich gereinigt hätte, als ob ich mich gegen das Göttliche vergangen habe. … Nun kenne ich auch schon ganz deutlich meinen Fehler. Ja, auch die Seele, mein Freund, ist etwas, das wahrsagen kann; hat mich doch schon die längste Zeit, während ich die Rede vortrug, etwas beunruhigt, und irgendwie empfand ich eine geheime Scheu, ob ich nicht etwa gegen die Götter, wie Ibykos sagt, *Frevle, doch dafür bei Menschen Ruhm erwerbe.* Jetzt habe ich meinen Fehler erkannt."[18]

Das Daimonion ist demnach für Sokrates nicht nur eine innere Stimme im Sinne des Gewissens, sondern ein göttliches Wesen, welches ihn u. a. auch der Reinigung seiner Seele zuführt. Auf diese Weise erwacht Sokrates zur geistigen Haltung, Gott mehr gefallen und gehorchen zu wollen als den Menschen. Nichts anderes aber ist das Wesen rechtschaffener Frömmigkeit.[19]

Diesen Gedanken weitet Platon dann noch in Bezug auf alle Menschen. So redet er im mythischen Stil vom Dämon als persönlichem Schutzgeist: Im Dialog *Phaidon (oder über die Seele)* besorgt und begleitet solch ein Dämon schon zu Lebzeiten jeden Menschen. Im Tode dann geleitet er die Seele des Verstorbenen in den Hades zum Gericht mit seinem jeweiligen Urteilsspruch: Sei es zum unsteten Umherirren und Verbannt-Sein der Seele aufgrund ihrer Schlechtigkeit und Bosheit, sei es zum Frieden und Schönen aufgrund eines vernünftigen, schönen und heiligen Lebenswandels.[20] Im seinem Werk *Der Staat (oder über das Gerechte)* hingegen wählen sich die Seelen im Jenseits selber ihren Dämon und die damit zugleich verbundenen späteren Lebensbahnen. Aufgabe des Dämons ist es demnach, für die Erfüllung des gewählten Lebensloses zu sorgen.[21] Im Dialog *Timaios* nun deutet Platon den persönlichen Dämon gänzlich zum guten Dämon um. Dieser erweist sich als Schutzgeist und bezeichnet das Göttliche im Menschen, welches Gott einem jeden für sein Leben mitgibt. Aufgabe des Menschen ist es, will er sich als fromm erweisen, diesen Dämon in sich zu ehren und zu fördern. Auf diese Weise erlangt der Mensch nämlich die Einwohnung des guten Dämons in seine Seele: die Glückseligkeit, Eudaimonia genannt.[22] Damit aber kommt Platon in seinem Dämonenverständnis auf des Sokrates Daimonion zurück, welches ihn in die wahre Frömmigkeit mit dem Ziel der Eudaimonia einweisen will. Können doch die Dämonen als göttliche Wesen nur Gutes tun, welches nach Platon ebenso für Gott und die Götter gilt.

---

[18] Phaidros 242b–d.

[19] Vgl. Platons Dialog *Kriton*, in dem Sokrates gegenüber seinem Freund Kriton darauf beharrt, um der Wahrheit und Gerechtigkeit willen nicht aus dem Gefängnis zu fliehen, damit er sein Leben rette.

[20] Vgl. Phaidon 107d–108c.

[21] Vgl. Staat 617e; 620d.

[22] Vgl. Timaios 90a–c.

2. Der Gott

Platons Reden von Gott und den Göttern ist von der Idee des Guten bestimmt. Darum kritisiert er die althergebrachte griechische Theologie, die sich in Form von Mythen und Erzählungen als Dichtkunst den Menschen vermittelte. Zu anthropomorph, zu affektiv wurde von den Göttern gekündet, so Platon. Scheute sich doch diese Dichtkunst indes nicht, Gott und die Götter nicht nur als gut zu schildern. Konkret wendet sich Platon gegen die genealogische Götterlehre Homers und Hesiods. Damit aber weiß er gewichtige Denker gegen sich, belehrten doch beide, so berichtet Herodot, die Griechen über ihre Götterwelt[23], und das nicht von ungefähr, sondern durch Berufung auf die göttlichen Musen, die den Hesiod „alle edlen Gesänge" lehrten.[24] Auch bei Homer begegnen die göttlichen Musen als heilige Kräfte, die das Geschehen in einen metaphysischen Rahmen einbinden sollen.[25] So beschreibt die Dichtkunst Homers die Götter gleichsam als menschlich gedacht nach Gestalt und Persönlichkeit, doch zugleich auch allmächtig, sodass sie retten oder auch vernichten können.[26] Zwar erkennt Platon die dichterischen Leistungen Homers und Hesiods durchaus an[27], dennoch liegt es für ihn auf der Hand, die traditionell-dichterische Gotteslehre als lediglich überkommen und der wahren Frömmigkeit nicht gemäß anzusehen. Gewährsmann hierfür ist der wahrheitsliebende Sokrates. Schon im Dialog *Euthyphron* wird dies ersichtlich. Sokrates und Euthyphron sind ins Gespräch über die Frömmigkeit vertieft:

> „Euthyphron: Nun, ich behaupte, daß das Fromme gerade das ist, was ich tue: den Übeltäter verfolgen ..., dem Gottlosen ... nichts hingehen lassen, wer er auch sei. Denn sogar die Menschen, die Zeus doch für den besten und den gerechtesten unter den Götter halten, geben zu, daß er seinen Vater in Fesseln gelegt hat, weil dieser ohne Grund seine Söhne verschluckte, und jener wiederum seinen eigenen Vater aus ähnlichem Grunde entmannte. Über mich aber sind sie entrüstet, weil ich gegen meinen Vater vorgehe. So widersprechen sie sich selber, je nachdem es die Götter oder mich betrifft.
> Sokrates: Ist das etwa der Grund, mein Euthyphron, warum ich angeklagt werde, daß ich es übel nehme, wenn einer von den Göttern solche Geschichten erzählt? Deswegen behauptet

---

23 Vgl. Herodot, Historien, griechisch-deutsch, übersetzt und hg. von Kai Brodersen, Stuttgart 2005, zweites Buch, 53 (2): „Hesiod nämlich und Homer scheinen mir im Alter etwa 400 Jahre älter gewesen zu sein als ich, nicht mehr. Sie sind es, die den Griechen die Theogonie (= Götterentstehung) gemacht, den Göttern die Beinamen gegeben, ihre Ämter und Fertigkeiten bestimmt und ihre Gestalt angezeigt haben."

24 Vgl. Hesiod, Theogonie, 22 ff.

25 Vgl. Homer, Ilias, II., 484–492; ders., Odyssee, I., 1.

26 Vgl. Homer, Odyssee, IV., 237; X., 306; XIV., 444f.

27 Vgl. etwa: Protagoras 316d; Ion 531a; Apologie 41a und öfters.

man offenbar, daß ich mich versündige. ... Glaubst du wirklich, daß diese Geschichten sich so abgespielt haben?
Euthyphron: Noch viel erstaunlichere, Sokrates; Dinge, von denen die große Menge nichts weiß.
Sokrates: Du glaubst also, daß die Götter tatsächlich auch Krieg miteinander haben, furchtbare Feindschaften und Kämpfe und vieles dergleichen mehr, wie es die Dichter (= u. a. Homer und Hesiod) berichten. ...
Euthyphron: Nicht nur das, Sokrates. Wenn du willst, kann ich dir, wie ich eben sagte, noch manches andere über die Götter erzählen, worüber du dich beim Hören sicher entsetzt."[28]

Platon ist es darum zu tun, die alten Erzählungen über das Leben und Treiben der Götter mit Sokrates' Entsetzen darüber zu konfrontieren. Denn wahre Frömmigkeit kann solcher Gotteslehre über Zeus und die Götter aus Gründen des Guten und der Wahrheit nicht zustimmen. Schon Platons Dämonenlehre verdeutlicht dies. So greift Platon im 10. Buch der *Gesetze* seine Vorstellung von den guten und gerechten Göttern erneut auf, um so mit Gründen des rechten Glaubens möglichen Gottesleugnern argumentativ begegnen zu können:

„Es kommt nun aber nicht wenig darauf an, daß es irgendwie glaubwürdig erscheint, wenn wir behaupten, es gebe Götter, und zwar gute Götter, und das Recht werde von ihnen höher geachtet als von den Menschen; das wäre doch wohl zu allen Gesetzen unsere schönste und beste Einleitung."[29]

Der gewichtigste theologiekritische Text Platons findet sich indes im 2. Buch seines Dialogs *Der Staat*. Ausgangspunkt hierfür sind Platons pädagogische Überlegungen, wie die Seelen der noch kleinen Kinder so gebildet werden, dass sie später dem Staat (als Wächter und Krieger) gut und mutig dienen können. Hierzu untersucht Platon die Erziehung durch die musische Kunst, die sowohl die Unterweisung in Musik als auch in der Dichtkunst umfasst. Letztere aber bedarf einer gründlichen Überarbeitung, soll sie dem Erziehungsideal Platons entsprechen. So bemerkt Platon, dass man den Kindern keine beliebige Mythen von beliebigen Erzählern nahebringen lassen darf, werden doch die Seelen der Kinder schon ab frühestem Alter durch solcherart Gehörtes geformt. So lässt Platon den Sokrates folgende Forderung vortragen:

„Dann müssen wir offenbar zuerst die Mythendichter beaufsichtigen; ist das, was sie erzählen, gut, dann nehmen wir es an; im anderen Falle müssen wir es ablehnen. Und dann werden wir veranlassen, daß die Ammen und Mütter die Geschichten, die wir gebilligt haben, ihren Kindern erzählen und damit ihre Seelen weit mehr bilden als die Leiber mit ihren Händen. Von denen jedoch, die sie heute erzählen, müssen wir die meisten ausschließen."[30]

---

[28] Euthyphron 5d–6c.

[29] Gesetze 887b–c.

[30] Staat 377b–c.

Und es sind namentlich Hesiod und Homer, gegen deren Erzählungen sich Platon – um der Wahrheit willen – in seinem Staat verwahrt:

> „Sie sind es doch, die unwahre Mythen erdacht und den Menschen erzählt haben und das jetzt noch tun.“[31]

Platon missfällt an deren Göttererzählungen allem voran die damit einhergehenden Unwahrheiten, die zudem nicht einmal schön sind, weswegen ihnen jegliche göttliche Legitimation abgeht. Zwei Aspekte sind es, an denen Platon Anstoß nimmt. Zum einen,

> „wenn einer durch seine Darstellung ein falsches und häßliches Bild von den Göttern … gibt,“[32]

dann ist das schon der Form nach zu tadeln, weil eben dieses nicht mit der wahren Gotteslehre in Einklang zu bringen ist. Damit bekundet Platon, dass die Gotteslehre mit dem Schönen übereinstimmen muss. Denn die allerhöchsten Dinge sind dem Schönen verpflichtet. Darum kritisiert Platon zweitens den Inhalt der althergebrachten Götterlehre:

> „Zunächst … ist es die allergrößte Unwahrheit und zwar über die allerhöchsten Dinge, die einer auf unschöne Art erfunden hat, daß Uranos das begangen habe, was Hesiod von ihm behauptet, und was ihm dann Kronos wiederum aus Rache zugefügt haben soll. (= nämlich, dass Uranos die Kinder des Kronos misshandelt, dieser dann seinen Vater Uranos entmannt hat) … Man darf überhaupt nicht erzählen, daß Götter mit Göttern Streit haben und daß sie einander nachstellen und gegeneinander kämpfen, was auch gar nicht wahr ist, wenn es doch unsere künftigen Wächter der Stadt für die größte Schande halten sollen, leichthin miteinander Streit zu haben.“[33]

Das Interesse Platons ist klar: Um der Wahrhaftigkeit der Erziehung willen sind solche affektbeladenen Göttergeschichten abzulehnen, können diese doch in der bisherigen Form nicht als pädagogische Vorbilder für die heranwachsenden Kinder dienen. Darum wird auch Homers Göttererzählung in der Ilias von Platon abgelehnt:

> „Daß aber Hera von ihrem Sohn gefesselt und daß Hephaistos von seinem Vater herabgestürzt worden sei, weil er seine Mutter gegen Schläge schützen wollte, und all die Götterschlachten, die Homer erdichtet hat: das darf in unserer Stadt keine Aufnahme finden, ob es nun sinnbildlich gemeint ist oder nicht. Denn der junge Mensch vermag nicht zu unterscheiden, was Sinnbild ist und was nicht, sondern was er in diesen Jahren in seine Vorstellungen aufnimmt, das bleibt in der Regel unauslöschlich und unverändert haften. Darum ist es doch wohl von größter Wichtigkeit, daß die Mythen, die sie zuerst zu Gehör bekommen, möglichst schön ersonnen sind, um sie zur Tüchtigkeit zu führen.“[34]

---

[31] Ebd. 377d.

[32] Ebd. 377e.

[33] Ebd. 377e–378b.

[34] Ebd. 378d–e. Vgl. Homer, Ilias I., 586–594; XX., 1–74; XXI., 385–513.

Zudem nimmt Platon Anstoß an der homerischen Religiosität, nach der Frömmigkeit ein gegenseitiges Tauschgeschäft (*do ut des*) zwischen den Göttern und den Menschen ist, wie Homer gleich zu Beginn seiner Ilias erzählt.[35]

Nach dieser Kritik formuliert Platon dann positiv, nach welchen Richtlinien eine wahre Gotteslehre zu gestalten ist. Er verwendet hierfür *expressis verbis* den Begriff „Theologie" (ϑεολογία = *theología*), der im gesamten Werke Platons nur an dieser Stelle erscheint.[36] Damit gilt Platon als Wortschöpfer des Begriffs „Theologie", den er gegenüber dem bis dahin vor allem bei Homer und Hesiod üblichen Begriff „Mythologie" (μυϑολογία = *mythología*) abgrenzt. Letzterer bedeutet „das Erzählen von Fabeln, von Götter- und Sagengeschichten".[37] Demgegenüber bestimmt Platon dann das Wesen der Theologie inhaltlich wie folgt:

> „So, wie der Gott ist (ὁ ϑεὸς ὤν = *ho theós ôn*), so muß man ihn auch allezeit darstellen. … Gott ist aber doch in Wirklichkeit gut und muß auch so dargestellt werden. … Und etwas Gutes ist doch nie schädlich, nicht wahr?"[38]

Interessant ist, dass Platon hier vom *Sein des Gottes* spricht, mithin für Platon die richtige Theologie sich um das vernünftige Erkennen des Wesens des Gottes zu bemühen hat. Dieses aber ist nicht ohne das Gute zu denken, sodass man gar vom *guten Gott* sprechen muss. Darum lehnt Platon auch die von Homer vertretene Vorstellung ab, dass Gott sowohl für das Gute als auch für das Schlechte verantwortlich ist. Denn da der Gott und das Gute in einem univoken Sinn zusammenfallen, kann der Gott nach dem Maß der wahren Frömmigkeit nicht für das Böse in der Welt verantwortlich gemacht werden. So lässt Platon den Sokrates mit vernünftigen Gründen folgende Theodizee vorlegen:

> „So ist also das Gute nicht Ursache von allen Dingen. Es ist wohl Ursache von dem, was sich gut verhält; an dem Schlechten aber ist es unschuldig. … Dann ist also auch der Gott, sagte ich, wenn anders er gut ist, nicht Ursache von allen Dingen, wie die Menge behauptet. Nur an wenigem, was die Menschen betrifft, ist er schuld, an vielem dagegen unschuldig; denn des Guten, das wir haben, ist viel weniger als des Schlechten. Die Ursache für das Gute dürfen wir niemand anderem zuschreiben; für das Schlechte aber müssen wir irgendwelche andere Ursachen suchen, nicht aber den Gott."[39]

Platons Theologie lebt von zwei Regeln, welche die Philosophen als Theologen den Dichtern vorzugeben haben:

---

35 Vgl. Homer, Ilias, I., 37ff. Hierzu Platons Kritik in Euthyphron 14d–e.

36 Vgl. Staat 379a.

37 Vgl. Pape-GDHW, Bd. 2, S. 214.

38 Staat 379a–b.

39 Ebd. 379b–c.

Erstens, dass Gott wirklich und damit wahrhaftig gut ist. Deswegen ist Gott ausschließlich die Ursache der guten Dinge. Und niemand darf sich an dieser Erkenntnis vergehen:

> „Daß aber ein Gott, der doch gut ist, für irgend jemanden der Urheber vom Schlechten sei – da muss man mit allen Mitteln dagegen kämpfen, daß das niemand in seiner Stadt äußert, wenn diese wohl verwaltet sein soll, und daß es auch niemand zu hören bekommt …; denn sagte das jemand, so wäre es sündhaft.“[40]

Diese Erkenntnis aber wird in Platons Staat zu einem Gesetz für die Gotteslehre.

Als Zweites lehrt Platon in seiner Theologie, dass Gott an sich unveränderlich ist: Veränderten in der herkömmlichen Mythologie der Gott bzw. die Götter durchaus seine bzw. ihre Gestalt, sei es faktisch seinen/ihrem Wesen nach, sei es in einer Art von gauklerhafter Vortäuschung, so lehnt Platon beides ab. Denn erstens gilt: Gott bzw. die Götter sind ihrem Wesen nach vollkommen gut und darum unwandelbar schön, zweitens widerspricht die Vortäuschung als Lüge dem platonischen Gottesbegriff in seiner Wahrhaftigkeit. Darum darf solches weder gelehrt noch geglaubt werden, denn beides ist weder schön noch gut. So lehrt Sokrates:

> „Es ist also auch nicht möglich, fuhr ich fort, daß ein Gott sich selbst verwandeln will; denn jeder Gott ist offenbar so schön und so gut als überhaupt möglich und bleibt deshalb allezeit unveränderlich in seiner eigenen Gestalt.“[41]

Wer dennoch weiterhin solche unschicklichen Mythen erzählt, der betreibt nach Platon Gotteslästerung und verstört die Kinderseelen.[42] Darum darf auch um der Wahrheit willen keine Theologie betrieben werden, die Gott als Lügner darstellt. So resümiert Platon:

> „Der Gott ist also ganz einfach und wahr in Wort und Tat. Er verwandelt sich nicht und täuscht auch nicht andere, weder durch Trugbilder, noch durch Worte, noch indem er ihnen Zeichen schickt, weder im Wachen noch im Traume. … Dies (ist) die zweite Richtigkeit …, wie man über die Götter reden und sie darstellen soll: daß sie selber keine Gaukler sind, die sich verwandeln, noch daß sie uns durch Unwahrheiten in Wort und Tat irreführen.“[43]

Mit dieser Theologie rehabilitierte Platon den Sokrates nicht nur vom Vorwurf der gegen ihn erhobenen Anklage wegen Gotteslästerung, sondern Platon veränderte hiermit die antike Gottesrede von Grund auf, sodass man sagen kann, seine Theologie ist revo-

40 Ebd. 380b–c.

41 Ebd. 381c.

42 Ebd. 381e.

43 Ebd. 382e–383a.

lutionär gewesen.[44] Dahinter steht nach Platon die tiefe Wahrheitserkenntnis, dass dem Gotte nicht nur die Attribute „ewig", „selig", „allmächtig", „allwissend" und „neidlos" entsprechen[45], sondern dass der Gott als der unwandelbare Gute ein vollkommenen schönes, weises, unkörperlich-geistiges Wesen ist. Darum liegt es nach Platon sogar nahe, von Gott als *Person* zu sprechen, ist doch der Personenbegriff die freieste und zugleich persönlichste Denkform in Bezug auf ein seiend-geistiges Wesens.[46] Insofern ist der Gott nur über die geistige Anschauung eines fromm-wahrhaftigen Denkens wahrnehmbar.

Ungeklärt und umstritten bleibt freilich in Platons Theologie selbst die nähere Bestimmung dessen, *wer* der Gott ist, wenngleich Sokrates hierbei wohl den Gott Apollon im Sinn gehabt haben dürfte. Ist *der* Gott eine individuelle Gottheit, die sich von den anderen Göttern ontologisch, also ihrem Sein nach unterscheidet? Vertritt Platon folglich einen Monotheismus?[47] Mit Michael Bordt gehen wir davon aus, dass Platons theologische Überlegungen in seinem Dialog *Der Staat* einen obersten und höchsten Gott ausweisen wollen, die verdeutlichen möchten, was es heißt, *der* Gott zu sein. „Sein Monotheismus ist kein Monotheismus im strikten Sinn, sondern ein Monotheismus im Polytheismus, weil er weiterhin die Rede von vielen Gö(ttern) zulässt, die sich allerdings ontologisch von dem einen G(ott) unterscheiden ...."[48] Insofern lehrt Platon keinen reinen, sondern einen *aufsteigenden Monotheismus*, der auf den *einen Gott* zuläuft.

3. Der Vater

In seinem großen, von der Antike bis ins Mittelalter und darüber hinaus hoch angesehenen Werk *Timaios* lässt Platon den vornehmen Astronomen und Philosophen Timaios eine Weltentstehungsgeschichte vortragen. Bezeichnend ist schon die theologische Haltung, in der Platon seine Kosmologie eröffnet, nämlich im Gebet und der Anrufung Gottes.[49] Damit will Platon seine Gedanken mit der Autorität einer göttlichen Offenbarung beglaubigt wissen, die Gott als *Vater des Alls* bekundet.[50] Dadurch gewinnt Platons aufsteigender Monotheismus eine besondere Kontur. Diese begegnet in Platons Konzeption des göttlichen *Demiurgen*, der im Timaios unvermittelt als Gestalter des ganzen

---

44 So mit Michael Bordt, Artikel: Gott/Götter in: Platon-Lexikon, S. 138.

45 Vgl. Platon, Gesetze 901d; Staat 365d; Phaidros 249c; Parmenides 134c; Gesetze 901a.

46 Vgl. Robert Spaemann, Personen, Stuttgart 1996.

47 Vgl. zur Diskussion: Michael Bordt, Artikel: Gott/Götter in: Platon-Lexikon, S. 138f.

48 Ebd., S. 139.

49 Vgl. Timaios 48c–d.

50 So mit Olof Gigon, Einleitung S. XXXVIII, in: Platon, Spätdialoge II, eingeleitet von Olof Gigon, übertragen von Rudolf Rufener, Zürich, München 1974.

Kosmos auftritt.[51] Dieser als göttlich-vernünftig beschriebene Demiurg, der mit dem seit Anaxagoras (um 500–428 v. Chr.) bewegenden, belebenden göttlichen Geist (νοῦς = *nus*) von Platon gleichgesetzt wird, erschafft den Kosmos als ein mit vernünftiger Seele und Geist begabtes körperliches *Wesen*, das jedoch nach dem göttlichen Vorbild des intelligiblen Kosmos gebildet ist.[52] Die ganze kosmische Dimension der Schöpfung bedenkend, führt denn Platon aus:

> „Den Schöpfer und Vater dieses Alls zu finden, das ist nun freilich schwierig, und wenn ihn einer gefunden hat, so kann er ihn unmöglich allen mitteilen."[53]

Mit der Formulierung „Schöpfer und Vater" verleiht Platon seinem aufsteigenden Monotheismus einen befreienden Ton gegenüber der antiken Götterlehre: Der Schöpfergott tritt als „erzeugender Vater" dem Kosmos in Freiheit gegenüber und ist nicht mehr ein Teil von ihm. Damit bekundet Platon das Wesen Gottes als absolut und frei, weswegen er ja auch nur schwer, d. h. nicht mehr nach der herkömmlichen Götterlehre zu finden ist. Allein in der frommen Haltung von Platons philosophischer Theologie lässt sich das Wesen Gottes als „Schöpfer und Vater des Alls" finden. Als zu überwindender mythologischer Hintergrund hierzu dürfte die wohl uralte religiöse Vorstellung der Göttin Gaia dienen, nach der die Erde als die große, alles hervorbringende göttliche Urmutter verehrt wird, die zugleich alles wieder in sich aufnimmt. Dieser religiös-chthonische Glauben an die Mutter-Erde, sich im Zyklus von Geburt, Leben, Tod und Wiedergeburt offenbarend, wurde noch im Pythagoreismus gelehrt.[54] Dieser aber kann als eine der gedanklichen Folien des *Timaios* ausgemacht werden, wie Platon selbst zu erkennen gibt.[55] Demgegenüber bringt Platon die göttliche Erhabenheit und Überlegenheit des Vaters des Alls in Bezug auf den geschaffenen, vernünftig-beseelten Kosmos mit folgendem Gedanken zum Ausdruck:

> „Als aber der Vater, der dies erschaffen hatte, sah, wie es sich bewegte und lebendig war als ein Abbild der ewigen Götter, empfand er Befriedigung darüber, und in seiner Freude gedachte er, es seinem Urbild noch ähnlicher zu machen. Und wie nun dieses ein ewiges Wesen ist, so versuchte er, auch dieses All nach Möglichkeit ebenso vollendet zu machen."[56]

Die Erhabenheit und Absolutheit des Gott-Vaters sowohl gegenüber den Göttern als auch dem Kosmos bringt Platon in einer Gottesrede zum Ausdruck, die eben dieser Schöpfer des Alls nach der Entstehung der Götter an diese hält:

---

[51] Vgl. Timaios 28b.

[52] Vgl. ebd. 29d–30d.

[53] Ebd. 28c.

[54] Vgl. HWPH, Bd. 1, Artikel: Chthonismus, S. 1017f.

[55] Vgl. Timaios 47c.

[56] Ebd. 37c–d.

„Ihr Götter, von Göttern abstammend, ich bin euer Urheber und der Vater der Werke, die durch mich entstanden sind und nicht zerstört werden können, solange ich nicht will. … Macht euch denn euer Natur gemäß daran, Lebewesen zu schaffen, und ahmt dabei mein Wirken nach, so wie sich dieses zeigte, als ich euch hervorbrachte."[57]

Dieser eine Gott ist seinem Wesen nach ungeschaffen, unsterblich und darum Vater und Urheber der Schöpfung, während die vielen Götter ihren Wesen nach von dem einen Gott-Vater abhängig sind. Mit anderen Worten: Der eine Gott ist als Vater ewig.

4. Der Sohn Gottes

Platons theologische Überlegungen greifen weit aus, weiter als es der antiken griechischen Tradition entspricht. Dies zeigt sich darin, dass er im Timaios eine Lehre von der Weltschöpfung vorlegt, die den Kosmos als *erzeugten Gott* verstanden wissen will. So beschreibt die Kosmologie des Timaios das Werk der göttlich waltenden Vernunft.[58] Demnach erschafft der Demiurg den einen und einzigen Kosmos als mit vernünftiger Seele und Geist begabtes körperliches Wesen. Aus dem Begriff der Körperlichkeit des Kosmos leitet Platon dann die vier Elemente: Feuer, Luft, Wasser und Erde ab. Der so geschaffene Kosmos umfasst alles, sodass es nichts Körperliches außer ihm gibt. Seine Gestalt ist kugelförmig und die einzige Bewegung ist die der Kreisbewegung um die eigene Mitte. Die Weltseele des Kosmos hat indes eine eigene Lebendigkeit: Diese besteht aus dem Seienden sowie aus dem Werdenden und Vergehenden, gemäß den Gesetzen der Gestirnordnung und der musikalischen Harmonik. Das Lebensprinzip des Weltkörpers ist die Weltseele, die von der Mitte aus diesen regiert und ihn zugleich von außen umfasst. Die Zeit wird als Abbild der Ewigkeit gedacht, wobei die Zeitlichkeit sich im Ablauf der Gestirnbewegungen verkörpert. Der Kosmos selbst wird von vier Arten von Lebewesen bewohnt: Götter, Luftwesen, Wasserwesen und Erdwesen. Im Zusammenhang des Verhältnisses der Weltseele zum Kosmos sagt nun Platon:

„Eine Seele aber setzte er in seine Mitte und dehnte sie über das Ganze aus und umhüllte den Leib auch noch von außen mit ihr. Er bildete also einen einzigen Himmelskreis, der sich allein und einsam um sich selber dreht und der dank seiner eigenen Vortrefflichkeit imstande ist, sich selber beizuwohnen, und der keines anderen bedarf, sondern dem es genügt, mit sich selbst bekannt und befreundet zu sein. Durch alles das schuf er ihn also zu einer glückseligen Gottheit."[59]

---

[57] Ebd. 41a. c.

[58] Vgl. Timaios 29d–41a.

[59] Ebd. 34b.

Nach Platon ist also der Kosmos ein glückseliger Gott (εὐδαίμων θεός = *eudaímôn theós*), den Gott selbst gezeugt (ἐγεννήσατο = *egennésato*) hat.[60] Mithin kommt dem Kosmos ein Kindschaftsverhältnis zu Gott zu, sodass man vom Kosmos gar als *Sohn Gottes* reden kann.[61]

Der Gedanke des „erzeugenden Gottes" wird von Platon in seinem Werk *Der Staat* in noch anderer Perspektive bedacht. Gedanklicher Hintergrund von Platons Gotteslehre ist, allgemein gesprochen, die Idee des Guten, ist doch das Gute mit dem Wesen Gottes selbst identisch.[62] So erörtert Platon im sechsten Buch des *Staates* die Idee des Guten als höchste Form des Seienden; ohne philosophische Einsicht darein ist kein gerechtes, heilsames und schönes Leben zu führen. Ja, alles Wissen wäre ohne die Einsicht in die Idee des Guten nutzlos. So sagt Sokrates zu seinem Gesprächspartner:

> „Wenn wir sie (= die Idee des Guten) aber nicht kennen, dann weißt du, daß uns nichts hilft, mögen wir auch, abgesehen von ihr, alles übrige noch so gut erfaßt haben, wie uns auch kein anderer Besitz etwas nützt ohne das Gute. Oder glaubst du, es sei ein Gewinn, allen möglichen Besitz zu haben, aber keinen guten? Oder außer dem Guten alles zu denken, aber nichts Schönes und Gutes zu denken?"[63]

Dieses *Hohe Lied des Guten* mündet nach unterschiedlichen Betrachtungen über die Idee des Guten ein in eine weitere Rede von einem *Sprössling* der Idee des Guten. So sagt Sokrates:

> „Was mir aber als ein Sprößling des Guten erscheint und ihm sehr ähnlich ist, das will ich euch sagen. ... Diesen Zins und diesen Sprößling des Guten sollt ihr also nun bekommen."[64]

Platon trägt seine Gedanken hier in Form eines Wortspiels vor: Das griechische Wort für „Sprössling, Nachkomme" (*ékgonos* = ἔκγονος) wird spielerisch dem griechischen Wort *tókos* = τόκος (es heißt ursprünglich „Gebären, Geschlecht, Geborenes, Sohn") in der übertragenen Bedeutung von „Gewinn, Zins" gegenübergestellt, sodass dem griechischen Leser der Zusammenhang zwischen Sprössling und „Zins" als „Sohn" sogleich verständlich war.[65] So könnte man dieses Wortspiel wie folgt frei übertragen:

---

[60] Das griechische Verb γεννᾶν = *gennán* bezeichnet das Kinderzeugen des Vaters, vgl. Pape-GDHW, Bd. 1, S. 483.

[61] So mit Ferdinand Christian Bauer, Das Christliche des Platonismus, Tübingen 1837, S. 62f.

[62] Vgl. Timaios 29e.

[63] Staat 505a–b.

[64] Ebd. 506e; 507a

[65] Vgl. Pape-GDHW, Bd. 2, S. 1126.

„Diesen als Zins gewonnenen Sohn und diesen Sprössling des Guten sollt ihr also nun bekommen.“

Diesem Sprössling des Guten nähert sich Platon mit seinem *Sonnengleichnis*.[66] In ihm vergleicht er die Sonne und ihr Licht mit der Idee des Guten: So wie die Sonne durch ihr Licht dem Sehvermögen das Sehen und Gesehen-Werden überhaupt erst ermöglicht, so ist die Idee des Guten prinzipiell in Vorordnung zum Denkvermögen zu denken: Das Gute selbst ist Grund für Erkennen und Erkannt-Werden. Und so wie die Sonne dem Sichtbaren Werden, Wachstum und Nahrung verleiht, so ermöglicht die Idee des Guten allem anderen Denkbaren, als einem Sprössling des Guten, Sein und Wesen. Die Idee des hellen, sonnenartigen Guten aber zeigt sich im Denkvermögen; *dieses* ist ein lichter Sprössling, welcher als Ebenbild des Guten von diesem selbst erzeugt ist. So sagt Sokrates:

„So verkünde also …, daß ich ihn meinte, als ich vom Sprößling des Guten sprach, den das Gute als sein Ebenbild gezeugt hat. Und wie sich dieses im einsehbaren Raume zur Einsicht und zu dem Eingesehen verhält, so verhält sich Helios im sichtbaren Raum zum Gesicht (= Sehen) und zu dem Gesehenen.“[67]

Dieser Sprössling oder Sohn des Guten ist demnach als Erkenntnis und Vernunft (νοῦς = *nus*) zu denken, die zu Gott hinführen. Ersichtlich wird dieser Gedanke im Blick auf den Dialog *Timaios*, wo Platon von der Genese des anderen, gezeugten Gottes redet und seine kosmologischen Gedanken ausdrücklich mit dem göttlichen, d. h. vernünftigen Nachdenken begründet:

„Diese ganze Überlegung machte also der Gott, der ewig ist, über den anderen Gott, der erst entstehen sollte.“[68]

So kann man also den „Sprössling des Guten“ und den „Gottessohn Kosmos“ durchaus als Spiegelung ein und desselben Gedankens verstehen: Der „Sprössling des Guten“ und der „Gottessohn Kosmos“ verweisen beide auf das in sich selbst lebendige Denken Gottes, der – mit sich selbst redend – über seinen „Sohn“ aus sich heraustritt und so in der Welt erfahrbar wird: als guter Kosmos.

[66] Vgl. Erstes Kapitel, I./4. Der Staat und Platon, Staat 506e–509b.

[67] Staat 508b–c.

[68] Timaios 34a–b. Das griechische Substantiv, welches hier mit „Überlegung“ übersetzt worden ist, heißt λογισμός = *logismós* und bedeutet „Rechnen, Überlegung, Nachdenken“, vgl. Pape-GDHW, Bd. 2, S. 57.

5. Der Gekreuzigte

Nicht eigentlich zur Theologie Platons gehörend, aber in der späteren theologischen Traditionsbildung äußerst wirksam geworden, ist Platons Rede vom Gekreuzigten. Im zweiten Buch seines Dialogs *Der Staat* führt Platon ein Gedankenexperiment durch:[69] Sokrates und Glaukon befinden sich im Gespräch, Thema ist die Frage der Gerechtigkeit. Gleich zu Beginn formuliert Glaukon ein provozierende These: Jeder Mensch würde, wenn er es nur könnte, jederzeit ein rücksichtloses und ungerechtes Leben einem rücksichtsvollen, gerechten Leben vorziehen. Zum Beweis hierfür greift Glaukon auf die alte Fabel vom „Ring des Gyges" zurück, der zufolge der Träger dieses Ringes sich nach Lust und Laune unsichtbar und ebenso wieder sichtbar machen kann. Deswegen würde ein jeder solcher Ringträger ohne Skrupel jedwede Art von Ungerechtigkeit tun, wenn ihm das Nutzen brächte. Denn Schaden für seine eigene Person müsse er nicht fürchten, könne er doch, da unsichtbar, für die begangenen Untaten nicht belangt oder bestraft werden. So nämlich würde jeder Mensch leben, wenn er nur könne: Der Erscheinung nach die Gerechtigkeit mimend, dem Sein nach der Ungerechtigkeit folgend. Die Tugend der Gerechtigkeit habe man nur aus Gründen der sozialen Billigkeit eingeführt, habe es sich doch im menschlichen Zusammenleben gezeigt, dass eben nicht jeder sich wehrlos übervorteilen lasse. Vielmehr setze sich der Geschädigte ob des erlittenen Unrechts zur Wehr. Folglich habe man sich um der sozialen Hygiene willen darauf verständigt, Unrechttun zu bestrafen, um dem Unrechtleidenden Genugtuung zu verschaffen. Die Tugend der Gerechtigkeit sei demnach nichts weiter als ein notwendiges Übel, die in sich selbst keinen Wert darstelle, geschweige denn eine göttliche Dimension aufweise. So sagt Glaukon:

> „Gäbe es nun zwei solche Ringe und den einen steckte der Gerechte an, den anderen der Ungerechte, dann wäre wahrscheinlich keiner so stählern, daß er in Gerechtigkeit verharrte und sich enthalten könnte, nach fremden Gut zu greifen. Es stände ihm ja frei, unbedenklich vom Markt wegzunehmen, was er wollte, in die Häuser zu gehen und dort Umgang zu pflegen, mit wem er wollte, und zu töten oder aus dem Gefängnis zu befreien, wen er wollte, und auch sonst unter den Menschen wie ein Gott zu walten. Wenn er aber so handelte, würde er sich in nichts mehr vom Ungerechten unterschieden, sondern beide gingen denselben Weg."[70]

Platon lässt den Glaukon nun einen vollkommen Ungerechten und ein vollkommen Gerechten zeichnen und gegeneinander antreten: Der vollkommen Ungerechte hat in jeder Hinsicht einen ungerechten Willen und ist moralisch verschlagen genug, mit Unrechttun sich seinen eigenen Vorteil zu verschaffen. Nach außen hin freilich verkörpert

---

[69] Vgl. Staat 360e–362c.

[70] Ebd. 360b–c.

er den ehrenhaftesten Menschen, der in Vollkommenheit als Gerechter erscheint, in Wirklichkeit aber die Personifikation des Ungerechten ist. Im absoluten Gegensatz hierzu steht der Gerechte. Er ist schlicht, bescheiden und wahrhaftig, verzichtet auf wohlfeile und unbillige Vorteilsnahme. Ja, selbst wenn er öffentlich der Ungerechtigkeit geschmäht, ihm alles nur erdenklich Üble nachgesagt wird, bleibt er sich selbst – um der Gerechtigkeit willen – treu und erweist sich als vollkommen Gerechter, auch wenn er mit Leib und Leben dafür zahlen muss. Dramaturgisch dies auf die Spitze treibend, lässt Platon den Glaukon nun Folgendes ausführen: Diejenigen, die die Ungerechtigkeit mehr loben als die Gerechtigkeit, werden angesichts des Gerechten und seines Lebens sagen:

> „Wenn der Gerechte so gesinnt ist, dann wird man ihn schlagen und foltern und einkerkern; man wird ihm die Augen ausbrennen und ihn nach allen Mißhandlungen zuletzt ans Kreuz schlagen. Und dann wird er zur Einsicht kommen, daß man nicht danach streben soll, gerecht zu *sein*, sondern gerecht zu *scheinen*."[71]

Mit seinem Gedankenexperiment überschreitet Platon die Grenze des athenischen Rechtssystems für seine freien Bürger: Gekreuzigt wurden Bürger der Armenschicht und Sklaven, aber keine ehrbaren Polisbürger. Die Blendung war im athenischen Strafrecht überhaupt nicht vorgesehen. Und wenn dann doch ein freier athenischer Bürger zum Tode verurteilt wurde, war beim Vollzug der Todesstrafe auf unnötige Grausamkeiten zu verzichten, wie denn der Tod des Sokrates belegt. Ziel von Platons Überlegungen ist es hier, trotz aller nur denkbaren Umstände und Widerwärtigkeiten den Vorrang der Tugend Gerechtigkeit gegenüber der Ungerechtigkeit aufzuzeigen. Der gesamte Dialog *Der Staat* versucht die obige These Glaukons zu entkräften und demgegenüber zu beweisen, dass in Wirklichkeit der Gerechte, wie immer seine Umstände auch sein mögen, der allein Glückliche, während der Ungerechte der in Wahrheit Unglückliche ist. Der dahinter stehende Kerngedanke ist das Maß des Schönen als des Guten, welches das Unrechtleiden als das Schönere gegenüber dem Unrechttun erweist.[72] Für Platon ist der Gewährsmann der Gerechtigkeit Sokrates, dessen Leben und gewaltsames Sterben Platon wie folgt würdigt:

> „Dies … war das Ende unseres Freundes, eines Mannes, von dem wir sagen dürfen, daß er unter all seinen Zeitgenossen, die wir gekannt haben, der beste und überhaupt der Vernünftigste und Gerechteste gewesen ist."[73]

---

[71] Ebd. 361e–362a. Das entsprechende Verb für „ans Kreuz schlagen" ἀνασχινδυλεῖν = *anaschindylein* ist im Corpus Platonicum ein Hapaxlegomenon, welches nur an dieser Stelle begegnet.

[72] Vgl. Erstes Kapitel, I./2. Gorgias.

[73] Phaidon 118a.

Somit wäre es denkbar, dass Platon mit dem gekreuzigten Gerechten auf Sokrates anspielt, den er in dieser Szene idealtypisch überhöht und nahezu vergöttlicht wissen wollte, um den Sieg der Gerechtigkeit zu verkünden.

Zusammenfassung

Ausgangspunkt von Platons Gotteslehre ist die Frömmigkeit des Sokrates. Mit dieser hebt nach Platon ein neues Gottesverständnis in der Antike an: Zu seiner Verteidigung gegenüber dem Vorwurf der Gottlosigkeit ruft Sokrates den *einen* Gott an. Nicht mehr die vielen Polisgottheiten, sondern der *eine* Gott soll um der Wahrheit willen über Sokrates das Urteil fällen. Um die wahrhaftige Frömmigkeit des Sokrates zu erweisen, unternimmt Platon folgende Gedankenschritte:

1. Sokrates philosophisches Wirken ist in Wahrheit ein durch seinen *göttlichen Dämon* bedingter Gottesdienst. Von Kindesbeinen an wird Sokrates von diesem guten Schutzgeist gedanklich geführt und geleitet. Diese göttliche Führung nennt Platon *Daimonion*, welcher Sokrates vornehmlich in die wahre Gotteserkenntnis einweist: Gott mehr zu gefallen und zu gehorchen als den Menschen. Das nämlich ist das Wesen wahrer Frömmigkeit, und ihr Ziel ist die Einwohnung des guten Dämons in der Seele, die Eudaimonia, die Glückseligkeit.
2. Insgesamt ist Platons Gotteslehre von der Idee des Guten bestimmt. Darum kritisiert er die althergebrachten Göttererzählungen von Homer und Hesiod vornehmlich aus pädagogischen Gründen als zu anthropomorph und affektiv. *Deren* Mythologien bezeichnet Platon als blasphemisch und stellt dem *expressis verbis* seine positiv gefasste *Theologie* gegenüber. Das *Sein des Gottes*. Dieses muss mit vernünftigen Gründen so beschrieben werden, wie es in Wahrheit ist: als geistig-vernünftiges Wesen, das im absoluten Sinne gut, schön, wahrhaftig und ewig ist. Somit kann Platons Gottesverständnis mit dem Begriff *Person* widergegeben werden. Insofern ist dieser Gott nur über die geistige Anschauung eines fromm-wahrhaftigen Denkens wahrnehmbar. Nichts anderes aber hat Sokrates gelehrt, womit dieser vom Vorwurf der Gottlosigkeit rehabilitiert ist. Das *Sein des Gottes* theologisch erfassend, kommt Platon letztlich zur Erkenntnis eines aus dem Polytheismus *aufsteigenden Monotheismus.*
3. Dies verdeutlicht Platon im Rahmen seiner Weltschöpfungslehre anhand des *Demiurgen.* Ist der *eine* Gott des Sokrates bisher namenlos oder bestenfalls mit Apollon zu identifizieren, so spricht Platon im Timaios unvermittelt von Gott als *Vater des Alls*, als *Schöpfer*, gar als *erzeugendem Vater.* Als Demiurg ist er als belebend göttlicher *Geist* (νοῦς = *nus*) zu verstehen, der in seiner ewig erhabenen Geistigkeit das All und den Kosmos geschaffen hat.
4. Dieser Gott-Vater aber tritt in einem Akt eines göttlichen Selbstgespräches aus sich heraus, indem der als beseelt gedachter Kosmos als *Sohn Gottes* von Gott-Vater selbst

erzeugt wird. Dem entspricht die Rede vom *Sprössling des Guten*, sodass der Kosmos als *guter Sohn* Gottes in Erscheinung tritt. So aber lässt Platon das *Hohe Lied des Guten erklingen*, welches letztlich zur Erkenntnis des *einen Gottes* als des *ewig Guten* hinführt.

5. Als ganz eigentümlicher Gedanke Platons ist seine Rede des *gekreuzigten Gerechten* zu verstehen. Dieser gilt als Inbegriff des Gerechten, verkörpert er doch den platonischen Gedanken, dass der Gerechte trotz aller widrigsten Umstände der wahrhaft Glückliche ist. Der gekreuzigte Gerechte aber kann als idealtypisch beschriebener Sokrates ausgemacht werden, der als vergöttlicht gerechter Sieger über alle Ungerechtigkeit der Menschheit verkündigt wird.

II. Johannes

Die von Platon eingeleitete Überwindung der anthropomorphen Theologie der hellenischen Antike ist im gesamten Neuen Testament zur vollen Blüte gekommen: Seine Autoren verlieren kein ausdrückliches Wort der Kritik an einer anthropomorphen Gottesvorstellung. Vielmehr setzen sie alle den personenhaft gedachten, *einen* Gott voraus, der mit dem maskulinen Substantiv *theós* (θεός) in der Bedeutung von „Gott" bezeichnet wird. Meist wird das Wort *theós* (θεός) mit dem maskulinen Artikel *ho* (ὁ) bestimmt, um so den christlichen Gott näher zu bezeichnen, bisweilen wird jedoch aus stilistischen Gründen nur das artikellose Nomen *theós* (θεός) verwendet.[1] Dem Johannesevangelium ist es nun an einer theologisch durchdachten Gotteslehre gelegen. Während die anderen Evangelisten Matthäus, Markus und Lukas ihre Gotteslehre mithilfe ihrer jeweiligen Christologien implizit dahingehend entfalten, dass Jesus von Nazareth der Sohn Gottes ist[2], wählt Johannes einen expliziten Weg für seine Gotteslehre. Diesen durchschreitet Johannes mit seiner Logos-Jesus-Lehre Schritt für Schritt in einem univoken Sinn: Gott und sein Sohn sind eines Wesens. Dementsprechend begegnet das maskuline Substantiv *theós* (θεός) in der Bedeutung „Gott" bei Johannes 81-mal, die

[1] Vgl. Friedrich Blass/Albert Debrunner, Grammatik des neutestamentlichen Griechisch, Göttingen 1979[15], § 254.

[2] Vgl. etwa: Markus 1, 9–11 par, wo bei der Taufe Jesu *eine Stimme vom Himmel* über Jesus bekundet: „Du bist mein lieber Sohn, an dir habe ich Wohlgefallen." Markus 3, 11, wo die unreinen Geister gegenüber Jesus bekennen: „Du bist Gottes Sohn!" Markus 15, 39, wo der Hauptmann des Hinrichtungskommandos in Bezug auf den gestorbenen Jesus bekennt: „Wahrlich, dieser Mensch ist Gottes Sohn gewesen." Matthäus 4, 1–11 par, wo im theologischen Streitgespräch zwischen Jesus und dem Teufel Jesus als Sohn Gottes ausgewiesen wird, dem sodann die Engel dienen. Matthäus 11, 25–27, wo Jesus in einem doxologischen Hymnus den „Vater, Herrn des Himmels und der Erde" preist und sich selbst als Sohn und Offenbarer des Vaters bezeichnet. Matthäus 16, 13–16, wo Petrus das Bekenntnis zu Jesus ausspricht: „Du bist Christus, des lebendigen Gottes Sohn!" Lukas 2, 10 f., wo der Engel verkündet: „Euch ist heute der Heiland geboren, welcher ist Christus, der Herr, in der Stadt Davids." Lukas 24, 19–27, wo der auferstandene Christus den Emmausjüngern seine Passion und damit die göttliche Heilsgeschichte erklärt mit den Worten: „Musste nicht Christus dies erleiden und in seine Herrlichkeit eingehen?"; ähnlich auch Verse 44–47. Vgl. zudem: Artikel: θεός = *theós*, in: EWNT, Bd. 2, S. 350.

Pluralbildung *theoí* (θεοί) „Götter“ ist nur einmal zu finden. Gänzlich fehlt hingegen das feminine *theá* (θεά) für „Göttin“. Der Name *Iêsús* (Ἰησοῦς) hingegen erscheint 244-mal, der Titel *christós* (χριστός) in der Bedeutung „Gesalbter“ taucht 19-mal auf.[3]

1. Gott ist Vater und Geist

Das Johannesevangelium wendet sich mit seiner Theologie, so steht zu vermuten, an einen weitgefächerten Kreis von Adressaten.[4] Diesen will Johannes mithilfe seiner Theologie zuerst als eine geistig-theologische Gemeinde zusammenführen. „So versteht man den Evangelisten wohl nur, wenn man sich das vor Augen hält, was wir uns in den Zeiten der Sicherheit am wenigsten vorstellen können: eine verfolgte Gruppe von Christen in der Minderheit, die noch keinen eigenen Namen und noch keine kirchliche Identität gefunden haben. Dieser Mangel an gemeinsamem Namen, an Hierarchie, an jeder Organisation, die diesen Namen verdient, offenbar auch an regelmäßigen Zusammenkünften, ist zugleich die Chance für den Evangelisten.“[5] Und diese Chance nutzt Johannes, indem er sein theologisches Schwergewicht auf die Christologie legt, um zu zeigen: Jesus ist, als der Gott gleichursprüngliche Logos, der vom Gott-Vater Gesandte, kurz: der Christus. Um dies zu erreichen, verwendet Johannes den besonderen Sprachstil einer mitunter monoton schwebenden Sprache, mit der er seine Erzählungen des Lebens Jesu allen Adressaten zugänglich machen will: Alle so unterschiedlichen Gruppierungen sollen sich über diese einfach und wiegend gehaltene Sprache in der Theologie des Johannes einfinden können. Deswegen fasst er seine Rede von Gott geistig so weit, dass sich sowohl die jüdischen als auch die heidenchristlichen Gesprächspartner mit ihrer jeweiligen Theologie darin wiederentdecken können. Zudem eröffnet Johannes einen weiten Raum mit religionsgeschichtlichen Anklängen, die innerhalb des Hellenismus mehr oder weniger zum geistigen Allgemeingut gehörten.[6] Erst auf dieser Folie entfaltet Johannes dann sein Evangelium.

Die erste namhafte Stelle einer Gottesdefinition findet sich im Kapitel 4: Auf seinem Weg nach Galiläa kommt Jesus durch das den Juden verfeindete Gebiet Samaria. Im

[3] Vgl. Novum Testamentum Graece, CD-ROM, Deutsche Bibelgesellschaft, Stuttgart 2008.

[4] So mit Klaus Berger, Im Anfang war Johannes, Stuttgart 1997, S. 66f. Berger nennt hier folgende Gruppierungen: Taufjünger, christliche Pharisäer und Samariter, Judenchristen und Palästiner, die sich um die christlichen Führungsfrauen Maria, Martha und Maria Magdalena scharten.

[5] Ebd., S. 67.

[6] Vgl. Klaus Berger/Carsten Colpe, Religionsgeschichtliches Textbuch zum Neuen Testament, Göttingen, Zürich 1987, S. 146–186. Die dort angegeben Textzeugen sind Legion und reichen von Homer (8. Jh. v. Chr.) über Philon (15 v. Chr. – ca. 50 n. Chr.) bis hin zu mandäischen Schriften (7./8. Jh.).

2. Jh. v. Chr. kam es aufgrund einer aktiv betriebenen Hellenisierungspolitik durch den seleukidischen König Antiochus IV. (gest. 164 v. Chr.) zum Schisma zwischen Juden und Samaritanern, da die Samaritaner dessen Hellenisierungspolitik unterstützen, während die Juden diese scharf ablehnten. Während der Römerzeit wurde diese Spannung zwischen den Juden und den Samaritanern sogar in offener Feindschaft ausgetragen.

Verschärft wurde dieser Konflikt noch durch das religiöse Selbstverständnis der Samaritaner: Nur sie allein, und nicht die Juden mit ihrem Tempelkult in Jerusalem, leben die wahre Thorafrömmigkeit im Gefolge des Mose nach Bekenntnis, Prophetenschrift und heiligem Ort: Gott ist der eine und einzige, wie es denn heißt:

> „Höre, Israel, der Herr ist unser Gott, der Herr allein.“[7]

Und Mose ist der wahre und darum einzige Prophet in Israel, allein seine fünf Bücher, der sogenannte Pentateuch, sind daher Maßstab für Glauben und Leben:

> „Und es stand hinfort kein Prophet in Israel auf wie Mose, den der Herr erkannt hätte von Angesicht zu Angesicht.“[8]

Zudem ist der einzig legitime Kultort für die wahre Gottesverehrung der den Samaritanern heilige Berg Garizim in Samaria und nicht der Tempel in Jerusalem.[9]

Jesus nun ist unterwegs und trifft am Jakobsbrunnen auf eine samaritanische Frau. Dass dieses Treffen sich gerade hier einstellt, kommt nicht von ungefähr: Jakob zählt zu den Erzvätern des Volkes Israel, der somit als theologisches Urgestein wahren Glaubens und wahrer Frömmigkeit auszumachen ist. Der Gesprächsort steht also für theologische Wahrhaftigkeit. So verwundert es auch nicht, dass das Gespräch zwischen Jesus und der Frau den wahren Gotteskult zum Inhalt hat. Ausgangspunkt hierbei ist zunächst die Bitte Jesu an die Frau, ihm Wasser zu geben. Der sich daran anschließende Dialog offenbart Jesus als Propheten, kennt er doch die persönlichen Lebensumstände der namenlosen Frau, nämlich unehrenhaft mit fünf verschiedenen Männern gelebt zu haben und nun mit einem sechsten Manne zusammen zu sein. Nach damaliger Sitte aber galt eine Frau als unehrenhaft, wenn sie mehr als zwei- bis dreimal verheiratet gewesen ist.[10] Nun aber spricht die Frau zu Jesus:

> „Herr, ich sehe, daß du ein Prophet bist. Unsere Väter haben auf diesem Berge angebetet, und ihr sagt, in Jerusalem sei die Stätte, wo man anbeten soll. Jesus spricht zu ihr: Glaube mir, Frau, es kommt die Zeit, daß ihr weder auf diesem Berge noch in Jerusalem den *Vater* anbeten werdet. Ihr wisst nicht, was ihr anbetet; wir wissen aber, was wir anbeten; denn das

---

[7] 5. Mose 6, 4.

[8] 5. Mose 34, 10.

[9] Vgl. 5. Mose 11, 29.

[10] Vgl. Paul Billerbeck, Kommentar zum Neuen Testament aus Talmud und Midrasch, Bd. 2, München 1956², S. 437.

> Heil kommt von den Juden. Aber es kommt die Zeit und ist schon jetzt, in der die wahren Anbeter den *Vater* anbeten werden im Geist und in der Wahrheit; denn auch der *Vater* will solche Anbeter haben. *Gott ist Geist (pneúma ho theós* = πνεῦμα ὁ θεός), und die ihn anbeten, die müssen ihn im Geist und in der Wahrheit anbeten."[11]

Die Antwort Jesu an die Frau ist von grundsätzlicher Art: Weder der samaritanische noch der jüdische Tempelkult erfassen in und mit ihrer Theologie und Frömmigkeit das wahre Wesen Gottes. Denn *Gott ist Vater* und *Geist* zugleich. Dieser väterlichen Geistigkeit Gottes wird wahrhaftige Gotteserkenntnis indes nur gerecht, wenn der geistige Gott-Vater im Geist und der Wahrheit angebetet wird und nicht mehr in der Haltung der überkommenen Tempelkulte. Es geht hier also um die wahre Theologie und der ihr entsprechenden geistigen Frömmigkeit.

In dieser Redeweise von Gott kommt urchristliches Denken zum Tragen: Während im Pentateuch und den restlichen Schriften des Alten Testaments die Rede von Gott als Vater nur marginaler Natur ist[12], hat sich demgegenüber die Rede von Gott-Vater geradezu als Charakteristikum neutestamentlicher Theologie erwiesen, wie etwa das „Vaterunser-Gebet" belegt.[13] Für das Johannesevangelium kann die Gott-Vater-Vorstellung gar als genuine Gottesanrede ausgemacht werden. Sie begegnet in ihm als Wesensbestimmung Gottes 92-mal, davon allein schon 83-mal aus dem Munde Jesu, um die Wesensinnigkeit zwischen ihm und seinem Vater zum Ausdruck zu bringen. Dieser Gott-Vater wird im Johannesevangelium allen anthropomorphen Missdeutungen entzogen, indem er allein als geistige Gottheit zu verstehen ist. Deutlich wird dies anhand der Formulierung: *Gott ist Geist* (πνεῦμα ὁ θεός). Denn diese ist ihrem Satzbau nach dem klassischen Griechisch entnommen, sodass hier das Wort „Geist" (*pneúma* = πνεῦμα) als Prädikatsnomen zu „Gott" (*ho theós* = ὁ θεός) ausgemacht werden kann. Insofern ist der inhaltliche Schwerpunkt dieser Aussage die *Geistigkeit* Gottes. Zielpunkt dieser Wendung ist es demnach, Gott sprachlich so zu bestimmen, dass er sich allen wie auch immer ortsgebundenen Kulttheologien entzieht. Mithin ist die theologische Redeweise von der Geistigkeit Gottes als abstrakte Denkleistung des Johannes zu begreifen, die jegliche materielle Konnotation in Bezug auf Gott verhindern will. Die Geistigkeit Gottes als Vater wahrt somit die Freiheit und Unvordenklichkeit Gottes. Mit anderen Worten: Gott ist als *geistige Person* zu verstehen. Mit diesem Gottesverständnis greift Johannes nicht nur platonisches Denken auf, sondern geht zudem über die Gottesrede des Alten Testaments hinaus. Zwar wird verschiedentlich geltend gemacht, dass dem Al-

---

[11] Johannes 4, 19–24.

[12] Im Pentateuch begegnet die Vorstellung von Gott als Vater (אָב = *'āb*) nur einmal, nämlich 5. Mose 32, 6. In den weiteren Schriften des Alten Testaments noch 17-mal: 2. Samuel 7, 14; 1. Chronik 17, 13; 22, 10; 28, 6; Psalm 68, 6; 89, 27; Jesaja 63, 16; 64, 7; Jeremia 3, 4.19; 31, 9; Malachi 1, 6; 2, 10; Sirach 23, 1.4; Weisheit 2, 16; 14, 3; Tobias 13, 4.

[13] Vgl. Matthäus 6, 9–13.

ten Testament die Geistigkeit Gottes durchaus vertraut sei.[14] Aber im gesamten Alten Testament wird Gott niemals formell als „Geist" bezeichnet oder so gedacht. Und auch der theologische Hauptbegriff für Gott im Alten Testament, Jahwe (= יְהוָה) weist diese von Johannes formulierte Geistigkeit nicht auf. Denn der Name Jahwe (= יְהוָה) kann eben nicht von dem hebräischen Verb für *werden/sein* (= *hajah* = הָיָה) abgeleitet werden, welches dann ja der geistigen Dimension Gottes nahekäme. Vielmehr ist der Name „Jahwe" in seiner Bedeutung wohl eher als lokaler Berg- oder Wettergott auszumachen, der dann als Sturmgott oder als Gott des Blitzes je zu verstehen ist, wie der Alttestamentler Otto Kaiser überzeugend nachgewiesen hat.[15]

Johannes aber betont demgegenüber die Geistigkeit Gottes, ein theologisches Denken, das an diesem entscheidenden Punkt dem platonischen Gottesverständnis in seiner Geistigkeit sehr nahe kommt: *Gott als Vater des Alls* zu verstehen. Denn Örtlichkeit und Geistigkeit widersprechen einander und gehören unterschiedlichen, nicht vereinbaren Dimensionen an. Damit aber gewinnt Johannes ein monotheistisches Gottesverständnis von nicht zu überschätzender Größe: Jeglicher fundamentalistischen Gottesinterpretation wird hier ihre Begründung entzogen, ist doch der geistige Gott-Vater immer zugleich der freie und unverfügbare. Deswegen wehrt dieses Gottesverständnis bis heute allen menschlichen Instrumentalisierungen Gottes für Theologie, Kult und Mission. So erklärt Jesus dem frommen Pharisäer Nikodemus dieses Unverfügbare Gottes anhand des Geistes mit folgenden Worten:

> „Der Wind (*pneúma* = πνεῦμα) weht, wo er will, und du hörst sein Sausen wohl; aber du weißt nicht, woher er kommt und wohin er geht. So ist es bei jedem, der aus dem Geist geboren ist."[16]

Das griechische Wort für Geist (*pneúma* = πνεῦμα) bedeutet „Wehen, Hauch, Wind, Luft, Seele als Ausdruck der Lebendigkeit, Lebenskraft, Lebenswille, Geist, Geistwesen und Gott selbst."[17] Wenn also Gott als Geist bestimmt wird, dann bekundet Johannes ein neues, geistiges Gottesverständnis, das alle ortsgebundenen Gottesverehrungen als nicht der göttlichen Wahrheit und Wirksamkeit gemäß versteht. Konkret heißt das: Alle bisherigen Götterkulte, vornehmlich der jüdische Tempelkult in Jerusalem und der samaritanische auf dem Garizim, entbehren jeglicher geistigen Wahrheit und richtigen Frömmigkeit, die darin besteht, *Gott im Geist und der Wahrheit anzubeten*. Und nur die

---

[14] Vgl. Rudolf Schnackenburg, Das Johannesevangelium, Erster Teil, Kapitel 1–4, Freiburg, Basel, Wien 1979, S. 474.

[15] Vgl. Otto Kaiser, Der Gott des Alten Testaments: Wesen und Wirken; Theologie des Alten Testaments, Göttingen 1998, § 3, bes. S. 77–81.

[16] Johannes, 3, 8.

[17] Vgl. Walter Bauer, Griechisch-Deutsches Wörterbuch zum Neuen Testament, Berlin, New York 1971, S. 1338–1346.

solcherart Glaubenden sind ihrerseits frei und durch keinen herkömmlichen Gotteskult in ihrer Frömmigkeit zu vereinnahmen. Kann hier nicht als geistige Folie für Johannes – cum grano salis – auf das Frömmigkeitsverständnis des Sokrates verwiesen werden, der seinerseits die geistig reine und wahrhaftige Theologie suchte und darum Kritik an den überkommenen athenischen Tempelkulten übte?[18] Von der Hand zu weisen ist dies mithin wohl nicht.

Und dass Jesus von der Samaritanerin als Prophet bezeichnet wird, wo es doch gemäß der orthodoxen Lehre der Samaritaner nur einen Propheten, nämlich Mose, gibt, bekräftigt das neue, rein geistige Gottesverständnis Jesu, welches das althergebrachte theologisch überbietet: Nicht mehr der Urprophet Mose mit seiner Jahwefrömmigkeit, sondern der neue, wahre Prophet Jesus mit seiner Lehre von der Geistigkeit Gottes ist Maß und Künder rechten Glaubens. So endet die Begegnung zwischen Jesus und der Frau in einer allgemeinen Proklamation vieler Samariter von Jesus als dem Christus:

> „Es glaubten aber an ihn viele der Samariter aus dieser Stadt um der Rede der Frau willen, die bezeugte: Er hat mir alles gesagt, was ich getan habe. Als nun die Samariter zu ihm kamen, baten sie ihn, bei ihnen zu bleiben; und er blieb zwei Tage. Und noch viel mehr glaubten um des Wortes willen und sprachen zu der Frau: Von nun an glauben wir nicht mehr um deiner Rede willen; denn wir haben selber gehört und erkannt: Dieser ist wahrlich der Welt Heiland."[19]

Noch an anderer Stelle vertieft Johannes dieses Gottesverständnis. Nach den sogenannten Abschiedsreden Jesu an seine Jünger in Johannes 14–16 folgt im Kapitel 17 das zum Vater im Himmel gesprochene, hohepriesterliche Gebet Jesu für seine Jünger. Dieses führt gedanklich weiter zur Passion Jesu, die nach Johannes, dem eigentlichen Sinn nach und im deutlichen Unterschied zu den synoptischen Evangelien, die Hoheit und göttliche Würde Jesu als Gottes Sohn aller Welt erweist. Darum ist die Kreuzigung Jesu auch kein verzweifeltes, gottverlassenes Geschehen, sondern sein genaues Gegenteil: Die Vollendung und Erhöhung des Gottessohnes Jesus vor und von der Welt. Folgendes Wort Jesu vom Kreuz herab verdeutlicht dies:

> „Danach, als Jesus wusste, daß schon alles vollbracht war, spricht er, damit die Schrift erfüllt würde: Mich dürstet. Da stand ein Gefäß voll Essig. Sie aber füllten einen Schwamm mit Essig und steckten ihn auf ein Ysop-Rohr und hielten es ihm an den Mund. Als nun Jesus den Essig genommen hatte, sprach er: Es ist vollbracht!, und neigte das Haupt und verschied."[20]

Der erhöhte Christus vollbringt am Kreuz die Erlösung der Welt, eine Erkenntnis, die sich nicht von selbst Bahn bricht, sondern die erst durch die wahre Gotteserkenntnis

---

[18] Vgl. Zweites Kapitel, I./1. Das Daimonion und 2. Der Gott.

[19] Johannes 4, 39–42.

[20] Johannes 19, 28–30.

möglich wird. Wahre Gotteserkenntnis und Erlösung aber führen das mit sich, was menschliches Sehnen immer wieder zum Thema hat: ewiges Leben. So beginnt Jesus sein hohepriesterliches Gebet mit folgenden Worten:

> „Vater, die Stunde ist da: verherrliche deinen Sohn, damit der Sohn dich verherrliche; denn du hast ihm Macht gegeben über alle Menschen, damit er das ewige Leben gebe allen, die du ihm gegeben hast. Das ist aber das ewige Leben, daß sie dich, der du allein wahrer Gott (*mónon alêthinón theón* = μόνον ἀληθινὸν θεόν) bist, und den du gesandt hast, Jesus Christus, erkennen. Ich habe dich verherrlicht auf Erden und das Werk vollendet, das du mir gegeben hast, damit ich es tue. Und nun, Vater, verherrliche du mich bei dir mit der Herrlichkeit, die ich bei dir hatte, ehe die Welt war.“[21]

Das ewige Leben wird hier – wie der johanneische Gottesbegriff – in eine Erkenntnis überführt, die zweierlei zum Inhalt hat: Zum einen die des persönlichen, allein wahren Gottes, der darum im Gebet als Vater angesprochen wird. Zum anderen die Erkenntnis von Jesus als Gesandten Gottes, dem Christus. Mit dieser kognitiven Bestimmung des ewigen Lebens wehrt Johannes allen anthropologischen Versuchungen des Ausschmückens eines leibzentrierten „paradiesischen Lebens“ des Christusjüngers. Vielmehr hebt er in Analogie zur *Geistigkeit Gottes* die dementsprechende *Geistigkeit des ewigen Lebens* hervor.[22] Mit diesem zeitenthobenen Verständnis des ewigen Lebens befindet sich Johannes darum wohl eher im Einklang mit der bei Platon zu findenden Vorstellung der Eudaimonia als höchster Form menschlichen Erkennens und Lebens[23] als mit der alttestamentlichen Paradiesüberlieferung, die als Inbegriff eines glückseligen Wonnelebens gilt.

Der hebräische Begriff für Paradies[24] (*pardes* = פַּרְדֵּס) bezeichnet ursprünglich eine königliche Park- oder Gartenanlage und begegnet im Alten Testament dreimal: In Prediger 2, 5 ist damit ein Lustgarten, in Nehemia 2, 8 ein königlicher Forst und im Hohelied Salomos 4, 13 ist damit die Geliebte gemeint. In der Septuaginta (LXX), der griechischen Übersetzung des Alten Testaments, steht der Begriff für Paradies (παράδεισος = *parádeisos*) darüber hinaus auch noch für den „Gottesgarten“[25], der zudem mit dem Begriff „Eden“ (*'edēn* = עֵדֶן) in der Bedeutung von „Wonne, Lust“ als dem Menschen zugedachter Lebensraum ausgemalt wird.[26] Durch den „Baum der Erkenntnis“ und den „Baum des Lebens“ wird der Wonnegarten „Eden“ nach 1. Mose 3 zudem noch theologisch dahingehend bestimmt, dass der Mensch an göttlicher Erkenntnis

---

21 Johannes 17, 1–5.

22 Vgl. auch Drittes Kapitel, II. Johannes

23 Vgl. Zweites Kapitel, I./1. Das Daimonion und 2. Der Gott.

24 Vgl. zum Folgenden Artikel: Paradies, in: RGG^4, Band 6, S. 911–913.

25 Vgl. 1. Mose 2f.; 13, 10; 4. Mose 24, 6; Jesaja 51, 3; Hesekiel 28, 13 u. 31, 8.

26 Vgl. 1. Mose 2, 8; 3, 23f.; 4, 16; Hesekiel 36, 35.

und göttlichem Leben Anteil zu gewinnen sucht. Allein durch die Vertreibung des Menschen aus dem Paradies bleibt ihm zeit seines Lebens beides in Vollkommenheit versagt.

Nicht so bei Johannes: Die in der Haltung des Gebets sich vollziehende Erkenntnis des „einen wahren Gottes“ und seines „Gesandten Jesus Christus“ ist für die Theologie des Johannes von grundsätzlicher Bedeutung. Denn damit eröffnet er für die so unterschiedlich geprägte Christusgemeinde einen Weg zur gottseligen Eudaimonia, die als Geisteshaltung der irdischen Welt himmlisch enthoben ist: Einmal durch eine klare theologische Absage an alle in der heidnischen Umwelt anzutreffenden polytheistischen Gotteslehren mit ihren do-ut-des-Charakter, wie der Kirchenvater Johannes Chrysostomus im 4. Jh. zur Stelle Johannes 17, 3 bemerkte.[27] Zum anderen durch die theologische Überwindung des jüdischen und samaritanischen Jahweglaubens mit ihren althergebrachten Tempelkulten. Insofern ist die von Johannes vorgelegte Gotteslehre nicht weniger revolutionär als die des Platons.[28]

So verwundert es auch nicht, dass im Johannesevangelium, um der Wahrheit der Gotteserkenntnis willen, ablehnend-kritische Worte gegenüber denjenigen zu finden sind, die sich dieser neuen Gotteserkenntnis verschließen, den jüdischen Theologen zur Zeit des Johannes.[29]

2. Jesus als Logos und die Welt

Die Geistigkeit Gottes, wenn sie denn als Wahrheit wirksam werden soll, muss gegenüber der Welt und den Menschen zur Sprache gebracht werden. Ist doch die Sprache in ihrer Geistigkeit hierzu das ideale Medium: Der Logos ist nämlich, als ewig göttliches Wort mit Gott selbst identisch, Anfang und Schöpfer des Alls, der nun als Person des inkarnierten Jesus aller Welt verkündigt wird:

> „Im Anfang war das Wort (*lógos* = λόγος), und das Wort war bei Gott, und Gott war das Wort. Alle Dinge sind durch dasselbe gemacht, und ohne dasselbe ist nichts gemacht, was gemacht ist. … Und das Wort ward Fleisch und wohnte unter uns.“[30]

Die Welt ist indes im Johannesevangelium wie bei Platon ein beseeltes Gottesgeschöpf, welches lebt und handeln kann[31], sie wird jedoch nicht als Sohn Gottes verstanden. Dieser Ehrenrang ist allein dem Jesus-Logos vorbehalten. Die Welt jedoch ist in ihrer geisti-

---

[27] Vgl. Johannes Chrysostomus, homilia in Ioannem, 80, 2 (PG 59, 435).

[28] Vgl. Zweites Kapitel, I./2. Der Gott.

[29] Vgl. Johannes 8, 37–45. Zum gesamten Komplex der darin enthaltenen Kritik an den Juden: Vgl. Klaus Berger, Im Anfang war Johannes, Stuttgart 1997, S. 79–83.

[30] Johannes 1, 1–3.14a.

[31] Vgl. Johannes 1, 10, wo die Welt „nicht erkennt“; 14, 27, wo die Welt „gibt“.

gen Dimension ein von Gott getrenntes Geschöpf, das nicht nur von den Menschen bewohnt wird, sondern darüber hinaus beherrscht „der Fürst der Welt" (*ho árchôn tu kósmu* = ὁ ἄρχων τοῦ κόσμου) die Welt und die Menschen.[32] Dementsprechend ist die Begegnung des göttlichen Logos mit der Welt ein kosmisches Ringen auf Leben und Tod, das die Erlösung der Welt von ihrer Gottesferne erreichen will.[33]

So verwundert es nicht, dass der griechische Begriff „Welt" (*kósmos* = κόσμος) im Johannesevangelium 78-mal begegnet[34], wobei die überwiegende Mehrzahl der Belege die negative Bedeutung von gottferner Welt hat.[35] Johannes heilsgeschichtliches Drama beginnt nun mit dem Faktum, dass der Kosmos gegenüber seinem Ursprung und Ziel, dem Logos, im Nicht-Erkennen verhaftet ist und ihn sogar ablehnt. Warum dies so gekommen ist, lässt Johannes offen. Aber liegt es nicht nahe, hier eine gedanklich Parallele zu Platons *Höhlengleichnis* zu sehen: Die Menschheit ist im blinden Nicht-Erkennen gefangen und lehnt den Künder der Wahrheit, den Logos, darum ab? Andernfalls müsste man ja umkehren und dem göttlichen Logos als Wahrheit folgen. Das jedenfalls würde erklären, warum Johannes so selbstverständlich das Nicht-Erkennen der Menschen ausspricht, ohne es näher zu begründen. Jedenfalls stellt er gleich zu Beginn seines Evangeliums fest:

> „Er (der Logos) war in der Welt, und die Welt ist durch ihn gemacht; aber die Welt erkannte ihn nicht. Er kam in sein Eigentum; und die Seinen nahmen ihn nicht auf."[36]

Der beseelte Kosmos ist demnach göttliches Eigentum, die Gesamtheit alles Geschaffenen umfassend, jedoch verweigert er sich seinem Schöpfer-Logos. Dies weiter ausführend, wird nun das Verhältnis von Logos und Welt in den theologischen Kategorien von Licht und Finsternis beschrieben, ohne freilich, dass die Welt dies zur Kenntnis nimmt.

> „Und das Licht scheint in der Finsternis, und die Finsternis hat's nicht ergriffen. … Das war das wahre Licht, das alle Menschen erleuchtet, die in diese Welt kommen."[37]

---

[32] Vgl. Johannes 12, 31; 14, 30; 16, 11. „Der Fürst der Welt" kann im Johannesevangelium mit den in den synoptischen Evangelien begegnenden Satan oder Diabolos (= Teufel) gleichgesetzt werden. Vgl. Walter Bauer, Griechisch-Deutsches Wörterbuch zum Neuen Testament, Berlin, New York 1971, Artikel: ἄρχων = *árchôn*, S. 225f.

[33] Vgl. Johannes 12, 31f.

[34] Vgl. Novum Testamentum Graece, CD-ROM, Deutsche Bibelgesellschaft, Stuttgart 2008.

[35] Dies trifft 62-mal zu. Vgl. zum negativen Kosmosverständnis bei Johannes: Walter Bauer, Griechisch-Deutsches Wörterbuch zum Neuen Testament, Berlin, New York 1971, Artikel: κόσμος = *kósmos*, S. 881–884.

[36] Johannes 1, 10f.

[37] Johannes 1, 5. 9.

Auch hier, so kann gesagt werden, steht Platon mit seinem *Sonnengleichnis* Pate zur Formulierung dieses Gedankens:[38] Die Sonne ist der lichte Logos, mithin das Gute selbst. Nur das Licht des Logos ist allein Grund für das rechte Erkennen, das ist der Glaube. Und das rechte Erkannt-Werden bezieht sich wiederum auf den Logos als den von Gott Gesandten. Die Idee des hellen, sonnenartigen Guten, der Logos also, zeigt und offenbart sich im erlösten *Denkvermögen*, welches sich als Liebe Gottes zur Welt offenbart. Denn diese wird von Gott geliebt, sodass Gott selbst die Welt durch die Sendung seines Sohnes der Gottlosigkeit entreißen will:

> „Denn also hat Gott die Welt geliebt, daß er seinen eingeborenen Sohn gab, damit alle, die an ihn glauben, nicht verloren werden, sondern das ewige Leben haben. Denn Gott hat seinen Sohn nicht in die Welt gesandt, daß er die Welt richte, sondern daß die Welt durch ihn gerettet werde.“[39]

Johannes beschreibt nun weiterhin das Heilsdrama der Erlösung als ein kosmisches Geschehen, das sich im Wort ereignet: In einer Fülle von Redezyklen verkündet Jesus sich als den Logos. Mit sieben „Ich-bin-Worten“ (*egṓ eimi* = ἐγώ εἰμι) offenbart sich Jesus als rechter, wahrhaftiger Erlöser und Heiland der Welt, jedoch nur die wahrhaft Hörenden und somit Glaubenden erkennen ihn als solchen. So redet Jesus von sich als: „das Brot des Lebens“ (6, 35.41.48), „das Licht der Welt“ (8, 12), „die Tür“ (10, 7.9), „der gute Hirte“ (10, 11.14), „die Auferstehung und das Leben“ (11, 25), „der Weg, die Wahrheit und das Leben“ (14, 6) und „der Weinstock“ (15, 5). Zur Herkunft dieser Redewendungen wurde vieles erwogen[40], auffällig jedoch ist es, dass sich entsprechende „Ich-bin-Formeln“ auch bei Platon finden lassen, und zwar immer zur Selbstvorstellung einer Person anderen gegenüber.[41] Ebenso lässt Johannes den Jesus diese „Ich-bin-Worte“ als Rekognitionsformeln gebrauchen. Liegt es nicht nahe, dass Johannes hier wiederum bei Platon gedankliche Anleihe genommen hat?

Ziel all dieser Reden Jesu ist es, allgemein gesprochen, seine Person in ihrer Göttlichkeit der in Finsternis seienden Welt und ihren Kindern zu offenbaren, um auf diese Weise Gottes Liebe zur Welt zum Ausdruck zu bringen. So bekennt Jesus frei:

---

[38] Vgl. Platon, Staat 506e–509b.

[39] Johannes 3, 16f.

[40] Vgl. hierzu: Klaus Berger, Im Anfang war Johannes, Stuttgart, 1997, S. 195–199, wo auch die entsprechende theologische Diskussion zu finden ist.

[41] Vgl. etwa Euthyphron 11c, wo Euthyphron in Bezug auf seine Person die „Ich-bin-Formel“ gebraucht; Phaidon 115c, wo Sokrates sich selbst im Gespräch mit der „Ich-bin-Formel“ vorstellt; Theaitetos 149a: Hier beschreibt sich Sokrates mit der „Ich-bin-Formel“ als Sohn einer Hebamme; Parmenides 129d, wo Sokrates sich gegenüber Parmenides in der „Ich-bin-Formel“ als Mensch bezeichnet; ebenso Gastmahl 194a, wo Sokrates das Gespräch über die Liebe (*érôs* = ἔρως) in der „Ich-bin-Formel“ fortsetzt; Euthydemos 297b, wo Dionysodoros in der von Sokrates eröffneten Erörterung nach dem „falschen Wissen“ in der „Ich-bin-Formel“ zu antworten beginnt.

> „Ich bin das Licht der Welt. Wer mir nachfolgt, der wird nicht wandeln in der Finsternis, sondern wird das Licht des Lebens haben. … Und wer mich sieht, der sieht den, der mich gesandt hat. Ich bin in die Welt gekommen als ein Licht, damit, wer an mich glaubt, nicht in der Finsternis bleibe. … Was ich rede, das rede ich so, wie es mir der Vater gesagt hat.“[42]

Der inkarnierte Logos Jesus ist, als Licht der Welt, der Garant eines ebensolchen göttlichen Lebens, welches hienieden in der geistigen Haltung des Glaubens eine kosmische Befreiung für das Leben der Jünger in der Welt nach sich zieht. Diese Erkenntnis der göttlichen Welterleuchtung wohnt aber lebenswirklich durch den inkarnierten Sohn in der Welt ein, sodass Jesus als der Logos die Worte des Gott-Vaters selbst verkündet. Erkennen freilich kann dies nur derjenige, der sich diesem Licht der Welt zuwendet, ihm nachfolgt und so von der Finsternis ins Licht Gottes kommt. So benennt Johannes aus der Sicht des Christusjüngers diesen Erkenntnisgewinn wie folgt:

> „Und das Wort ward Fleisch und wohnte unter uns, und wir sahen seine Herrlichkeit, eine Herrlichkeit als des eingeborenen Sohnes vom Vater, voller Gnade und Wahrheit.“[43]

So wohnt der Logos als eingeborener Sohn Gottes bei seinen Jünger und führt diese gar zum Sehen seiner und Gottes Herrlichkeit, die sich als Erkenntnis voller Gnade und Wahrheit für die Menschen zeitigt. Infolgedessen findet im Kosmos ein Herrschaftswechsel statt. Im Rahmen der Ankündigung der Verherrlichung Jesu, d. h. seiner Kreuzigung, schildert Johannes folgende himmlische Szene, die sich auf Erden himmlisch auswirken wird:

> „Da kam eine Stimme vom Himmel: Ich habe ihn (= Jesus) verherrlicht und will ihn abermals verherrlichen. … Jesus antwortete und sprach: Diese Stimme ist nicht um meinetwillen geschehen, sondern um euretwillen. Jetzt ergeht das Gericht über diese Welt; nun wird der Fürst dieser Welt ausgestoßen werden. Und ich, wenn ich erhöht werde von der Erde, so will ich alle zu mir ziehen.“[44]

Die Stunde des Gerichts fällt mit der Stunde der Kreuzigung Jesu in eins zusammen mit der Folge, dass ab dieser Stunde der „Fürst der Welt“ seiner Herrschaft über den Kosmos verlustig gegangen ist. Daran können sich ab nun die Jünger Jesu halten. Denn die Verherrlichung Jesu besteht ja darin, dass Jesus als der Logos durch Kreuzigung und Auferstehung zum Gott-Vater heimgeht und hierbei und hierdurch den „Fürsten dieser Welt“ entmachtet.[45] Schon zu Lebzeiten Jesu wird diese Entmachtung des „Fürsten der Welt“ daran deutlich, dass es im Johannesevangelium, im Unterschied zu den Synop-

---

[42] Johannes 8, 12 und 12, 45f. 50b.

[43] Johannes 1, 14.

[44] Johannes 12, 28.30–32; vgl. Johannes 16, 11: „… daß der Fürst dieser Welt gerichtet ist.“

[45] Vgl. Johannes 16, 28, wo Jesus sagt: „Ich bin vom Vater ausgegangen und in die Welt gekommen; ich verlasse die Welt wieder und gehe zum Vater.“

tikern, keine von Dämonen besessenen Personen gibt, bei denen Jesus etwa einen Exorzismus vorzunehmen hätte. Dies ist umso erstaunlicher, als das antike Weltbild durchaus mit einer Fülle von meist schädigenden Dämonen rechnete. Kann also dieser bei Johannes zu findende Aspekt des dämonenfreien Menschenlebens nicht als geistige Entlehnung von Platons Kosmosverständnis ausgemacht werden, dem böse-dämonisch besessene Menschen ebenso fremd sind? Das kosmische Drama der Erlösung der Welt vollendet sich wiederum als geistiges Geschehen, im Wort, das der Gekreuzigte vom Kreuz herab verkündet:

> „Es ist vollbracht."[46]

So siegt die Geistigkeit Gottes im Verbund mit der inkarnierten Geistigkeit Jesu als Logos über die gottesferne Welt und verwandelt diese für die in dieser Geistigkeit stehenden Jünger zu einem seligen Ort des Glaubens. Mit den Augen freilich kann man dies von nun an nicht mehr sehen, sondern nur im erkennenden Glauben begreifen. Darum lässt Johannes am Ende seines Evangeliums den Auferstandenen dies aufgreifen und sagen:

> „Selig sind, die nicht sehen und doch glauben."[47]

3. Jesus und Dionysos

Noch ein anderer Aspekt der weltverwandelnden Herrlichkeit Jesu muss bedacht werden.[48] Der Lieblingsgott der damaligen Zeit war Dionysos. Im Rahmen seines Kultes wurde er mehr und mehr seiner naturhaft-orgiastischen Basis entkleidet und Schritt für Schritt vergeistigt. Einer seiner verbreitetesten Titel war zudem „der Weinstock".[49] Jesus nun greift diesen Titel auf und wendet ihn auf sich und seine Jünger an:

> „Ich bin der wahre Weinstock und mein Vater der Weingärtner. Eine jede Rebe an mir, die keine Frucht bringt, wird er wegnehmen; und eine jede, die Frucht bringt, wird er reinigen, daß sie mehr Frucht bringe. Ihr seid schon rein um des Wortes willen, das ich zu euch geredet habe. Bleibt in mir und ich in euch. Wie die Rebe keine Frucht bringen kann aus sich selbst, wenn sie nicht am Weinstock bleibt, so auch ihr nicht, wenn ihr nicht in mir bleibt. Ich bin der Weinstock, ihr seid die Reben. Wer in mir bleibt und ich in ihm, der bringt viel Frucht; denn ohne mich könnt ihr nichts tun."[50]

---

[46] Johannes 19, 30b.

[47] Johannes 20, 28b.

[48] Vgl. zum Folgenden: Carl Schneider, Geistesgeschichte der christlichen Antike, München 1970, S. 91.

[49] Vgl. Ebd.

[50] Johannes 15, 1–5.

Mit dieser Metapher vom Weinstock wird nicht auf die alttestamentlichen Gleichnisse des göttlichen Weinbergs angespielt[51], sondern auf den Dionysoskult, der hier als Interpretationsfolie dient: Gab bisher der Gott Dionysos die heitere Gabe des Weins, so ist es nunmehr der Gottessohn Christus selbst und er allein, der für den fröhlich machenden Wein steht. Und darüber hinaus sind die Jünger Jesu selbst als „viel Frucht bringende Reben" Teil dieser fröhlichen Gottesgabe, durch die Gott-Vater vor aller Welt verherrlicht wird.[52] Noch deutlicher wird dieser Gedanke, greift man auf das sogenannte Weinwunder zu Kana in Johannes 2, 1–12 zurück.[53] Hier verwandelt Jesus auf einer Hochzeitsfeier, nachdem der Wein zum Feiern ausgegangen war, ca. 700 Liter Wasser in Wein. Dieser Wein ist aber besser als der bis dahin ausgeschenkte: Der „Christuswein" überbietet in jeder Hinsicht allen irdisch gekelterten Wein. Dem berauscht-fröhlichen Feiern steht nichts mehr im Weg. Johannes deutet dieses Weinwunder dann betont als erstes Zeichen der Herrlichkeit Jesu vor der Welt. Darum ist das Leben der geistigen Jüngerschaft von dem hohen Ton der ernsten Heiterkeit gegenüber der Welt gezeichnet, wie es dem Genuss des „Christusweines" entspricht. Darum glaubten seine Jünger an ihn.

Das Motiv der Verwandlung von Wasser in Wein ist indes schon im Dionysoskult zu finden.[54] Dass Johannes das Weinwunder Jesu nun ausgerechnet in Kana stattfinden lässt, kommt nicht von ungefähr. Denn das Wort „Kana" dürfte wohl keinen Ort bezeichnen[55], sondern dem hebräischen *kanä* (= קָנֶה) in der Bedeutung von „Würzrohr, Stängel" entlehnt sein.[56] Als entsprechendes griechisches Wort hierfür kann *nárthêx* (νάρθηξ) stehen, das bezeichnenderweise im Dionysoskult symbolische Verwendung

[51] Zu denken ist hier etwa an das Weinberglied Jesaja 5, 1–7, wo das Volk Israel als Weinberg Gottes besungen wird.

[52] Vgl. Johannes 15, 8.

[53] Vgl. Peter Wick, Jesus gegen Dionysos? Ein Beitrag zur Kontextualisierung des Johannesevangeliums, Vol. 85 (2004), S. 179–198, in: www.bsw.org/ Biblica/ Vol-85–2004. Hier findet sich auch eine Fülle von antiken Textquellen, die den Dionysoskult samt dem damit verbundenen Weinritus belegen: „Zusammenfassend kann festgehalten werden, daß heute in Einzeluntersuchungen zum Weinwunder in der Regel mit einem dionysischen Hintergrund gerechnet wird …" (S. 182).

[54] Vgl. Euripides, Die Bakchen, übersetzt von J. A. Hartung, Leipzig 1848: „Und eine (= Frau) nahm den Thyrsos, schlug an Felsen hin, woraus ihr perlend Bronnen Wassers sprudelten; und eine andere stößt den Hohlstab in den Grund, und einen Weinquell sendet ihr der Gott empor.", zitiert nach: www.gutenberg.spiegel.de. Zudem Klaus Berger/Carsten Colpe, Religionsgeschichtliches Textbuch zum Neuen Testament, Göttingen, Zürich 1987, S. 152: Dort wird ebenso das Motiv des aus Wasser gewandelten Weins im Dionysoskult belegt.

[55] Die Mehrheit der Exegeten ist freilich von der Historizität des Ortsnamens überzeugt, vgl. Rudolf Schnackenburg, Das Johannesevangelium, erster Teil: Kapitel 1–4, Freiburg, Basel, Wien 1979, S. 330f.

[56] Vgl. Wilhelm Gesenius, Handwörterbuch über das Alte Testament, Berlin, Göttingen, Heidelberg 1962, Artikel: קָנֶה = *kanä*, S. 717f.

findet: Es benennt den von den Bacchanten mitgeführten Stängel während dionysischer Festlichkeiten, der demnach wohl für „himmlische Leidenschaft“ steht, kurz: das heilige Symbol des Dionysoskults.[57]

So ist der Sinn der Weinstockrede und des Weinwunders wohl der: „Der Dionysosjünger braucht, um in die göttliche Ekstase zu kommen, das Mittel des Rauschtranks. Der Christusjünger braucht zur Ekstase des Heiligen Geistes nur Wasser: Wasser und Geist – mit deutlicher Anspielung auf die Taufe – führen zur echten göttlichen Trunkenheit.“[58] Insofern steht der Wein für das zur nüchternen Trunkenheit gewandelte Wasser. So sind im Johannesevangelium Wasser und Wein komplementäre Gotteszeichen des gottseligen Lebens der Christusjünger. Denn Johannes lässt keinen Zweifel an der himmlischen Überlegenheit Jesu gegenüber dem Weingott Dionysos. Dieser führt nur zum Götterrausch, jener aber zur Erkenntnis von Gnade und Wahrheit, zeichenhaft der Welt im „Christuswein“ dargeboten. Wie anstößig dieser Vergleich ist, belegt eine anderweitig vorgetragene, niederschmetternde Kritik der Juden an Jesus:

> „Viele unter ihnen sprachen: Er hat eine bösen Geist (*daimónion échei* = δαιμόνιον ἔχει) und ist von Sinnen (*maínetai* = μαίνεται).[59]

Das griechische Verb für „von Sinnen sein“ (*maínomai* = μαίνομαι) bedeutet zudem noch „rasen, nicht Herr seiner selbst sein“ und ist in dieser Bedeutung dem Dionysoskult entlehnt.[60] Insofern ist Jesus als der wahre Weinstock zu verstehen, der für echte göttliche Trunkenheit als Kennzeichen des nüchternen Gottesglaubens steht. Es ist schon erstaunlich, dass in der neutestamentlichen Textüberlieferung diese anstößige Stelle nicht eliminiert worden ist. Das von Johannes geschriebene Erlösungsdrama wird indes im Gestus geistiger Überlegenheit noch drastischer in Sprache gesetzt, nämlich dass der Sohn sich selbst als „Brot des Lebens“ (6, 35) mit seinem Fleisch dahingibt, um aller Welt das göttliche Leben zu gewähren. So verkündet Jesus:

> „Ich bin das lebendige Brot, das vom Himmel gekommen ist. Wer von diesem Brot isst, der wird leben in Ewigkeit. Und dieses Brot ist mein Fleisch, das ich geben werde für das Leben der Welt.“[61]

---

[57] Das griechische *nárthêx* (νάρθηξ) bezeichnet eine hochwachsende Doldenpflanze mit knotigem, markvollem Stängel, in welchem einst Prometheus das Feuer vom Himmel den Menschen brachte. Demnach wurde diese Pflanze als himmlisches Symbol für „Feuer und Leidenschaft“ von den Bacchanten verwendet, vgl. Pape-GDHW, Bd. 2, S. 229.

[58] Carl Schneider, Geistesgeschichte der christlichen Antike, München 1970, S. 91.

[59] Johannes 10, 20.

[60] Vgl. Walter Bauer, Griechisch-Deutsches Wörterbuch zum Neuen Testament, Berlin, New York 1971, S. 961; dort findet sich wiederum der Hinweis auf den Dionysoskult bei Euripides, Bakchen. Ebenso Herodot, Historien, 4, 79, wo berichtet wird, dass ein König von einem Dämon ergriffen und rasend gemacht wird.

[61] Johannes 6, 51.

Dieses Bildwort vom Lebensbrot wird wiederum dem Dionysoskult geistig überbietend entgegengestellt. Denn als die Frage auftaucht, wie Jesus „sein Fleisch zu essen geben kann", antwortet er – wohl in Anspielung auf den Dionysoskult in geradezu ironischer Weise:

> „Wer mein Fleisch isst und mein Blut trinkt, der hat das ewige Leben, und ich werde ihn am Jüngsten Tage auferwecken. Denn mein Fleisch ist die wahre Speise, und mein Blut ist der wahre Trank. Wer mein Fleisch isst und mein Blut trinkt, der bleibt in mir und ich in ihm."[62]

Für das Verb „essen" verwendet Johannes hier das Wort *trôgeín* (τρωγεῖν) in den plastischen Bedeutungen von „nagen, zerbeißen, zerkauen, essen, fressen."[63] Diese materiale Vorstellung ist ihrerseits wohl dem Dionsysoskult entnommen, zerkauen doch „... im Dionysosmythos die Titanen (= die zwölf Kinder der Himmels- und der Erdgottheit) das Fleisch des Dionysos, und im Dionysoskultus zerreißen die Mainaden (= dionysische Kultanhängerinnen) mit den Zähnen rohes Fleisch als Sakrament der Vereinigung mit Gott."[64] Nicht so bei Johannes. Mit der Rede von der „Christusspeise" überbietet und überwindet er den rasenden Dionysoskult, indem Fleisch und Blut Christi auf ironisch-heitere Weise als geistige Nahrung für den Christen gedeutet werden. Darum wird in und mit der „Christusspeise" der Welt mehr geboten als alle bisherigen Kulte bieten konnten, nämlich: ewige Gottesverbundenheit. Indem Jesus als lichter Sohn Gottes sich selbst zur geistigen Speise gibt und sich hierzu, wie ein Opferlamm, der Finsternis der Welt ausliefert, wird dem Kosmos seine Sünde genommen. Im Erlösungsdrama erklingt ein neuer, heiterer und humorvoller Ton, der als Ernstheiterkeit bezeichnet werden kann. Es ist die feingeistige Haltung der Antike, Eutrapelía genannt, mit der Johannes sich als gesittet-gebildeter Evangelist zu erkennen gibt. Die Eutrapelía versteht es nämlich, in Ernst und Heiterkeit eine geistige Eleganz des Denkens und Redens so zur Sprache zu bringen, dass der Ernst des Lebens sich zum Schönen der Eudaimonia hin ordnet.[65] So bekennt Johannes der Täufer in Bezug auf Jesus erleichtert:

> „Siehe, das ist Gottes Lamm, das die Sünde der Welt hinwegnimmt!"[66]

So findet die Erlösung der Welt in der Selbsthingabe des Sohnes Gottes ihre Erfüllung, in der Kreuzigung Jesu: Das Heilsdrama ist vollendet. Die damit verbundene göttliche

---

[62] Johannes 6, 54–56.

[63] Vgl. Walter Bauer, Griechisch-Deutsches Wörterbuch zum Neuen Testament zum Neuen Testament, Berlin, New York 1971, S. 1640f.

[64] Carl Schneider, Geistesgeschichte der christlichen Antike, München 1970, S. 91.

[65] Vgl. zur Eutrapelía: Friedemann Richert, Kleine Geistesgeschichte des Lachens, Darmstadt 2009, S. 106–113 und 151–158.

[66] Johannes 1, 29b.

Herrlichkeit des Sohnes widerfährt den Jüngern schließlich in der Begegnung mit dem Auferstandenen:

> „Da sprach Jesus abermals zu ihnen: Friede sei mit euch! Wie mich der Vater gesandt hat, so sende ich euch. Und als er das gesagt hatte, blies er sie an und spricht zu ihnen: Nehmt hin den Heiligen Geist! Welchen ihr die Sünden erlasst, denen sind sie erlassen; und welchen ihr sie behaltet, denen sind sie behalten."[67]

Wie Gott selbst *Geist* ist, wie sein nunmehr auferstandener Sohn in wahrer *Geistigkeit* neues sündenfreies Leben seinen Jüngern gewährt, so werden nun auch die Jünger selbst für dieses *geistige* Leben ausgerüstet. Als Kennzeichen hierfür wird ihnen der göttliche Frieden zugesagt und darüber hinaus werden sie mit dem *heiligen Geist* als neuem Lebensodem ins göttliche Leben gestellt. Darum können sie als gottselige Repräsentanten für den Kosmos gelten.

4. Der erhöhte Gerechte

Der Kreuzestod Jesu erfährt im Johannesevangelium eine besondere, das Heilsdrama wendende, peripetische Deutung, die dem Geist seiner Theologie entspricht: Während in den synoptischen Evangelien der Tod Jesu vor allem als Sühne- oder Opfergeschehen für die Sünde verstanden wird, erweist Johannes den Kreuzestod Jesu als geistigen Sieg des Königs der Wahrheit über den gottfernen und damit ungerechten Kosmos.[68] Kurz: Jesus ist der „erhöhte Gerechte" schlechthin. Dies vorwegnehmend, sagt Jesus während seines Verhörs zu Pilatus:

> „Mein Reich ist nicht von dieser Welt. Wäre mein Reich von dieser Welt, meine Diener würden darum kämpfen, daß ich den Juden nicht überantwortet würde; nun aber ist mein Reich nicht von dieser Welt. Da fragte ihn Pilatus: So bist du dennoch ein König? Jesus antwortete: Du sagst es, ich bin ein König. Ich bin dazu geboren und in die Welt gekommen, daß ich die Wahrheit bezeugen soll. Wer aus der Wahrheit ist, der hört meine Stimme."[69]

Der König der Wahrheit wird indes der Kreuzigung anheimgegeben, welche nun theologisch als „Verherrlichung" gedeutet wird. Schon in seiner Wortwahl bringt Johannes dies zum Ausdruck: Alle Leidensankündigungen Jesu sind mit dem Verb „erhöht werden" (*hypsôthénai* = ὑψωθῆναι) gebildet. So sagt Jesus von sich selbst:

---

[67] Johannes 20, 21–23.

[68] Vgl. zur Forschungslage: Klaus Berger, Im Anfang war Johannes, Stuttgart 1997, S. 225–227.

[69] Johannes 18, 36f.

> „Wie Mose in der Wüste die Schlange erhöht hat, so muss der Menschensohn erhöht werden, damit alle, die an ihn glauben, das ewige Leben haben."[70]

Die Bezugnahme auf Mose kommt nicht von ungefähr, gilt er doch als prophetischer Gewährsmann für Heil und Errettung: So wie Mose einst das Volk Israel in der Wüste durch das Aufrichten der ehernen Schlange an einer Stange vor den tödlichen Schlangenbissen rettete[71], so führt die Jesus erhöhende Kreuzigung für alle Glaubenden wahrhaft Göttliches mit sich: Ewiges Leben, das nur der Erhöhte selbst spenden kann. Dass Jesus sich hier zudem mit dem Titel „Menschensohn" bezeichnet, unterstreicht den Bedeutungsgehalt der Erhöhungsaussage: Der Begriff „Menschensohn" steht im Johannesevangelium als Titel für den präexistenten und zugleich inkarnierten Mittler zwischen Gott-Vater und Welt, dem als *„himmlisch beglaubigtem Gerechten"* die Engel dienen.[72] „Dieser Gerechte" wird gemäß dem johanneischen Heilsdrama aber in einem doppelten Sinne erhöht: Einmal faktisch am Kreuz leidend, um aller Welt die göttliche Gerechtigkeit zu demonstrieren. Ist doch der „Menschensohn" im Judentum, „in welcher Tradition auch immer, der engelgleiche Gerechte und ist daher zum Richter tauglich."[73] Daher verkündet er vom Kreuz herab seine gerechten Richterworte über die Welt. Zum anderen aber dient der Begriff „Menschensohn" als Symbol der Verherrlichung Christi, die sich in der Wiedereinsetzung des „ewigen Gerechten" in den Himmel vollendet. So sagt Jesus, nachdem Judas den Verrat an ihm ins Werk gesetzt hat:

> „Als Judas nun hinausgegangen war, spricht Jesus: Jetzt ist der Menschensohn verherrlicht, und Gott ist verherrlicht in ihm. Ist Gott in ihm verherrlicht, so wird Gott ihn auch verherrlichen in sich und wird ihn bald verherrlichen."[74]

In einer Idealszene werden hier die Prototypen „des Gerechten" und „des Ungerechten" miteinander ins Spiel gebracht. Während Jesus als „der Gerechte" verherrlicht werden wird, geht Judas als Inbegriff „des Ungerechten" hinaus in die Gottlosigkeit, ist doch zuvor der Satan in ihn gefahren (vgl. 13, 27). Doch der weitere Fokus ist auf Jesus gerichtet. Nach Johannes korrespondiert nämlich das „Verherrlicht werden" (*doxasthénai* =

---

[70] Johannes 3, 14f.

[71] Vgl. 4. Mose 21, 4–9. Johannes formt die alttestamentliche Textvorlage der Verse 8 und 9 jedoch im obigen Sinne um, denn anstelle des Wortes „erhöhen" steht im LXX-Text hier das Verb *theínai* (= θεῖναι) in der Bedeutung von „aufstellen, aufhängen", was dem hebräischen Verb *sâm* (= שָׂם) in der Bedeutung von „aufstellen" entspricht.

[72] Siehe Johannes 1, 51, wo Jesus sagt: „Ihr werdet den Himmel offen sehen und die Engel Gottes hinauf- und herabfahren über dem Menschensohn." Vgl. zum Topos „Menschensohn": EWNT, Bd. 3, Artikel: υἱός = *hyiós*, S. 927–934; Jürgen Roloff, Neues Testament, Neukirchen-Vluyn 1979², S. 122–135.

[73] Klaus Berger, Wer war Jesus wirklich?, Gütersloh 1999, S. 43.

[74] Johannes 13, 31f.

δοξασθῆναι) dem „Erhöht werden" (*hypsôthénai* = ὑψωθῆναι), sind doch das Kommen des präexistenten Logos in die Welt, sein Sterben und seine Himmelfahrt theologische Rahmenaussagen für die Verherrlichung und Erhöhung Jesu. Dieses Denken des Johannes ist indes durchaus seiner griechischen geistigen Herkunft geschuldet. In einer besonders schönen Szene kommt dies beredt zum Vorschein: „Während die Juden im Hintergrund den Tod Jesu beschließen und sich heimlich verschwören, kommen Griechen zu dem ›griechischen‹ Jünger Philippos, der aus dem ‚Galiläa der Heiden' kommt, und bitten ihn: »Herr, wir möchten Jesus gerne sehen.« Philippos sagt es dem anderen ›griechischen‹ Jünger Andreas, und beide sagen es Jesus. Da erfaßt Jesus die ganze Größe der Stunde ... Jetzt kann Jesus getrost in den Tod gehen, denn die Griechen haben nach ihm gefragt. Man spürt bis in den Stil hinein die Ergriffenheit, mit der Johannes das schildert, was ihm das Anliegen seines Lebens und Schreibens ist."[75] Nämlich: Jesus als den „verherrlicht-erhöhten Gerechten" zu verkündigen. So lässt Johannes Jesus den Griechen Folgendes sagen:

> „Jesus aber antwortete ihnen und sprach: Die Zeit ist gekommen, daß der Menschensohn verherrlicht werde. Wahrlich, wahrlich, ich sage euch: Wenn das Weizenkorn nicht in die Erde fällt und erstirbt, bleibt es allein; wenn es aber erstirbt, bringt es viel Frucht. ... Und ich, wenn ich erhöht werde von der Erde, so will ich alle zu mir ziehen. Das sagte er aber, um anzuzeigen, welchen Todes er sterben würde."[76]

Wie ein fruchtbringendes Weizenkorn stirbt der „Menschensohn" als Inbegriff des „erhöhten Gerechten", um so alle Gläubigen zu sich zu ziehen. Dieses „Erhöht werden" und das „zu sich Ziehen" (*hélkein* = ἕλκειν) korrespondieren miteinander und sind wohl einer Märtyrersprache entnommen, mit der gesagt werden soll:[77] Hier wird ein absolut „Gerechter" am Kreuz erhöht und dient damit allen Menschen als unverbrüchliches Vorbild für die Gerechtigkeit schlechthin. So schreibt Klaus Berger hierzu: „Woran denkt der Evangelist hier? Es geht wohl um den Märtyrereffekt, der von der Kreuzigung Jesu ausgeht. Darunter verstehe ich, daß die Diskrepanz zwischen dem Hingerichteten und der Hinrichtungsart ein schreiender Gegensatz im wörtlichsten Sinne des Wortes ist und als solcher Aufmerksamkeit erregt. Daß dies geschah, wissen wir aus dem Zeugnis des Mara bar Serapion (= syrischer Schriftsteller aus dem 1./2. Jh. n. Chr.), der die Justizmorde an Sokrates und Jesus vergleicht. So gewinnt der Märtyrertod Jesu von sich aus internationale Dimensionen."[78]

Das Stichwort „Gerechter" erscheint zwar im Johannesevangelium nicht ausdrück-

---

[75] Carl Schneider, Geistesgeschichte der christlichen Antike, München 1970, S. 94.

[76] Johannes 12, 23f.32f.

[77] Vgl. EWNT, Bd. 1, Artikel: ἕλκω = *hélkô*, S. 1061.

[78] Klaus Berger, Im Anfang war Johannes, Stuttgart 1997, S. 240.

lich, wohl aber der Sinnzusammenhang vom „Gehen Jesu zum Vater“ mit dem der Gerechtigkeit. So lehrt Jesus seine Jünger:

„Aber ich sage euch die Wahrheit: Es ist gut für euch, daß ich weggehe. Denn wenn ich nicht weggehe, kommt der Tröster nicht zu euch. Wenn ich aber gehe, will ich ihn zu euch senden. Und wenn er kommt, wird er der Welt Augen auftun … über die Gerechtigkeit; daß ich zum Vater gehe und ihr mich hinfort nicht mehr seht.“[79]

Somit versteht Johannes die Jesus erhöhende Kreuzigung und seine nachfolgende Auferstehung als himmlisch beglaubigten Akt der Gerechtigkeit. Freilich ist dies eine „be*geistert*-nüchterne“ Erkenntnis, die nur der Tröster, das ist der geistige Anwalt und Beistand für die Jünger, bewirken kann. Begeistert, weil diese Erkenntnis dem Geist Jesu entspringt, nüchtern, weil sie das Sehen durch den Glauben ersetzt.[80] So gesehen, fallen „die Gerechtigkeit“ und „der Gerechte“ als Demonstrativum für die Welt in eins. Darum kann selbst Pilatus im Rahmen des Prozesses gegen Jesus keine Schuld an ihm finden:

„Da nahm Pilatus Jesus und ließ ihn geißeln. Und die Soldaten flochten eine Krone aus Dornen und setzten sie auf sein Haupt und legten ihm ein Purpurgewand an. Und traten zu ihm und sprachen: Sei gegrüßt, König der Juden! und schlugen ihm ins Gesicht. Da ging Pilatus wieder hinaus und sprach zu ihnen (= dem Volk und den Hohepriestern): Seht, ich führe ihn heraus zu euch, damit ihr erkennt, daß ich keine Schuld an ihm finde. Und Jesus kam heraus und trug die Dornenkrone und das Purpurgewand. Und Pilatus spricht zu ihnen: Seht, welch ein Mensch!“[81]

Diese Szene verdeutlicht geradezu „den Gerechten“, der als unverwechselbares Beispiel eines Menschen schlechthin aller Öffentlichkeit vorgeführt wird. Und auch die anderen Evangelien lassen Jesus in und mit seinem Leiden als „den Gerechten“ auftreten: Während der Gerichtsverhandlung bittet die Frau des Pilatus ihn, er möge nichts mit „diesem Gerechten“ zu schaffen haben (vgl. Matthäus 27, 19), und der Hauptmann des Hinrichtungskommandos bekennt unter dem Kreuz Jesu stehend: „Fürwahr, dieser ist ein gerechter Mensch gewesen“ (Lukas 23, 47). Und selbst einer der Schächer am Kreuz bezeugt in Bezug auf Jesus: „Dieser aber hat nichts Unrechtes getan.“ (Lukas 23, 41)

Nun ist es erstaunlich, dass die Rede vom „Gerechten“ in der weiten biblischen Tradition nur randständig im Umfeld der jüdischen Apokalyptik und im Rabbinertum anzutreffen ist.[82] Aus diesem Traditionsgut sind vor allem zwei Texte aufschlussreich.[83]

---

[79] Johannes 16, 7f.10.

[80] Vgl. zum Begriff „Tröster“: EWNT, Bd. 3, Artikel: παράκλητος = *paráklêtos*, S. 64–67.

[81] Johannes 19, 1–5.

[82] Vgl. EWNT, Bd. 1, Artikel: δίκαιος = *díkaios*, S. 781–784. Hier finden sich noch zwei andere Belege: äthiopischer Henoch 38, 2; 53, 6 (wohl aus dem 3. Jh. v. Chr.) und Psalter Salomonis 17, 32 (wohl aus dem 1. Jh. v. Chr.).

[83] Vgl. zum Folgenden: Marius Reiser, Der ehrlose Tod des Gerechten, in: www.catholic-church.org/ao/ps/reiser5.html

So einmal das Buch: *Weisheit Salomos* 2, 10–20, in dem von „dem Gerechten" die Rede ist, der um der Gerechtigkeit willen zu einem ehrlosen Tod durch die Ungerechten verurteilt wird. Es heißt dort:

> „Ist der Gerechte Gottes Sohn, so wird er ihm helfen und ihn erretten aus der Hand der Widersacher. Durch Schmach und Qual wollen wir ihn auf die Probe stellen, damit wir erfahren, wie viel er ertragen kann, und prüfen, wie geduldig er ist. Wir wollen ihn zu schimpflichem Tod verurteilen; denn dann wird ihm gnädige Heimsuchung widerfahren, wie er sagt."[84]

Das Weisheitsbuch Salomos (Sapientia Salomonis) entstand wohl gegen Ende des 1. Jh. v. Chr. im hellenistisch geprägten Judentum der ägyptischen Diaspora, wahrscheinlich in Alexandria. Erhalten und tradiert wurde es u. a. von neutestamentlichen Autoren und anderen christlich Gebildeten.[85] In diesem gedanklichen Umfeld ist wohl auch das Johannesevangelium beheimatet. Aufgrund des bedeutenden Einflusses von Platon und seinem Werk, gerade im Hinblick auf die gebildeten Hellenisten zu jener Zeit, liegt es doch nahe, dass „der Gerechte" des Weisheitsbuches seinerseits in gedanklicher Anlehnung zu Platons Rede des gekreuzigten Gerechten verfasst worden ist.[86]

Zudem ist auch eine gedankliche Bezugnahme auf das „Gottesknechtslied" in Jesaja 52, 13–53, 12 denkbar. Hier wird ein namenloser, unschuldig leidender „Knecht Gottes" (*'æbæd Jhwh* = עֶבֶד יְהוָה) vorgestellt, der in der LXX-Übersetzung freilich als „Sohn oder Knecht Gottes" (*país theú* = παῖς θεοῦ) bezeichnet wird.[87] Am Anfang und am Ende des Liedes spricht Jahwe über seinen „Sohn bzw. Knecht":

> „Siehe, meinem Sohn/Knecht wird's gelingen, er wird erhöht (*hypsôthésetai* = ὑψωθήσεται) und sehr hoch erhaben sein (*doxasthésetai* = δοξασθήσεται). Wie sich viele über ihn entsetzten, weil seine Gestalt hässlicher war als die anderer Leute und sein Aussehen als das der Menschen, so wird er viele Völker über sich selbst ins Staunen versetzen und Könige werden ihren Mund vor ihm zuhalten. … Wenn er sein Leben zum Schuldopfer gegeben hat, wird er Nachkommen haben und in die Länge leben, und des Herren Plan wird durch seine Hand gelingen. Weil seine Seele sich abgemüht hat, wird er das Licht schauen und sich an Erkenntnis sättigen. Der Gerechte macht die Vielen gerecht; denn er trägt ihre Sünden."[88]

---

[84] Weisheit 2, 18–20.

[85] Vgl. RGG^4, Bd. 7, Artikel: „Salomoschriften, S. 805f.

[86] Vgl. Viertes Kapitel: Die Wendung zu den Alten.

[87] Vgl. zum hebräisch-exegetischen Befund von „Knecht Gottes": Theologisches Handwörterbuch zum Alten Testament, Bd. 2, hg. v. Ernst Jenni/Claus Westermann, Lizenzausgabe Darmstadt 2004^6, Artikel: עֶבֶד *'æbæd*, S. 182–200, bes. S. 193–195; zum griechisch-exegetischen Befund von „Sohn/Knecht Gottes" vgl. EWNT, Bd. 3, Artikel: παῖς = *pais*, S. 11–14.

[88] Jesaja 52, 13–15a; 53, 10b–11. Die Übersetzung wurde mit der LXX verglichen.

Wiederum geht es um „den Gerechten", der durch Gottes Wirken schließlich erhöht wurde und darum erhaben ist und deshalb von Gott selbst den Vielen wie ein erlösender Märtyrer vorgestellt wird. Als exegetisch gesichert gilt jedoch die Tatsache, dass kein festgefügter Traditionszusammenhang vom „leidenden Knecht Gottes" aus dem vorliegenden Gottesknechtslied Jesaja 52, 13–53, 12 oder den anderen Gottesknechtsliedern Jesajas[89] hervorgegangen ist. Umgekehrt aber kann festgehalten werden, dass das Motiv des „leidenden Gerechten" für das theologische Denken des hellenistischen Judentums prägend gewesen ist.[90] Liegt es daher nicht auf der Hand, dass diese geistige Prägung vornehmlich der Philosophie Platons geschuldet ist?

So kann festgehalten werden: Bei Johannes ist der „erhöhte Gerechten" ein christologischer Schlüsselbegriff seiner Theologie. Zwei gedankliche Vorbilder mögen Johannes dabei Pate gestanden haben: Zuerst Platon mit seiner Rede vom „gekreuzigten Gerechten", die sich auch in Sapientia Salomonis entdecken lässt, und zweitens das Gottesknechtslied Jesajas. Über beide gedanklichen Vorlagen geht Johannes jedoch hinaus: Anders als Platon und Jesaja redet er beim „erhöhten Gerechten" nicht von einer idealtypisch gezeichneten Figur, sondern benennt damit den inkarnierten Logos als „den Gerechten" schlechthin. Dieser wird personenhaft als Erfüllung theologischen Denkens schlechthin wahrhaftig aller Welt vor Augen aufgestellt. Verherrlichung nennt dies Johannes. Zweitens bleibt das Geschehen um den „Gerechten" nicht ohne konkret geistige Wirkung für die Christusjünger: Diesen wird durch die Worte des „erhöhten Gerechten" Einsicht in die Gerechtigkeit Gottes gewährt und ewiges Leben zugesagt.

Zusammenfassung

Hintergrund der johanneischen Gotteslehre ist seine hellenistisch-philosophische Bildung. Damit will er seine jüdischen und seine heidenchristlichen Gesprächspartner für seine Theologie gewinnen. Sein Bürge hierfür ist der als Wahrheit personifizierte Jesus, der als Gott gleichursprünglicher Logos die einzig wahrhaftige Gotteslehre aller Welt verkündigt und sich hierbei selbst als wahrer Sohn Gottes im Wort des Evangeliums offenbart. Dieser göttliche Logos lehrt nun:

1. Gott ist als Person *Vater* und *Geist* und ist deshalb nicht in den bisherigen Kulttheologien zu finden, seien sie jüdisch-samaritanischer oder pagan-hellenistischer Art. Wesentliches Kennzeichen dieser *väterlichen Geistigkeit* Gottes ist seine innige Beziehung zu seinem Sohn Jesus, die nur als Logos-Christus recht ins Wort gesetzt werden kann. Dem entspricht die Freiheit Gottes, die ihrerseits nur im Geist und in der Wahrheit wahrgenommen werden kann. Darum sind nur die *Geistgeborenen* zur wahren Fröm-

[89] Zu diesen zählen: Jesaja 42, 1–4; 49, 1–6; 50, 4–9; 52, 13–53,12.

[90] Vgl. hierzu EWNT, Bd. 3, Artikel: παῖς = *pais*, S. 14.

migkeit fähig, Gott im *Geist* und in der *Wahrheit* anzubeten. Dieser wahren Gotteserkenntnis entspricht demnach die *Geistigkeit des ewigen Lebens*, welches die Frucht wahrer Frömmigkeit ist, die allein Jesus gewähren kann.

2. Jesus kommt als inkarnierter Schöpfer-Logos in seinen beseelt gedachten Kosmos, um ihn seiner Gottesferne zu entreißen. Dieser aber ist im blinden Nicht-Erkennen dem Logos gegenüber gefangen, wird der Kosmos doch vom „gottlosen Fürsten der Welt“ beherrscht. Demgegenüber offenbart sich Jesus nun mit seinen sieben „Ich-bin-Worten“ der Welt und seinen geistgeborenen Jüngern als Erlöser. Vollendet wird das Heilsdrama durch die göttliche Verherrlichung Jesu am Kreuz, die den „Fürsten der Welt“ entmachtet und so den Jüngern diese Welt als seligen Ort des Glaubens eröffnet. Der Kosmos freilich erkennt dieses nicht.
3. Diese weltverwandelnde Herrlichkeit Jesu zeigt sich auch gegenüber der hellenisch-paganen Welt. Der Kultgott Dionysos wird entthront, indem Jesus den besseren, göttlich-wahren Wein spendet. Als fröhliche Gottesgabe beflügeln der „Christuswein“ und die „Christusspeise“ den geistgeborenen Jünger zur Ernstheiterkeit, die sich als Erkenntnis von Gnade und Wahrheit zeitigt und in der Haltung der Eutrapelía vorgetragen wird.
4. Dem entspricht die Erhöhungs- und Verherrlichungstheologie, mit der Johannes die Kreuzigung Jesu deutet. Mithilfe einer alten Märtyrersprache wird der gekreuzigte Jesus als der „erhöhte Gerechte“ aller Welt gegenüber ausgewiesen: Als das Beispiel für den Menschen schlechthin und als Vollendung von Gottes Gerechtigkeit für die Welt und die Menschen.

Parallelen zu Platon

Unschwer lassen sich in der Theologie des Johannes geistige Parallelen zu Platon finden:

1. So wie Platon lehrt Johannes Gott als *Vater* und *Geist*. Dieses Personenverständnis Gottes ist nicht der alttestamentlichen Tradition geschuldet, sondern weist vielmehr eine gedankliche Nähe zu Platons Gotteslehre im *Timaios* auf, wo Platon Gott als *Vater des Alls* bekundet.[91] Mit diesem Gedanken geht zugleich die Freiheit und Unverfügbarkeit Gottes einher, der wiederum auch bei Platon anzutreffen ist.
2. Dass Gott nur *im Geist und in der Wahrheit* anzubeten ist, findet ebenso eine gedankliche Anleihe bei der Frömmigkeit des Sokrates, die den Gott nicht mehr in den überkommenen athenischen Tempelkulten, sondern allein in der wahrhaftigen Haltung geistiger Frömmigkeit verehrt wissen will.[92]

[91] Vgl. Timaios 28c.

[92] Vgl. Zweites Kapitel: I./1. Das Daimonion

3. Auch die johanneische *Geistigkeit des ewigen Lebens* findet ihre gedankliche Entsprechung in der Eudaimonialehre des Platons.[93]
4. Der von Johannes vorgelegte Gedanke des als beseelt gedachten Kosmos, der im Nicht-Erkennen des Künders der Wahrheit gefangen ist, lässt sich mithilfe von Platons *Höhlen- und Sonnengleichnis* erschließen. Und dass Johannes zudem in seiner Theologie, im Gegensatz zu den Synoptikern, keine dämonisch besessenen Mensch kennt, kann wiederum dem Kosmosdenken Platons entliehen sein.
5. Die sieben „Ich-bin-Worte" Jesu im Johannesevangelium können ihrer Herkunft nach als Rekognitionsformeln ebenso dem platonischen Textkorpus geistig entnommen sein.
6. Die im Johannesevangelium anzutreffende Rede vom „erhöhten Gerechten" ist ihrerseits durch Platons Rede vom „Gekreuzigten" als gedanklich angereichert zu sehen.[94]

---

[93] Vgl. ebd.

[94] Vgl. Zweites Kapitel, I./5. Der Gekreuzigte.

III. Paulus

Das Reden von Gott kann bei Paulus nicht ohne den Begriff des Evangeliums (*to euangélion* = τὸ εὐαγγέλιον) erschlossen werden, bedeutet er doch in seiner christlichen Lesart „die frohe Botschaft Gottes an die Menschen."[1] Paulus folgt in seiner Theologie prinzipiell diesem Verständnis, sodass er in der schönwendigen Idee des Evangeliums Gottes Wort zum Menschen bringt. Legt doch, so ist Paulus zu verstehen, das Evangelium den Menschen eine geistige Wohlberatenheit vor, die sein Leben zum Schönen des heiligen Gottes hinzuwenden vermag.

1. Das Evangelium Gottes

Das Substantiv *to euangélion* (= τὸ εὐαγγέλιον) ist bereits bei Homer im profanen Sinne belegt und bedeutet dort: „der Botenlohn".[2] Später kann das Wort auch schlicht „Botschaft" heißen. Im platonischen Textkorpus begegnet das Substantiv *to euangélion* (= τὸ εὐαγγέλιον) hingegen nicht, das Wort „Botschaft" (*angelía* = ἀγγελία) indes nur einmal.[3] Platon verwendet demgegenüber u. a. die Formulierung *eu angéllein* (εὖ ἀγγέλλειν = eine gute Nachricht mitteilen) und bewegt sich hiermit sprachlich ganz im Stil des klassischen

[1] Vgl. Walter Bauer, Griechisch-Deutsches Wörterbuch zum Neuen Testament, Berlin, New York 1971, Artikel: εὐαγγέλιον = *euangélion*, S. 628–630.

[2] Vgl. Homer, Odysse, XIV., 149–154. So sagt der heimkehrende Odysseus zum ihn nicht erkennenden Schweinehirten Eumaios: „Lieber, weil du es ganz leugnest und nimmer vermutest, daß er (= Odysseus) zur Heimat kehrt und stets ungläubig dein Herz bleibt, siehe, so will ich es nicht bloß sagen, sondern beschwören: Daß Odysseus kommt! Zum Lohn für die fröhliche Botschaft (*to euangélion* = τὸ εὐαγγέλιον) sollst du sogleich, wann jener in seine Wohnung zurückkommt, mich mit schönen Gewanden, mit Rock und Mantel begleiten." Vgl. zudem: Walter Bauer, Griechisch-Deutsches Wörterbuch zum Neuen Testament, Berlin, New York 1971, Artikel: εὐαγγέλιον = euangélion S. 628–630.

[3] Vgl. Kriton 43c, wo Kriton dem Sokrates die traurige Botschaft überbringt, dass seine Hinrichtung kurz bevorsteht.

Griechisch.[4] Im 1. Jh. v. Chr. findet der Begriff „Evangelium" sodann seine Verwendung auch im sakralen Bereich. So bezeichnet der Historiograph Diodorus Siculus das den Göttern dargebrachte Freudenopfer als „Evangelium".[5] Im Rahmen der durch Julius Caesar eingeführten Kalenderreform 46 v. Chr. wird der Begriff „Evangelium" schließlich sakral neu bestimmt. „»Gute Botschaften« sind in den Inschriften zur Einführung des julianischen Kalenders die Ankündigungen eines neuen Zeitalters dank der Wohltaten des von der Vorsehung gesandten göttlichen Augustus."[6] Geburtstage und Thronbesteigung des regierenden Kaisers werden somit als große Feste begangen. Und nach seinem Tode widerfährt dem Kaiser dann eine Apotheose: Er wird in den Himmel aufgenommen. Dieses Geschehen wird als *bonum nuntium*, d. h. als *euangélion* gefeiert.[7]

Paulus indes ist mit seiner Theologie angetreten, das Christentum nicht nur in der jüdischen, sondern vor allem in der hellenisch-heidnischen Welt zur Geltung zu bringen. So kann er auf das im hellenistischen Schrifttum bereits bekannte sakrale Verständnis des Wortes „Evangelium" zurückgreifen, das zudem noch aus der Septuaginta bezeugt ist,[8] formt aber dessen Inhalt bedeutend um. Nicht mehr der kaiserliche Gottes-

[4] Vgl. Theaitetos 144b, wo Sokrates das Lob des Theaitetos in Bezug auf den Sohn des Euphronios wie folgt beantwortet: „Das ist eine vielversprechende Ankündigung (*eu angélleis* = εὖ ἀγγέλλεις)". Vgl. auch noch Phaidros 242b; Protagoras 310b; Staat 432d, wo Platon ebenso vom „Verkündigen, Mitteilen" spricht. Das griechische Verb ἀγγέλλειν (*angéllein*) bedeutet „Botschaft bringen, melden, verkündigen", vgl. Pape-GDWH, Bd. 1, S. 383.

[5] Vgl. Walter Bauer, Griechisch-Deutsches Wörterbuch zum Neuen Testament, Berlin, New York 1971, Artikel: εὐαγγέλιον = *euangélion*, S. 628.

[6] RGG^4, Bd. 2, S. 1735f.

[7] Vgl. Seneca, Apocolocyntosis, 1, 3; zitiert nach: www.gottwein.de/Lat/sen/apocol.php – Seneca nimmt hier in satirischer Weise die Vorstellung der Vergöttlichung des 54 n. Chr. verstorbenen Kaisers Claudius aufs Korn. „Fragst du nun jenen Mann (= der Erzähler), so wird er unter vier Augen mit seinen Erzählungen vor dir auskramen; wenn mehrere Personen dabei sind, wird er nie ein Wort hören lassen. Denn seitdem er im Senat geschworen hat, er habe die Drusilla in den Himmel steigen sehen, und ihm zum Dank für die herrliche Nachricht (*bono nuntio*) keine Seele glaubte, was er gesehen hatte, hat er's förmlich verflucht: er werde keine Anzeige machen, selbst wenn er sähe, dass man mitten auf dem Forum einen Menschen umbringe. Von ihm also führe ich alles, was ich damals gehört habe, als zuverlässig und offenbar an, so wahr ich ihm Heil und Segen wünsche."

[8] Vgl. 2. Samuel 18, 25, wo David betreffs eines allein gekommen Boten feststellt: „Ist er allein, so sind gute Botschaften (*euangelía* = εὐαγγελία) in seinem Mund." Vgl. zudem noch: 2. Samuel 4, 10; 18, 20.22.27; 2. Könige 7, 9. Dies sind alle LXX-Stellen zum Begriff „εὐαγγέλιον = *euangélion*. Das Verb εὐαγγελίζεσθει = *euangelízesthai* in der Bedeutung von „verkünden" ist in der LXX insgesamt 13-mal belegt; vgl. hierzu: Septuaginta, CD-ROM-Anwendung, hg. Deutsche Bibelgesellschaft, Stuttgart 2008. Zum Gebrauch der Septuaginta in der christlichen Tradition vgl.: Michael Tilly, Einführung in die Septuaginta, Darmstadt 2005, S. 100–107.

kult wird mit dem Begriff „Evangelium“ bezeichnet, sondern die durch Paulus mündlich und schriftlich vorgetragene Verkündigung des Evangeliums Gottes, das näher durch die Person Jesus Christus beschrieben wird. 48-mal verwendet Paulus das Substantiv „Evangelium“, welches er immer zur Hervorhebung betont im Singular gebraucht. Das Verb εὐαγγελίζεσθαι (*euangelízesthai*) in der Bedeutung „eine gute Nachricht bringen“ verwendet Paulus 19-mal, ergänzt und erläutert es aber, um der Verständlichkeit willen, immer wieder durch die geläufigen Verben „verkündigen „(*kêrýssein* = κηρύσσειν) und „sagen“ (*laleín* = λαλεῖν).[9] Denn dem hellenistischen Umfeld war die paulinische Rede vom „Evangelium Christi“ zunächst unvertraut. War doch die Metapher „Evangelium Jesu Christi“ für die gebildeten Griechen ein Kuriosum, sie hörten nämlich: „Die gute Botschaft von der Jesussalbe; oder vielleicht ... von Jesus, dem Bemalten oder Geschminkten (denn *neóchriston* bedeutet *‚frisch gestrichen‘* und *christón* kennen wir von Medizin und Sport und Hautpflege).“[10] Das heißt also: Für die gebildeten hellenistischen Heiden war die Aussage „Evangelium Jesu Christi“ zunächst völlig sinnlos. Nicht so bei der Formulierung: „Evangelium Gottes“, denn diese Metapher konnte an vertraut-sakralen Sprachgebrauch anknüpfen. Somit weist sich Paulus als berufener Apostel aus, das Evangelium Gottes zu verkündigen:

> „Paulus, ein Knecht Christi Jesu, berufen zum Apostel, ausgesondert zu predigen das Evangelium Gottes, das er zuvor verheißen hat durch seine Propheten in der Heiligen Schrift, von seinem Sohn Jesus Christus, unserm Herrn, der geboren ist aus dem Geschlecht Davids nach dem Fleisch, und nach dem Geist, der heiligt, eingesetzt ist als Sohn Gottes in Kraft durch die Auferstehung von den Toten.“[11]

Das von Paulus verkündete Evangelium ist *Gottes* Evangelium, Gott zugehörend und von ihm kommend. In ihm kommt allein nunmehr das Heilshandeln des einen und einzigen Gottes zu Sprache, der zugleich Vater von Jesus Christus ist. Schon durch alttestamentliche Verheißung angekündigt, wendet sich das Wort des Evangeliums nun der Welt zu, und zwar im inkarnierten Gottessohn Jesus Christus, der durch die Auferstehung von den Toten wiederum zum machtvollen Gottessohn eingesetzt worden ist. Somit offenbart das Evangelium die Geschichte Gottes mit den Menschen: „Gottes souveräne Zuwendung zum Menschen in Jesus Christus.“[12] Diese Zuwendung aber ist von

[9] Vgl. Novum Testamentum Graece, CD-ROM, Deutsche Bibelgesellschaft, Stuttgart 2008.

[10] Detlev Dormeyer, Das Neue Testament im Rahmen der antiken Literaturgeschichte, Darmstadt 1993, S. 53.

[11] Römer 1, 1–4. Zur immer wieder vorgetragenen These, dass Paulus hier eine adoptianische Christologie vortrage, vgl.: Heinrich Schlier, Der Römerbrief, S. 17–27, Freiburg, Basel, Wien 2002, der dies, wie wir, exegetisch als nicht begründet ansieht.

[12] Georg Eichholz, Die Theologie des Paulus im Umriss, Neukirchen-Vluyn 1985[5], S. 16.

Gottes schöpferischer Allmacht geprägt, die das Sein aus dem Nichts zu erschaffen vermag. Denn dieser Gott ist derjenige,

> „der die Toten lebendig macht und ruft das, was nicht ist, daß es sei.“[13]

Paulus redet unter Aufnahme philosophischer Terminologie von Gottes Allmacht: Das Nichtseiende (*ta mê ónta* = τὰ μὴ ὄντα) wird von Gott durch einen *schöpferisch-geistigen* Akt ins Sein (*hôs ónta* = ὡς ὄντα) gerufen. Der hier vorliegende Gedanke der creatio ex nihilo, der Schöpfung aus dem Nichts, ist zum einen in der alttestamentlichen Tradition belegt. Dort hat das Rufen Gottes eine kosmisch-schöpferische Kraft (vgl. Jesaja 48, 13)[14], zum anderen aber ist hier doch wohl auch ein Anklang an Platons Philosophie zu vernehmen.

Für Platon ist das Seiende ursächlich das, was der Welt des Werdens und der Veränderung gegenübersteht. Insofern ist das Seiende mit den Eigenschaften der Unvergänglichkeit, Unveränderlichkeit, Unteilbarkeit und Allumfassendheit, mithin Vollkommenheit gekennzeichnet.[15] Das Nicht-Sein ist demgegenüber entweder relativ, mithin also die falsche Verknüpfung mehrerer Größen im Sinne des Irrtums, sodass Platon das „Nicht-Seiende als nicht seiend“ bezeichnen kann.[16] Oder aber es ist absolut, was indes als Paradoxon undenkbar ist.[17] Platon jedoch ist es an einer *Denkbarkeit* von „Sein“ und „Nicht-Sein“ gelegen, weshalb er sie als Begriffe zu fassen sucht, „die eine jeweils in sich feststehende oder ruhende Einheit bilden und die zugleich *als* Begriffe Gemeinschaft miteinander haben. In der Reflexion auf diese Begriffe bringt das Denken diese Begriffe in Bewegung (Soph 284e ff.), es verändert sie, indem es sie voneinander sondert (Soph 253d) und zugleich ihre gegenseitige *symploké* oder Verschlingung (Soph 259e) aufzeigt.“[18] Darum ist es wohl Platons genuine Denkleistung, den Seins-Begriff grundlegend auf diese Weise gedanklich erschlossen zu haben. Und nur auf dieser Folie kann dann auch sein Gegenbegriff, das Nicht-Sein, abstrakt-begrifflich gedacht werden, wie dies Paulus stillschweigend voraussetzt und tut.

Platon nun konkretisiert das Seiende hin zu den Ideen des Schönen und Gerechten und Wahren, kennt er doch eine „Idee des Seienden selbst“ nicht. Abgesondert davon lehrt Platon freilich die Idee des Guten, die „jenseits des Seienden und des Seins“ aufgesucht werden muss, wie er in seinem *Sonnengleichnis* darlegt.[19] Anders Paulus: Für ihn

---

[13] Römer 4, 17b.

[14] Vgl. Heinrich Schlier, Der Römerbrief, Freiburg, Basel, Wien 2002, S. 132f.; hier finden sich noch andere alttestamentliche Bezugstexte.

[15] Vgl. Platon, Phaidon 80a–c; Gastmahl 211a; Staat 508d; 527b.

[16] Vgl. Platon, Sophist 258c.

[17] Ebd. 238c.

[18] Christian Schäfer, Platon-Lexikon, Darmstadt 2007, S. 260.

[19] Vgl. Platon, Staat 509 a–b; und: Platon. Lexikon der Namen und Begriffe, verfasst von Olof Gigon und Laila Zimmermann, Zürich, München 1974, S. 254.

ist der christlich gedachte Gott derjenige, dem das Prädikat oder die Idee „des ewig guten Seins“ selbst zukommt. Geht Platon in seiner Philosophie von der Einsicht aus, dass es für alles Seiende besser ist, zu sein als nicht zu sein, geht Paulus den umgekehrten Weg: Für das Nicht-Seiende ist es besser zu sein, als nicht zu sein, begründet gewollt und verursacht durch Gottes allmächtigen Schöpferruf.

Nun ist Gott in seiner Allmacht der Urheber des Evangeliums, welches durch des Apostels Verkündigung zur Sprache gebracht werden soll. Das ist des Paulus göttliche Mission und sein Auftrag schlechthin, ja schon von Mutterleibe an ist er hierfür von Gott selbst auserwählt worden:

> „Als es aber Gott wohlgefiel, der mich von meiner Mutter Leib an ausgesondert und durch seine Gnade berufen hat, daß er seinen Sohn offenbarte in mir, damit ich ihn durchs Evangelium verkündigen sollte unter den Heiden, da besprach ich mich nicht erst mit Fleisch und Blut, ging auch nicht hinauf nach Jerusalem zu denen, die vor mir Apostel waren, sondern zog nach Arabien und kehrte wieder zurück nach Damaskus.“[20]

Liegt hier, neben einer möglichen Anspielung auf alttestamentliche Berufungserzählungen[21] nicht auch eine gedankliche Parallele zur „Berufung des Sokrates“ vor, der, wie Paulus, von Kindesbeinen an durch sein Daimonion zu göttlichen „Geheimnissen“ geführt wurde?[22] Wie dem auch sei: Für den Apostel Paulus ist der Mittelpunkt seines Lebens das Predigen des Evangeliums Gottes zu den Heiden, und zwar dergestalt, wie es ihm in der und durch die Person Christus selbst wahrhaftig offenbart wurde.[23] Deswegen bedarf Paulus keiner Autorisierung durch die Urapostel der Jerusalemer Gemeinde, sieht er doch seine Verkündigung in der ihm widerfahrenen Offenbarung von Gottes Geist letztgültig beglaubigt. So schreibt Paulus:

> „Uns aber hat es (= das Geheimnis Gottes) Gott offenbart durch seinen Geist; denn der Geist erforscht alle Dinge, auch die Tiefen der Gottheit. … Und davon reden wir auch nicht mit Worten, wie sie menschliche Weisheit lehren kann, sondern mit Worten, die der Geist lehrt, und deuten geistliche Dinge für geistliche Menschen.“[24]

Da Paulus demnach in die Tiefen des göttlichen Geheimnisses eingeweiht ist, ist seine Verkündigung durch Gottes *Geist* gewirkt und darum aller menschlichen Beurteilung enthoben. Nur dieser *Geist* lehrt den Apostel in richtiger Weise das Evangelium zu ver-

---

[20] Galater 1, 15–17.

[21] Zu denken ist hier etwa an Jesaja 49,1 und an Jeremia 1, 4–10.

[22] Vgl. Zweites Kapitel, I./1. Das Daimonion.

[23] Vgl. Zur Berufungsgeschichte des Paulus: Galater 1, 11–24; Apostelgeschichte 9, 1–19; 22, 1–21.

[24] 1. Korinther 2, 10.13.

kündigen, ist doch Paulus ein „Verwalter der Geheimnisse Gottes" (vgl. 1. Korinther 4, 1–5). Der Empfang des Geistes ist indes auch eine Frucht des Todes Christi (vgl. Galater 3, 14), sodass Paulus auch vom *Geist Christ* und von *heiligen Geist* reden kann (vgl. Römer 5, 5; 8, 9). Die von Paulus für sich reklamierte Verwalterschaft bringt indes eine besondere *geistige* Befreiung mit sich, nämlich diejenige weg vom Buchstaben hin zum *Geist.* So schreibt Paulus an die Korinther:

> „Nicht daß wir tüchtig sind von uns selber, uns etwas zuzurechnen als von uns selber; sondern daß wir tüchtig sind, ist von Gott, der uns auch tüchtig gemacht hat zu Dienern des neuen Bundes, nicht des Buchstabens, sondern des Geistes. Denn der Buchstabe (*grámma* = γράμμα) tötet, aber der Geist (*pneúma* = πνεῦμα) macht lebendig."[25]

Der neue Bund Gottes mit den Menschen, verstanden als und verkündet im Evangelium Gottes, wird antithetisch von „Buchstabe" und „Geist" erschlossen: Er ist ein *geistgewirktes* Geschehen, das gegenüber der schriftlichen, buchstabengemäßen Überlieferung der jüdischen Thora, d. h. der fünf Bücher Mose, in die Freiheit des Geistes führt. Denn das griechische Wort für Buchstabe (*grámma* = γράμμα) hat hier die Bedeutung von „Gesetz" (*nómos* = νόμος) und bezeichnet das mosaisch-religiöse Gesetzesdenken[26], das Paulus im Geist des Evangeliums Gottes überwunden sieht. Das griechische Wort *pneúma* (= πνεῦμα) bedeutet nämlich hier „Hauch, Seele als Ausdruck der Lebendigkeit, Lebenskraft, Lebenswille, Geist, Geistwesen und Gott selbst", beschreibt also das freiheitliche *Geistleben* aus dem Evangelium.[27] Paulus betont damit den Vorrang des *geistig* zu erfassenden Evangeliums gegenüber seiner Verschriftlichung. Kommt damit Paulus nicht der schon bei Platon zu findenden Schriftkritik nahe, wie sie etwa im *Phaidros* thematisiert wird?[28] Nach Platon sind nämlich geschriebene Texte (*grámmata* = γράμματα) gegenüber Missdeutungen wehrlos, so der Text auf „ungeeignete" Leser trifft. Denn der gleichbleibende Wortlaut garantiert keineswegs schon das richtige Verständnis seiner selbst, kann sich doch der Text nicht selbst auslegen. Hierzu bedarf es vielmehr einer *geistig* gebildeten Person, die über die bloßen Formulierungen hinaus den Text in richtiger Weise zum Sprechen bringt: das wirklich gemeinte Verständnis der Sache in Bezug auf die Lebenssituation des Lesers. In den Worten des Paulus formuliert: Der *Buchstabe* tötet, der *Geist* macht lebendig. Darum ist nach Paulus das Evangelium Gottes nur in der *geistigen* Haltung des Glaubens recht zu verstehen.

---

[25] 2. Korinther 3, 5f.

[26] Vgl. Walter Bauer, Griechisch-Deutsches Wörterbuch zum Neuen Testament, Berlin, New York 197, Artikel: γράμμα = *grámma*, S. 327f.

[27] Vgl. ebd., Artikel: πνεῦμα = *pneúma*, S. 1338–1346.

[28] Vgl. Platon, Phaidros 274b–278b; 7. Brief 340b–345c. Zur gesamten Problematik der ungeschriebenen Lehre Platons: vgl. Christian Schäfer, Platon-Lexikon, Darmstadt 2007, S. 248–253.

Dieses offenbarte Evangelium aber muss darum stets rein und unverfälscht *gepredigt*, also zur Sprache gebracht werden. So schreibt Paulus, um der Wahrheit des Evangeliums willen, in bestimmender Weise im Galaterbrief:

> „Paulus, ein Apostel nicht von Menschen, auch nicht durch einen Menschen, sondern durch Jesus Christus und Gott, den Vater, der ihn auferweckt hat von den Toten, und alle Brüder, die bei mir sind, an die Gemeinden in Galatien: Gnade sei mit euch und Friede von Gott, unserm Vater, und dem Herrn Jesus Christus, der sich selbst für unsre Sünden dahingegeben hat, daß er uns errette von dieser gegenwärtigen, bösen Welt nach dem Willen Gottes, unseres Vaters; dem sei Ehre von Ewigkeit zu Ewigkeit! Amen.
> Mich wundert, daß ihr euch so bald abwenden lasst von dem, der euch berufen hat in die Gnade Christi, zu einem andern Evangelium, obwohl es doch kein andres gibt; nur daß einige da sind, die euch verwirren und wollen das Evangelium Christi verkehren. Aber auch wenn wir oder ein Engel vom Himmel euch ein Evangelium predigen würden, das anders ist, als wir es euch gepredigt haben, der sei verflucht. Wie wir eben gesagt haben, so sage ich abermals: Wenn jemand euch ein Evangelium predigt, anders als ihr es empfangen habt, der sei verflucht."[29]

Ganz im formvollendet antiken Briefstil eröffnet Paulus mit einem Friedengruß seinen Brief (Präskript), es folgt die Einleitung (Exordium) als kurze Zusammenfassung des Evangeliums der Errettung durch Jesus Christus und schließt beides mit einer Doxologie ab. Dann aber kämpft Paulus für die Reinheit des Evangeliums Gottes, das er nunmehr ganz und gar mit der Person Christi inhaltlich aufgefüllt hat. Die Wahrheit dieses Evangeliums Christi führt Paulus in eine *geordnete* Freiheit, die um der Wahrheit willen unter keinen Umständen anders gepredigt werden darf. Ja, selbst der Himmel mit seinen Engeln ist an diese Wahrheit des Evangeliums unbedingt gebunden. Ausnahme davon gibt es keine, andernfalls ist das Gericht Gottes nahe: Verfluchung. So sehr legt Paulus auf die Reinheit des Evangelium Gottes sein Augenmerk, dass er gegenüber den Korinthern sogar sagen kann:

> „Denn Christus hat mich nicht gesandt, zu taufen, sondern das Evangelium zu predigen – nicht mit klugen Worten, damit nicht das Kreuz Christi zunichtewerde."[30]

Das Kreuz Christi kann somit als konkreter Inhalt der Verkündigung des Paulus ausgemacht werden. So gewinnt das Evangelium inhaltliche Konturen, die sämtlich in der Person Jesu Christi zusammenlaufen. Paulus schält den Kern des Evangeliums Gottes wie folgt heraus:

---

[29] Galater 1, 1–9.

[30] 1. Korinther 1, 17; Paulus hat indes mindestens drei Personen getauft, nämlich Krispus, Gajus und Stephanas und sein Haus, vgl. 1. Kor. 1, 14.16.

> „Ich erinnere euch aber, liebe Brüder, an das Evangelium, das ich euch verkündigt habe, das ihr auch angenommen habt, in dem ihr auch fest steht, durch das ihr auch selig werdet, wenn ihr's festhaltet in der Gestalt, in der ich es euch verkündigt habe; es sei denn, daß ihr umsonst gläubig geworden wärt. Denn als Erstes habe ich euch weitergegeben, was ich auch empfangen habe: Daß Christus gestorben ist für unsre Sünden nach der Schrift; und daß er begraben worden ist; und daß er auferstanden ist am dritten Tage nach der Schrift; und daß er gesehen worden ist von Kephas, danach von den Zwölfen."[31]

Die Ereignisse von Kreuzigung, Grablegung und Auferstehung Christi bezeichnet Paulus als ihm schon überlieferte Urformel (V. 3b–5) des christlichen Evangeliums.[32] Dieses führt aber in seiner heilgeschichtlichen Konkretion eine erlösende und errettende Wirkung für den Christenmenschen mit sich, haben doch die im Evangelium stehenden Glaubenden an der Auferstehung Christi selbst Anteil, da sie über den irdischen Tod hinaus

> „... in Christus alle lebendig gemacht werden."[33]

Voraussetzung hierfür ist allein die reine Evangeliumsverkündigung, für die Paulus einsteht und die er von seinen Gemeinden immer gewahrt wissen will. Mit dieser Verkündigung vollzieht sich indes zugleich eine Trennung zwischen den Berufenen „in Christus" (*en Christṓ* = ἐν Χριστῷ) und denen, die außerhalb Christi sind:

> „Aber ihre (= der Israeliten) Sinne wurden verstockt. Denn bis auf den heutigen Tag bleibt diese Decke unaufgedeckt über dem Alten Testament, wenn sie es lesen, weil sie nur in Christus abgetan wird."[34]

Die Erkennbarkeit des Evangeliums Gottes ist exklusiv „in Christus" gegeben, weswegen es zu einer Trennung nach dem „Alten und dem Neuen Testament" kommt, ist doch Letzteres vom *Geist der Freiheit* gegenüber dem jüdischen Gesetz bestimmt. Ursache hierfür ist die Herrschaft des Geistes:

> „Der Herr ist der Geist; wo aber der Geist des Herrn ist, da ist Freiheit."[35]

Von dieser *geistigen* Freiheit ausgehend, zentriert Paulus das Evangelium christologisch auf den gekreuzigten Christus, der als Auferstandener das Evangelium noch mit Gottes

---

[31] 1. Korinther 15, 1–5.

[32] Vgl. zum vorpaulinischen Traditionsstück 1. Korinther 15, 3b–5: Christian Wolff, Der erste Brief des Paulus an die Korinther, zweiter Teil (8–16), Berlin 1982^{2}, S. 153–158.

[33] 1. Korinther 15, 22b.

[34] 2. Korinther 3, 14.

[35] 2. Korinther 3, 17.

Kraft und Weisheit ausfüllt. Diese im Evangelium liegenden Gotteskraft und Weisheit wirkt sich im Vollzug der gemeindegründenden Predigt aus, welche sich zum einen in der Haltung der Liebe (*agápê* = ἀγάπη) zeigt, zum anderen im Bekenntnis zu Jesus Christus äußert. In dieses Evangelium von Kreuz und Auferstehung Jesu Christi sind alle Christen persönlich über ihren eigenen Tod hinaus hinein berufen:

> „Wir wollen euch aber, liebe Brüder, nicht im Ungewissen lassen über die, die entschlafen sind, damit ihr nicht traurig seid wie die andern, die keine Hoffnung haben. Denn wenn wir glauben, daß Jesus gestorben und auferstanden ist, so wird Gott auch die, die entschlafen sind, durch Jesus mit ihm einherführen."[36]

Insofern eröffnet das Evangelium als Gotteskraft eine den Tod überwindende Lebensgewissheit, die mehr umfasst als irdische Lebenshoffnung: Wer immer „im Herrn" (*en kyríô* = ἐν κυρίῳ), also „in Christus" (*en Christṓ* = ἐν Χριστῷ) ist, der wird durch Gott selbst aus dem Tod heraus in das ewige, himmlische Leben geführt werden. So kann Paulus den kühnen Gedanken formulieren:

> „Darum: Ist jemand in Christus, so ist er eine neue Kreatur; das Alte ist vergangen, siehe, Neues ist geworden."[37]

2. Gott als Vater

Paulus setzt in seiner Gotteslehre, ebenso wie Johannes, den personenhaft gedachten, *einen* Gott voraus, der frei von allen anthropomorphen Attributen benannt wird. Zur Bezeichnung dieser christlichen Gottheit verwendet Paulus das maskuline griechische Substantiv *ho theós* (= ὁ θεός) 357-mal, wobei wie bei Johannes aus stilistischen Gründen auch das artikellose Nomen *theós* (= θεός) zu finden ist.[38] Die Pluralbildung *theoís* (θεοῖς) zur Bezeichnung von Abgöttern findet sich dreimal.[39] Das feminine *theá* (θεά) für Göttin fehlt hingegen gänzlich. Paulus schickt sich nun an, eine christliche Gotteslehre zu entwickeln, die sich über die Bestimmung „Gott als Vater" näher charakterisieren lässt. 29-mal begegnet das Substantiv „Vater" (*patḗr* = πατήρ) im Zusammenhang der paulinischen Gotteslehre.[40] So eröffnet Paulus alle seine Briefe mit einem formelhaften Segensgruß, der von „Gott, unserm Vater" redet:

---

36 1. Thessalonicher 4, 13f.

37 2. Korinther 5, 17.

38 Vgl. Novum Testamentum Graece, CD-ROM, Deutsche Bibelgesellschaft, Stuttgart 2008.

39 Vgl. 1. Korinther 8, 5 und Galater 4, 8.

40 Vgl. Novum Testamentum Graece, CD-ROM, Deutsche Bibelgesellschaft, Stuttgart 2008.

„An alle Geliebten Gottes und berufenen Heiligen in Rom: Gnade sei mit euch und Friede von Gott, unserm Vater, und dem Herrn Jesus Christus!“[41]

Das Wesen der Vaterschaft Gottes zeichnet sich durch seine Gnade und seinen Frieden aus, die er allen geliebten und berufenen Heiligen durch das Evangelium als Segen zuteilwerden lassen will. Darüber hinaus ist aber Gott auch der Vater von Jesus Christus. Da für Paulus der auferstandene Jesus Christus der Garant für das Heil und die Versöhnung mit Gott schlechthin (vgl. Römer 5, 1. 11), also der den Sünder gerecht machende Herr ist (vgl. Römer 10, 4.10), zeigt sich der väterliche Segen Gottes in seiner Barmherzigkeit und seinem Trost. So lobt Paulus im 2. Korintherbrief Gott als Vater wie folgt:

„Gnade sei mit euch und Friede von Gott, unserm Vater, und dem Herrn Jesus Christus! Gelobt sei Gott, der Vater unseres Herrn Jesus Christus, der Vater der Barmherzigkeit und Gott allen Trostes, der uns tröstet in aller unserer Trübsal, damit wir auch trösten können, die in allerlei Trübsal sind, mit dem Trost, mit dem wir selber getröstet werden von Gott.“[42]

Das Vatersein Gottes wird hier durch die Gottesprädikationen „Barmherzigkeit“ (*oiktirmós* = οἰκτιρμός) und „Trost“ (*paráklêsis* = παράκλησις) wie ein cantus firmus der Gottesrede vorgetragen. Das Wort *oiktirmós* (= οἰκτιρμός) ist der griechischen Dichtersprache Pindars (etwa 518–446 v. Chr.) entnommen und bedeutet hier „Mitleid, Bedauern“.[43] In der Septuaginta findet es kaum Verwendung, während es im neutestamentlichen Kontext „Mitleid, Erbarmen, sich in herzliches Mitgefühl kleiden, Barmherzigkeit“ heißt.[44] Das Wort *paráklêsis* (= παράκλησις) ist seit dem attischen Redner Thukydides (etwa 455–396 v. Chr.) belegt, wird in der Septuaginta selten verwendet[45] und bedeutet: „Ermunterung, Ermahnung, Bitte, Trost und Zuspruch.“[46] Paulus nun interpretiert im ‚dichterischen Stil‘ beide Begriffe dahingehend, „daß ‚der Vater unseres Herrn Jesus Christus‘ als solcher ‚der Vater des Erbarmens‘ und ‚der Gott unseres Herrn Jesus Christus‘ als solcher ‚der Gott allen Trostes‘ ist.“[47] Damit legt Paulus den Fokus seiner Aussage auf das erbarmende und tröstende Handeln Gottes als Vater. Umgekehrt kann darum der Glaubende mit herzlichem Vertrauen sich an Gott als seinen Vater

[41] Römer 1, 7. Vgl. 1. Korinther 1, 3; 2. Korinther 1, 2; Galater 1, 3; Philipper 1, 2; 1. Thessalonicher 1, 3; Philemon 3.

[42] 2. Korinther 1, 2–4.

[43] Vgl. Pape-GDHW, Bd. 2, S. 304.

[44] Vgl. Walter Bauer, Griechisch-Deutsches Wörterbuch zum Neuen Testament, Berlin, New York 1971, Artikel: οἰκτιρμός = *oiktirmós*, S. 1112.

[45] Vgl. Septuaginta, CD-ROM, Deutsche Bibelgesellschaft Stuttgart 2008.

[46] Vgl. Walter Bauer, Griechisch-Deutsches Wörterbuch zum Neuen Testament, Berlin, New York 1971, Artikel: παράκλησις = *paráklêsis*, S. 1225f.

[47] Otfried Hofius, Paulusstudien, Tübingen 1994², S. 244.

wenden, wird doch der Christenmensch, selbst von Gottes Geist geführt, zum Kind Gottes:

„Denn welche der Geist Gottes treibt, die sind Kinder Gottes. Denn ihr habt nicht einen knechtischen Geist empfangen, daß ihr euch abermals fürchten (*fóbos* = φόβος) müsstet; sondern ihr habt einen kindlichen Geist (*hyiothesía* = υἱοθεσία = Sohnschaft) empfangen, durch den wir rufen: Abba, lieber Vater!“[48]

Das Vater-Sein Gottes deutet Paulus theologisch als *geistiges Geschehen*: Durch den Geist Gottes (*pneúmati theú* = πνεύματι θεοῦ) wird Gott selbst als *väterliche Person* erfasst, der die Seinen in ein Kindschaftsverhältnis zu sich stellt. Diese Kindschaft ist ihrerseits als *geistiger* Akt zu verstehen, nämlich Gott als „Papa“ anrufen zu können. Das Wort *abbá* (= ἀββά) ist ein ursprünglich aramäisches Lallwort (*'abbā*) der Kindersprache in der Bedeutung von „Papa“, war aber schon zur Zeit des Paulus nicht mehr auf die Kindersprache beschränkt, sondern wurde auch zur Anrede von alten Männern verwendet und konnte zudem „mein, sein, unser Vater“ heißen.[49] Paulus lehrt damit einen väterlichen Gott, dem die Seinen mit kindlichem Urvertrauen begegnen können. Verbürgt wird dieses Urvertrauen noch durch den Begriff der „Sohnschaft“ (*hyiothesía* = υἱοθεσία), der als Rechtsakt die Adoption an Sohnes statt beschreibt.[50] Der Begriff kommt in der Septuaginta nicht vor, sondern entstammt vielmehr dem hellenistischen Rechtsbereich. Paulus stellt diese befreiend-rechtliche Annahme der Christen durch den Gott-Vater dem „Geist der Sklaverei“ (*pneúma douleías* = πνεῦμα δουλείας) entgegen, der dem fordernden und strafenden Gott das Wort redet: In Schrecken, Angst und Furcht erfahren hier die Menschen die Gottheit.[51] Paulus erklärt diese althergebrachte Gotteslehre im „Geist der Sohnschaft“ für überwunden, der Christ kann im kindlichen Urvertrauen zu und mit Gott als Vater leben. Ja, Paulus ist so sehr von der geistigen Vaterschaft Gottes überzeugt, dass er sogar im absoluten Sinne von Gott als Vater reden kann:

„Und obwohl es solche gibt, die Götter genannt werden, es sei im Himmel oder auf Erden, wie es ja viele Götter und viele Herren gibt, so haben wir doch nur einen Gott, den Vater,

---

[48] Römer 8, 14f. Vgl. Galater 4, 5f., wo Paulus ebenfalls von der „Sohnschaft“ in Bezug auf die Christen spricht, die die Gottesanrede „Abba, lieber Vater“ gebrauchen können. Weitere Belegstellen gibt es bei Paulus nicht.

[49] Vgl. EWNT, Bd. 1, Artikel: ἀββά = *abba*, S. 1.

[50] Vgl. EWNT, Bd. 3, Artikel: υἱοθεσία = *hyiothesía*, S. 913.

[51] Das griechische Wort „φόβος = *fóbos*“ bedeutet im aktiven Sinn „Furchteinjagen, Einschüchterung“, im passiven „(sklavische) Angst, Furcht, Schrecken“, vgl. Walter Bauer, Griechisch-Deutsches Wörterbuch zum Neuen Testament, Berlin, New York 1971, Artikel: φόβος = *fóbos*, S. 1707f.

von dem alle Dinge sind und wir zu ihm; und einen Herrn, Jesus Christus, durch den alle Dinge sind und wir durch ihn."[52]

Die von Paulus hier beschriebene kosmische Herrschaft des einen Gottes *als Vater* ist, wie schon bei Johannes nachgewiesen[53], weniger der alttestamentlichen Tradition zu entnehmen als vielmehr der Theologie Platons verwandt, die Gott als *Vater des Alls* und *der Gottheiten* beschreibt, der zudem Wohlgefallen an seiner Schöpfung hat.[54] Damit aber verkündet Paulus ein *geistiges* Gottesverständnis, das entsprechend richtig gelehrt werden muss. In seiner theologischen Auseinandersetzung mit den Korinthern setzt Paulus daher auf die richtige Erkenntnis des Lebens im Geist: Die Korinther glaubten, im Vollbesitz der Gotteserkenntnis zu sein, entbehrten aber des liebenden Geistes der *oikodomé* (= οἰκοδομή), der gemeinsamen geistigen Erbauung[55], die allererst die Gemeinde als Leib Christi auszeichnet.[56] Für Paulus hingegen folgt – wie bei Platon – aus der richtigen Gotteserkenntnis eine ebenso tugendhafte, fromme Lebensführung, die ihre Haltung als Maß allem voran an der Liebe des Gott-Vaters in Christus gewinnt. Diese Liebe, *agápê* (= ἀγάπη) genannt, besingt Paulus in 1. Korinther 13, um zu zeigen: Der Leib Christi (vgl. 1. Korinther 12) wird trotz der vielfältigen Charismen (vgl. 1. Korinther 14) nur in der Liebe zu einer gottgefälligen geistigen Größe, die als Eudaimonia erfasst werden kann.[57] Auch hier steht Paulus in der Tradition Platons: Denn durch ihn wurde es in der Antike üblich, das im Rahmen seines Dialogs *Das Gastmahl* vorgetragene Thema „Lob der Liebe" mithilfe einer Reihung von Attributen und des hervorhebenden Vergleichens allen anderen Gütern und Größen gegenüber als göttlich überlegen darzustellen.[58] Während freilich Platon in seinem Enkomion die erotische Liebe besingen lässt, zeigt Paulus in seinem Loblied die Größe der Liebe Gottes in Christus auf.[59]

„Wenn ich mit Menschen- und mit Engelzungen redete und hätte die Liebe nicht, so wäre ich ein tönendes Erz oder eine klingende Schelle. Und wenn ich prophetisch reden könnte

---

52 1. Korinther 8, 5f.

53 Vgl. Zweites Kapitel, I./3. Der Vater.

54 Vgl. Platon, Timaios 28c; 37c; 41a; und Zweites Kapitel, I./3. Der Vater

55 Vgl. zum Begriff *oikodomé* = οἰκοδομή: EWNT, Bd. 2, S. 1211–1218.

56 Vgl. hierzu 1. Korinther 12–14.

57 Die einzelnen exegetischen Fragen zu 1. Korinther 12–14 müssen hier nicht näher bedacht werden, es reicht der Hinweis, dass das Kapitel 13 kompositorisch-interpretierend als gedankliches Scharnierstück den beiden Kapitel 12 und 14 zugeordnet ist. Vgl. zudem Christian Wolff, Der erste Brief des Paulus an die Korinther, zweiter Teil (8–16), Berlin 1982², S. 97–146.

58 Vgl. Klaus Berger/Carsten Colpe, Religionsgeschichtliches Textbuch zum Neuen Testament, Göttingen, Zürich 1987, S. 250.

59 Vgl. Platon, Gastmahl 197c–e.

und wüsste alle Geheimnisse und alle Erkenntnis und hätte allen Glauben, sodass ich Berge versetzen könnte, und hätte die Liebe nicht, so wäre ich nichts. Und wenn ich alle meine Habe den Armen gäbe und ließe meinen Leib verbrennen und hätte die Liebe nicht, so wäre mir's nichts nütze. Die Liebe ist langmütig und freundlich, die Liebe eifert nicht, die Liebe treibt nicht Mutwillen, sie bläht sich nicht auf, sie verhält sich nicht ungehörig, sie sucht nicht das Ihre, sie läßt sich nicht erbittern, sie rechnet das Böse nicht zu, sie freut sich nicht über die Ungerechtigkeit, sie freut sich aber an der Wahrheit; sie erträgt alles, sie glaubt alles, sie hofft alles, sie duldet alles."[60]

So als ob Paulus das „Hohe Lied des Guten" Platons kennen würde[61], umkreist er die Liebe als höchstes Gut des Glaubenslebens, um zu sagen: Nur wo dieser Geist der Liebe herrscht, ist auch die richtige Gotteserkenntnis gegeben. Anstelle dessen leben die Korinther in geistiger Spaltung, Glaubensparteien treten gegeneinander an und verdunkeln auf diese Weise den befreienden Geist des Evangeliums Gottes.[62] Ohne den Geist des Evangeliums aber kann es nach Paulus keine vollkommene Gotteserkenntnis geben. Und diese zeigt sich handlungsleitend in der Haltung der *oikodomé*, die es versteht, die unterschiedlichen Frömmigkeitsstile und Glaubenshaltungen in Liebe zum Leib Christi zusammenzuführen.[63] In seiner hellenischen Geisteshaltung ist Paulus bemüht, nun die in Korinth anzutreffenden Gegensätze zusammenzubringen, denn in dieser Stadt mit ihren unterschiedlichen Parteiungen suchen alle nur das Ihre, nicht aber das, was der Auferbauung der Gemeinde dient: die Erkenntnis von dem *einen Gott als Vater*. Ohne diese aber gerät das Christenleben in Gefahr, sich in der polytheistischen Umwelt zu verlieren. So rechnet Paulus mit einer geistigen Gefährdung des Christenlebens durch die damalige heidnische Religiosität mit ihrer Vielzahl von Götterkulten. Die korinthische Gemeinde läuft darum mit ihren Parteiungen Gefahr, wie ein heidnisches Spiegelbild der polytheistischen Umwelt zu erscheinen. So beklagt Paulus:

„Denn mir ist bekannt geworden über euch, liebe Brüder, … daß Streit unter euch ist. Ich meine aber dies, daß unter euch der eine sagt: Ich gehöre zu Paulus, der andere: Ich zu Apollos, der dritte: Ich zu Kephas, der vierte: Ich zu Christus. Wie? Ist Christus etwa zerteilt? Ist denn Paulus für euch gekreuzigt? Oder seid ihr auf den Namen des Paulus getauft?"[64]

Auf diese Weise aber wird die wahre Erkenntnis des Glaubens verfehlt. Nicht anders verhält es sich mit den antiken Gottheiten. Diese sind nur „sogenannte Götter" (*legóme-*

---

[60] 1. Korinther 13, 1–7

[61] Vgl. Platon, Staat 505a–b und: Zweites Kapitel, I./4. Der Sohn Gottes.

[62] Vgl. 1. Korinther 1, 10–17.

[63] Vgl. 1. Korinther 3, 9; 8, 1; 10, 23; 14, 3

[64] 1. Korinther 1, 11–13.

noi theoí = λεγόμενοι θεοί), die in Wahrheit zur Schöpfung des *einen* Gottes, *des Vaters*, gehören. Dieser Gott-Vater als Schöpfer ist Grund und Ursache von allem, zu dem hin die Christen geschaffen sind, die wiederum durch den *einen* Schöpfungsmittler, den Herrn Jesus Christus, als *geistige* Neuschöpfung auch gegenüber der heidnischen Umwelt in Erscheinung treten können.[65] Ein Anklang an Platons Schöpfungsmythos im Timaios ist hier nicht zu überhören, in dem Gott als Vater und Schöpfer des Alls beschrieben wird, der die anderen Götter als ihm untertan geschaffen hat.[66]

Gott hat aber in seiner schöpferischen Allmacht nicht nur den Kosmos erschaffen, sondern hat auch den gekreuzigten und gestorbenen Jesus von den Toten auferweckt. So schreibt Paulus im 1. Korintherbrief:

> „Gott aber hat den Herren auferweckt und wird auch uns auferwecken durch seine Kraft."[67]

Damit aber hat der Vater-Gott seinen Sohn Jesus Christus zum Herrn über die Lebenden sowie die Toten gemacht:

> „Denn unser keiner lebt sich selber, und keiner stirbt sich selber. Leben wir, so leben wir dem Herrn; sterben wir, so sterben wir dem Herrn. Darum: wir leben oder sterben, so sind wir des Herrn. Denn dazu ist Christus gestorben und wieder lebendig geworden, daß er über Tote und Lebende Herr sei."[68]

Ziel von allem ist aber nach Paulus die Vollendung des Kosmos, die durch die Auferstehung der Toten und die Überwindung des Todes sich schlussendlich einstellt und Gottes Gottsein in seiner Herrlichkeit allumfassend offenbart,

> „damit Gott sei alles in allem."[69]

3. Das Wort vom Kreuz

Die Theologie des Paulus vom Evangelium Gottes ist ohne das Wort vom Kreuz nicht zu denken. Dieses Wort Gottes erzählt vom „Christusweg", in dem überwiegend Gott der

---

[65] Vgl. zum formelhaften Bekenntnis in 1. Korinther 8, 6, das Paulus wohl als Traditionsgut vorgefunden hat und nun als Argumentationshilfe für seine Unterweisung gebraucht: Christian Wolff, Der erste Brief des Paulus an die Korinther, zweiter Teil (8–16), Berlin 1982[2], S. 7–10.

[66] Vgl. Timaios 37c. d; 41a. c.

[67] 1. Korinther 6, 14; vgl. Römer 4, 24; 6, 4.9; 10, 9; Galater 1, 1.

[68] Römer 14, 7–9.

[69] 1. Korinther 15, 28d.

Handelnde ist.[70] So schreibt Paulus von „der Sendung des Sohnes“[71], die in seine erlösende Hingabe für des Menschen Sünde mündet.[72] Ergänzend kennt Paulus aber auch noch Christus als Subjekt des Handelns, da dieser „sich selbst erniedrigte“[73] und sich so selbst „dahingab“.[74] Dem entspricht, dass Gott selbst in seiner Allmacht derjenige ist, der seinen am Kreuz gestorbenen Sohn aus dem Tode auferweckt[75] und erhöht hat.[76] Demnach versteht Paulus den „Christusweg“ als Handeln Gottes zum Heil der Menschen: Da nach Paulus alle Menschen von Natur aus der Sünde und damit des Todes schuldig sind[77], kann die Erlösung hiervon nur durch Gottes Handeln selbst bewirkt werden. So schreibt Paulus an die Römer in einer typologischen Gegenüberstellung von dem „Ursünder Adam“ und dem „Urgerechten Christus“:

> „Wie nun durch die Sünde des Einen (= Adam) die Verdammnis über alle Menschen gekommen ist, so ist auch durch die Gerechtigkeit des Einen (= Christus) für alle Menschen die Rechtfertigung gekommen, die zum Leben führt. Denn wie durch den Ungehorsam des einen Menschen die Vielen zu Sündern geworden sind, so werden auch durch den Gehorsam des Einen die Vielen zu Gerechten.[78]“

Kerngedanke hierbei ist die Erlangung der Gerechtigkeit des Menschen, die vor Gott gilt. Und diese erwirkt der gehorsam gerechte Christus stellvertretend für die ungerechten Menschen. Die Spitze des erlösenden Eingreifens Gottes ist demnach bei Paulus im Kreuz zu sehen, welches der Schlüssel zum Verstehen des Evangeliums ist. Im Gegensatz zu Johannes verkündet Paulus den Sohn Gottes, Jesus Christus, nicht als inkarnierten Logos, sondern als den gerechten Gekreuzigten.

Insgesamt verwendet Paulus das Substantiv *staurós* (= σταυρός) in der Bedeutung von „Kreuz“ siebenmal, das Verb *stauróein* (= σταυρόειν) in der Bedeutung von „kreuzigen“ achtmal, wobei Paulus hiervon das Perfekt Partizip passiv *estaurôménos* (= ἐσταυρωμένος) als „Gekreuzigter“ dreimal verwendet.[79] So schreibt er an die Korinther:

---

[70] Vgl. zum Folgenden: Leonhard Goppelt, Theologie des Neuen Testaments, Göttingen 1981³, S. 416–419.

[71] Vgl. Römer 8, 3; Galater 4, 4.

[72] Vgl. Römer 3, 25; 4, 25; 8, 32; 2. Korinther 5, 21.

[73] Vgl. Philipper 2, 6–8.

[74] Vgl. Galater 2, 20; Römer 5, 6–8; 2. Korinther 8, 9.

[75] Vgl. Römer 4, 24f.; 6, 4.9; 7, 4; 8, 11.

[76] Vgl. Philipper 2, 9–11; Römer 1, 3 f.

[77] Vgl. Römer 3, 23: „Alle haben gesündigt und die Herrlichkeit verloren, die Gott ihnen zugedacht hat.“

[78] Römer 5, 18f.

[79] Vgl. Novum Testamentum Graece, CD-ROM, Deutsche Bibelgesellschaft, Stuttgart 2008.

„Auch ich, liebe Brüder, als ich zu euch kam, kam ich nicht mit hohen Worten und hoher Weisheit, euch das Geheimnis Gottes zu verkündigen. Denn ich hielt es für richtig, unter euch nichts zu wissen als allein Jesus Christus, den Gekreuzigten. Und ich war bei euch in Schwachheit und in Furcht und mit großem Zittern; und mein Wort und meine Predigt geschahen nicht mit überredenden Worten menschlicher Weisheit, sondern in Erweisung des Geistes und der Kraft, damit euer Glaube nicht stehe auf Menschenweisheit, sondern auf Gottes Kraft."[80]

Ziel dieses Gedankens ist es, das Geheimnis Gottes, nämlich das Heil der Menschen in Jesus Christus als dem Gekreuzigten zu verkündigen. Des Menschen entsprechende Haltung hierzu ist, so er diese Erlösung erlangen will, allein der Glaube. So schreibt Paulus an die Römer, die Menschen

„... werden ohne Verdienst gerecht aus seiner (= Gottes) Gnade durch die Erlösung, die durch Christus Jesus geschehen ist. ... So halten wir nun dafür, daß der Mensch gerecht wird ohne des Gesetzes Werke, allein durch den Glauben."[81]

Überzeugend und Glauben hervorrufend ist diese Verkündigung aber nur durch Gottes Geist und Kraft selbst. Denn nach menschlichem Ermessen ist das Wort vom Kreuz schlicht eine Torheit:

„Denn das Wort vom Kreuz ist eine Torheit denen, die verloren werden; uns aber, die wir selig werden, ist's eine Gotteskraft. ... die Juden fordern Zeichen und die Griechen fragen nach Weisheit, wir aber predigen den gekreuzigten Christus, den Juden ein Ärgernis und den Griechen eine Torheit; denen aber, die berufen sind, Juden und Griechen, predigen wir Christus als Gottes Kraft und Gottes Weisheit. Denn die Torheit Gottes ist weiser, als die Menschen sind, und die Schwachheit Gottes ist stärker, als die Menschen sind."[82]

Paulus spielt hier mit dem Gedanken der Torheit (*môria* = μωρία), um eine Konfliktsituation in Korinth zu lösen: Das „Wort vom Kreuz" ist als göttliche Weisheit zugleich Maßstab und Kritik menschlicher Weisheit und Torheit. Somit findet – um der Wahrheit willen – eine Umwertung bisherigen Denkens und Erkennens statt. Göttliche Torheit wird zur Weisheit schlechthin.

Eine vergleichbare Situation findet sich in Platons Apologie. Auch hier liegt eine Konfliktsituation zwischen dem angeklagten Sokrates und seinen Richtern vor, die aufgrund der Anklageschrift des Meletos über ihn, den Sokrates, zu befinden haben. Platon greift diese Situation auf und umschreibt die gegen Sokrates eingereichte Klageschrift mit folgenden Worten:

---

[80] 1. Korinther 2, 1–5.

[81] Römer 3, 24.28.

[82] 1. Korinther 1, 18.22–25.

> „Sokrates tut Unrecht und treibt törichte Dinge; denn er forscht nach dem, was unter der Erde und am Himmel ist; die schlechtere Sache macht er zur besseren, und zudem unterrichtet er noch andere in diesen Dingen."[83]

Und in Bezug auf die menschliche Weisheit lässt Platon den Sokrates sagen:

> „In der Tat, ihr Männer, scheint aber nur Gott weise zu sein, und mit seinem Orakelspruch will er sagen, daß die menschliche Weisheit wenig oder nichts wert ist."[84]

So kann man doch vermuten: Wie Sokrates bemüht ist, mithilfe „des Treibens törichter Dinge" das Bessere auf Erden und im Himmel zu finden, nämlich die Weisheit Gottes, so verfährt auch Paulus gegenüber den Korinther mit seiner Rede von der Torheit des Kreuzes. So verwundert es denn nicht, dass beiden Situationen das öffentliche Ärgernis gemeinsam ist: Hier Sokrates mit seiner Ärgernis erzeugenden Philosophie, dort Paulus mit seiner Rede vom Gekreuzigten. Dass Paulus in seiner Theologie den Gekreuzigten so zentral in den Mittelpunkt stellt, ist weniger seiner jüdischen als seiner hellenistischen Prägung zu verdanken. Wie schon bei Johannes gezeigt werden konnte, ist die Rede vom „gekreuzigten Gerechten" innerhalb der jüdischen Tradition nur randständiger Natur.[85] Anders verhält es sich bei Platon: Er kennt expressis verbis den „gekreuzigten Gerechten".[86] Liegt es somit nicht auf der Hand, dass Paulus zur theologischen Ausformulierung der Kreuzigung Jesu Christi diesen Aspekt Platons mit sich geführt hat? Damit hätte Paulus hermeneutisch nämlich dreierlei erreicht: 1. Den Gedanken der „Torheit vom Kreuz" der „Torheit des Sokrates" zugeordnet, jedoch jene in ihrer Wahrheit zugleich dieser übergeordnet; 2. Den „Gekreuzigten" als vollkommenen und gerechten Sohn Gottes ausgewiesen, der Platons Gedanken des „Gekreuzigten" seiner Intention nach erfüllt und sogar überbietet:[87] Der „gekreuzigte Christus" ist der Gerechte Gottes schlechthin, der alle glaubenden Menschen in diese Gerechtigkeit Gottes mit hinein nimmt. 3. Der Gedanke des Ärgernisses des Kreuzes wird den hellenistisch Gebildeten über das „Ärgernis Sokrates" einsichtig gemacht. Von der Hand zu weisen sind diese Überlegungen jedenfalls nicht ohne weiteres.

Das Ärgernis (*skándalon* = σκάνδαλον), der Skandal des Kreuzes besteht ja darin, dass nach jüdischem Verständnis augenscheinlich der Gekreuzigte von Gott selbst ver-

---

[83] Platon, Apologie 19b. Freilich verwendet Platon zur Benennung des „Treibens törichter Dinge" das Verb: περιεργάζεσθαι (*periergázesthai*) in der Bedeutung „unnütze Dinge treiben, um die man sich nicht bekümmern sollte", vgl. Pape-GDHW, Bd. 2, S. 575.

[84] Platon, Apologie 23a.

[85] Vgl. Zweites Kapitel, II./4. Der erhöhte Gerechte.

[86] Vgl. Zweites Kapitel, I./5. Der Gekreuzigte.

[87] Vgl. Zweites Kapitel, I./5. Der Gekreuzigte.

worfen und verflucht wurde.[88] Damit aber wird nach alttestamentlichem Denken dem Gekreuzigten jegliche Gerechtigkeit abgesprochen. Darüber hinaus galt die Kreuzigung in der römischen Antike als die grausamste Todesstrafe, die ausdrücklich jeden Gekreuzigten seiner Ehre in aller Öffentlichkeit beraubte.[89] Dieser Skandal des Kreuzes ist indes für Paulus durch das Handeln Gottes am Gekreuzigten in sein Gegenteil gekehrt: In den Augen der Welt zwar eine Torheit, aber eine göttlich gewollte, die demnach dem Verstehen und Wissen der Welt in Weisheit überlegen ist. Begründet ist dies in der Wechselbeziehung zwischen Gott und seinem gehorsamen Sohn Jesus Christus. So zitiert Paulus aus einem alten Christushymnus:

> „Er, der in göttlicher Gestalt war, hielt es nicht für einen Raub, Gott gleich zu sein, sondern entäußerte sich selbst und nahm Knechtsgestalt an, ward den Menschen gleich und der Erscheinung nach als Mensch erkannt. Er erniedrigte sich selbst und ward gehorsam bis zum Tode, ja zum Tode am Kreuz. Darum hat ihn auch Gott erhöht und hat ihm den Namen gegeben, der über alle Namen ist, daß in dem Namen Jesu sich beugen sollen aller derer Knie, die im Himmel und auf Erden und unter der Erde sind, und alle Zungen bekennen sollen, daß Jesus Christus der Herr ist zur Ehre Gottes, des Vaters.“[90]

Der Gottessohn Christus hat sein erniedrigendes, entehrendes Sterben am Kreuz in der Haltung des Gehorsams Gott gegenüber vollzogen, sodass ihn Gott über das Kreuz hinaus in göttlicher Würde und Gerechtigkeit erhöht hat: Jesus Christus wurde zum Herrn über Himmel und Erde. Die Kreuzigung Jesu führte ihn also zum höchsten Ruhm und höchster Macht, in der Tat: törichte Weisheit. Diese ist indes nur derjenigen geistigen Haltung einsichtig, die aus dem Evangelium kommt, überwindet es doch die „Werke des Gesetzes“ und ein „Leben nach dem Fleisch“, beides verstanden als Kern jüdischer Frömmigkeit nach Gesetz und Beschneidung. So schreibt Paulus an die Galater:

> „O ihr unverständigen Galater! Wer hat euch bezaubert, denen doch Jesus Christus vor die Augen gemalt war als der Gekreuzigte? Das allein will ich von euch erfahren: Habt ihr den Geist empfangen durch des Gesetzes Werke oder durch die Predigt vom Glauben? Seid ihr

[88] So heißt es in 5. Mose 21, 22f.: „Wenn jemand eine Sünde getan hat, die des Todes würdig ist, und wird getötet und man hängt ihn an ein Holz, so soll sein Leichnam nicht über Nacht an dem Holz bleiben, sondern du sollst ihn am selben Tage begraben – denn ein Aufgehängter ist verflucht bei Gott –, auf dass du dein Land nicht unrein machst, das dir der Herr, dein Gott, zum Erbe gibt.“

[89] Vgl. RGG^4, Bd. 4, Artikel: Kreuzigung in der Antike, S. 1745. Hier finden sich auch entsprechende Belege von Cicero und Josephus.

[90] Philipper 2, 6–11. Vgl. zum exegetischen Befund dieses Christuslieds: Joachim Gnilka, Der Philipperbrief/Der Philemonbrief, Freiburg, Basel, Wien, 2002, S. 111–147.

so unverständig? Im Geist habt ihr angefangen, wollt ihr's denn nun im Fleisch vollenden?"[91]

Der Gekreuzigte, als Inhalt der Predigt des Paulus, ist allein das Maß des rechten Glaubens, der darum alle bisherigen Glaubenshaltungen aufhebt. Dieser Glaube aber ist geistgewirkt, wird er doch als Folge der Taufe empfangen.[92] So entspricht dem rechten Glauben das richtige Verstehen des Todes Christi am Kreuz, beides aber führt den Christenmenschen über seine irdisch-leibliche Existenz hinaus in ein geistig-neues Leben aus Gottes Hand. Geistig vergegenwärtigt wird dieses heilsbringende Geschehen in der Taufe, die den heilswirksamen Tod Christi am Kreuz dem Getauften übermittelt. So lehrt Paulus im Römerbrief:

> „Oder wisst ihr nicht, daß alle, die wir auf Christus Jesus getauft sind, die sind in seinen Tod getauft? So sind wir ja mit ihm begraben durch die Taufe in den Tod, damit, wie Christus auferweckt ist von den Toten durch die Herrlichkeit des Vaters, auch wir in einem neuen Leben wandeln. Denn wenn wir mit ihm verbunden und ihm gleich geworden sind in seinem Tod, so werden wir ihm auch in der Auferstehung gleich sein. Wir wissen ja, daß unser alter Mensch mit ihm gekreuzigt ist, damit der Leib der Sünde vernichtet werde, sodass wir hinfort der Sünde nicht dienen. Denn wer gestorben ist, der ist frei geworden von der Sünde. Sind wir aber mit Christus gestorben, so glauben wir, daß wir auch mit ihm leben werden, und wissen, daß Christus, von den Toten erweckt, hinfort nicht stirbt; der Tod kann hinfort über ihn nicht herrschen. Denn was er gestorben ist, das ist er der Sünde gestorben ein für alle Mal; was er aber lebt, das lebt er Gott. So auch ihr, haltet dafür, daß ihr der Sünde gestorben seid und lebt Gott in Christus Jesus."[93]

Hier erschließt Paulus die ganze Majestät des „Wortes vom Kreuz" in dreifacher Hinsicht: Einmal findet schon jetzt, in der Taufe, ein Herrschaftswechsel statt: Der alte Adam wird in den Tod Christi hinein getauft, gar mit ihm zusammen gekreuzigt, somit ganz zum „Christen" gemacht. Dadurch wird zweitens der sündige Menschenleib vernichtet, sodass der Getaufte als gegenüber der Sünde geistig befreit leben kann. Und drittens wird der Getaufte, als Nachfolger Christi, der Auferstehung der Toten teilhaftig werden. Paulus lehrt hier also eine anthropologische Dichotomie: Der *Leib* (*sṓma* = σῶμα) des Menschen ist der tödlichen Vergänglichkeit unterworfen, während der *Geist* (*pneúma* = πνεῦμα) des Menschen mit dem auferstandenen Christus Jesus in einer den

91 Galater 3, 1–3.

92 Der hier von Paulus stillschweigend vorausgesetzte Zusammenhang von Geistempfang und Taufe gilt allgemein als exegetisch gesichert. Vgl. Albrecht Oepke, Der Brief des Paulus an die Galater, Berlin 1984[5], S. 100.

93 Römer 6, 3–11.

Tod überwindenden göttlichen Symbiose verbunden ist. Denselben Gedanken formuliert Paulus in seinem 1. Brief an die Korinther, wenn er schreibt:

> „Das sage ich aber, liebe Brüder, daß Fleisch und Blut das Reich Gottes nicht ererben können; auch wird das Verwesliche nicht erben die Unverweslichkeit."[94]

Die Formulierung „Fleisch und Blut" (*sárx kai haíma* = σὰρξ καὶ αἷμα) ist ein hellenisch-jüdischer Ausdruck für vom Reich Gottes ausgeschlossene Menschen.[95] Damit korrigiert Paulus die irdisch gebundene Vorstellung einer fleischlichen Auferstehung der Toten, wie sie etwa im jüdischen Traditionsgut zu finden ist.[96] Diese ersetzt er mit einem göttlich verstandenen Auferstehungsleib, den Paulus in Gestalt eines *geistigen Leibes* fasst:

> „So auch die Auferstehung der Toten. Es wird gesät verweslich und wird auferstehen unverweslich. Es wird gesät in Niedrigkeit und wird auferstehen in Herrlichkeit. Es wird gesät in Armseligkeit und wird auferstehen in Kraft. Es wird gesät ein natürlicher/seelischer Leib und wird auferstehen ein geistiger Leib. Gibt es einen natürlichen/seelischen Leib, so gibt es auch einen geistigen Leib."[97]

Paulus betreibt hier ein Wortspiel: Er stellt die Begriffe „natürlicher Leib" (*sṓma psychikón* = σῶμα ψυχικόν) und „geistiger Leib" (*sṓma pneumatikón* = σῶμα πνευματικόν) einander gegenüber, um die Vorstellung der Auferstehung der Toten als *geistigen Akt* zu beschreiben. Das griechische Eigenschaftswort *psychikós* (ψυχικός) bedeutet im paulinischen Sprachgebrauch „seelisch" als Bezeichnung einer rein irdischen Lebendigkeit, die *nicht* vom *Geist* Gottes berührt, mithin also natürlich, irdisch ist.[98] Das griechische Adjektiv *pneumatikós* (= πνευματικός) hingegen verwendet Paulus hier in der Bedeutung „geistig", und zwar im Sinne einer überirdischen Wesensart. Der „geistige Leib"

---

[94] 1. Korinther 15, 50. Vgl. zudem Drittes Kapitel, III. Leben bei Paulus.

[95] Vgl. EWNT, Bd. 3, Artikel: σάρξ = *sárx*, S. 551.

[96] Vgl. Hesekiel 37, 1–14 mit seiner Vision von der Auferstehung der Totengebeine, die aber wohl sinnbildlich für einen neuen Exodus des Volkes Israel aus dem babylonischen Exil steht; Jesaja 24–27, ein aus der frühhellenistischen Zeit stammender Text, wo es 26, 19 heißt: „Die Toten werden leben, und die aus den Grabmälern werden auferstehen. Erwacht und jubelt, die ihr liegt unter der Erde! Denn ein Tau der Lichter ist dein Tau, und die Erde wird die Toten herausgeben." Und Daniel 12, 1–4, der als einziger unumstrittener Auferstehungstext des AT gilt, wo es Vers 1 heißt: „Und viele, die unter der Erde schlafen liegen, werden aufwachen, die einen zum ewigen Leben, die anderen zu ewiger Schmach und Schande." Die Übersetzung wurde mit dem LXX-Text verglichen.

[97] 1. Korinther 15, 42–44.

[98] Vgl. Walter Bauer, Griechisch-Deutsches Wörterbuch zum Neuen Testament, Berlin, New York 1971, Artikel: ψυχικός = *psychikós*, S. 1767f. und Drittes Kapitel, III. Leben bei Paulus.

der Auferstehung ist demnach ein „neuer Mensch“, der anstelle der „irdischen Seele“ den „göttlichen Geist“ (*pneúma* = πνεῦμα) in sich trägt und dadurch befähigt ist, in die göttlichen Geheimnisse einzudringen.[99] Um freilich hierbei dem Gedanken einer universalen Entpersönlichung zu wehren, hält Paulus an der Vorstellung des „Leibes“ fest. Hierfür verwendet er das griechische Substantiv *sṓma* (= σῶμα), welches seit Hesiod „lebendiger Leib, Körper (auch Himmelkörper), der ganze Mensch, die Person, aber auch Sklave“ heißen kann.[100] Mit dem Wort *sṓma* ist damit die Vorstellung einer Gestalt und Form gegeben, die mit einem „inneren Prinzip“ zum Leben gebracht wird. Dieses „innere Prinzip“ des Auferstehungsleibes ist hier für Paulus der *Geist* Gottes, mit dem der Christenmensch in der Haltung des Glaubens seiner irdischen Gebundenheit enthoben und eben ein „geistiger Leib“ wird. Dieser ist indes eine Schöpfung Christi, der selbst lebendig machender Geist ist. Wieder die Antitypik des alten und des neuen Adams aufgreifend, schreibt Paulus:

> „Der erste Mensch, Adam, wurde zu einem lebendigen Wesen, und der letzte Adam (= Christus) zum Geist, der lebendig macht. Aber der geistige Leib ist nicht der erste, sondern der natürliche/seelische; danach der geistige. Der erste Mensch ist von der Erde und irdisch; der zweite Mensch ist vom Himmel. Wie der irdische ist, so sind auch die irdischen; und wie der himmlische ist, so sind auch die himmlischen. Und wie wir getragen haben das Bild des irdischen, so werden wir auch tragen das Bild des himmlischen.“[101]

Der Auferstehungsleib ist demnach eine himmlisch-geistige Schöpfung, die alles bisherige menschliche Leben der göttlich verbürgten Unsterblichkeit zuführt. Die hier vorgetragene Antitypik: erster Adam – letzter Adam lebt vom griechischen Begriff *eikṓn* (= εἰκών), welcher „Bild, Aussehen, Gestalt, Gedankenbild und Vorstellung“ bedeutet.[102] Traditionsgeschichtlicher Hintergrund hierzu dürfte wohl der jüdische Mythos vom Urmenschen sein, der in seiner spezifischen Ausprägung die antithetische Gegenüberstellung zweier Urmenschen kennt: den irdisch-psychischen und den himmlisch-pneumatischen. Diese Antitypik ist auch bei Philon von Alexandria (15/10 v. Chr. bis 40 n. Chr.) zu finden. In seiner Auslegung zu 1. Mose 2, 7[103] unterscheidet er den himmlisch-pneumatischen Menschen im Gegensatz zum irdisch-psychischen als Bild Gottes,

---

[99] Vgl. ebd., Artikel: πνευματικός = *pneumatikós*, S. 1346f.

[100] Vgl. Pape-GDHW, Bd. 2, Artikel: σῶμα = *sṓma*, S. 1059.

[101] 1. Korinther 15, 45–49.

[102] Vgl. Walter Bauer, Griechisch-Deutsches Wörterbuch zum Neuen Testament, Berlin, New York 1971, Artikel: εἰκών = *eikṓn*, S. 439f.; Pape-GDHW, Bd. 1, Artikel: εἰκών = *eikṓn*, S. 728.

[103] „Da machte Gott der Herr den Menschen aus Erde vom Acker und blies ihm den Odem des Lebens in seine Nase. Und so ward der Mensch ein lebendiges Wesen.“

der darum vom alten irdischen Adam als göttlicher Idee-Mensch abgehoben ist.[104] So steht zu vermuten, dass zur Formulierung dieser Gedanken Platon mit seinem Dialog *Timaios* Pate gestanden hat, der den Menschen als „Gewächs des Himmels" bezeichnet:

> „Was nun die gültigste Art der Seele in uns angeht, so müssen wir die Überlegung machen, daß sie Gott einem jeden von uns als Schutzgeist verliehen hat, als den Teil nämlich, der, wie wir sagten, zuoberst in unserem Leibe wohnt und von dem wir völlig zu Recht behaupten dürfen, daß er uns über die Erde zu den verwandten Dingen im Himmel erhebt, da wir nicht als ein Gewächs der Erde, sondern des Himmels entstanden sind."[105]

Wie Paulus geht Platon von der himmlischen Abstammung des Menschen aus, freilich mit dem entscheidenden Unterschied: Für Platon trifft dies auf den philosophisch gebildeten Menschen zu, der sich um seine Seele sorgt, für Paulus hingegen ausschließlich auf den auferstehenden Menschen. Noch ein weiterer Gedanke ist hier zu erwähnen: Platon versteht in Rahmen seiner Kosmogonie den Kosmos als *Bild* des wahrnehmbaren, denkbaren Gottes. So schreibt er am Ende des Timaios:

> „Denn so hat nun diese Welt sterbliche und unsterbliche Wesen in sich aufgenommen und ist von ihnen erfüllt, als ein sichtbares lebendiges Wesen, das selbst wieder das Sichtbare umfasst, ein wahrnehmbarer Gott, als Abbild (εἰκών = *eikṓn*) des denkbaren, und ist zu diesem größten und besten, zum schönsten und vollkommensten Himmel geworden, wie es keinen anderen geben kann."[106]

Ist es nicht denkbar, dass Paulus dieses Preislied Platons auf den vollkommenen Kosmos sozusagen „im Ohr" hatte, als er den Gedanken der Auferstehung der Toten formulierte? Denn wie Platon mit einer Typik, nämlich der des Bildcharakters seine Gedanken ausführt, so verfährt auch Paulus. Paulus aber geht noch entschieden weiter als Platon: Mit der Einführung der Antitypik der beiden „Menschen" verbindet Paulus den Gedanken der inklusiven Repräsentation: So wie alle irdisch-seelischen Menschen das Bild des „irdischen Adam" tragen, so tragen auch alle himmlisch-geistigen Menschen das Bild des „himmlischen Christus".

Dieses Glaubenswort, durch die Taufe im Hier und Jetzt vorgezeichnet, erweist sich seinerseits im „Wort vom Kreuz" inhaltlich als wahrhaftig: Göttliche Weisheit, die dem natürlichen Menschen als menschlich-irdische Torheit erscheint. So aber verwundert es nicht, dass Paulus der geistigen Erkenntnis verpflichtet ist, so bald als möglich dem Bild

---

[104] Vgl. EWNT, Bd. 1, Artikel: εἰκών = *eikṓn*, S. 947f.; hier finden sich auch die entsprechenden Belege zu Philon.

[105] Platon, Timaios 90a. Entsprechend heißt es am Schluss des Zitates: ὡς ὄντας φυτὸν οὐκ ἔγγειον ἀλλὰ οὐράνιον (*hôs óntas fytón uk éngeion allá uránion*).

[106] Ebd. 92c.

des himmlischen Christus gleichgemacht zu werden. So schreibt er von sich selbst an die Philipper voller sehnsüchtiger Hoffnung,

> „daß ich in keinem Stück zuschanden werde, sondern daß frei und offen, wie allezeit so auch jetzt, Christus verherrlicht werde an meinem Leibe, es sei durch Leben oder durch den Tod. Denn Christus ist mein Leben, und Sterben ist mein Gewinn."[107]

Die Vorstellung des Sterbens als Gewinn ist für Paulus eine Folge der Verherrlichung Christi, welche die göttlich gewährte Folge seiner Auferstehung ist, an der Paulus sowohl jetzt schon, im Leben, oder dann, im Tod, durch Glauben und Taufe Anteil hat. Die geistige Parallele zu Platon ist hier indes zum Greifen nah: In der Apologie nämlich redet Sokrates nach seiner Verurteilung davon, dass sein Sterben durchaus die Möglichkeit eines Gewinns sein mag, wenn der Tod ein tiefer glückseliger Schlaf wäre.[108] Was für Platon noch ein Meinen und Hoffen ist, das ist für Paulus wahrhaftige Glaubensgewissheit: Das Wort vom Kreuz garantiert den Gewinn des Sterbens.

Zusammenfassung

Das Gottesverständnis des Paulus erschließt sich allen voran als *geistige* Größe, die er in einem dreifachen Schritt entfaltet. Zur Verdeutlichung seiner Theologie greift Paulus den *hellenisch-sakralen* Begriff *Evangelium* auf, formt diesen aber inhaltlich um:

1. Autor dieses Evangeliums ist der monotheistisch, persönlich gedachte Christengott, der sich in seinem Evangelium durch seinen Sohn Jesus Christus souverän allen Menschen erlösend zugewandt hat. Dieses Evangelium ist als Gotteskraft Ausdruck von Gottes schöpferischer Allmacht, die Paulus als creatio ex nihilo, als Schöpfung aus dem Nichts bestimmt.
2. Vom Mutterleibe an ist Paulus von Gott dazu berufen, nur dieses Evangelium den Heiden zu verkündigen, ist Paulus doch in die Tiefen der göttlichen Geheimnisse eingeweiht. Insofern ist seine Verkündigung *geistgewirkt* und darum aller menschlichen Autorität enthoben.
3. Darum überwindet das Evangelium Gottes in der damit gegebenen Freiheit des *Geistes Gottes* den buchstabengebundenen Glauben nach dem jüdisch-mosaischen Gesetz. Dementsprechend ist das Evangelium Gottes nur in der *geistigen* Haltung des Glaubens zu verstehen.
4. Diese *Geistigkeit* des Evangeliums ist aber inhaltlich im absoluten Sinne an die ver-

[107] Philipper 1, 20f.

[108] Vgl. Platon, Apologie 40d–e; Erstes Kapitel, I./1. Apologie; und: Drittes Kapitel, I. und III.

kündigte Person Jesus Christus gebunden. Das aber führt zu einer Scheidung zwischen den „in Christus Seienden" und den an der alttestamentlichen Überlieferung festhaltenden Juden: Das Alte Testament des jüdischen Glaubens wird durch das Neue Testament des Evangeliums Gottes ersetzt.
5. Das Evangelium Gottes eröffnet zudem allen Gläubigen eine das irdische Leben überbietende Gottesgabe: die Neuschöpfung in Christus.

In seiner *Gotteslehre* setzt Paulus den personhaft gedachten, *einen* Gott voraus, der wesensmäßig als *Vater* bestimmt wird:
1. Gott ist demnach als *geistige Person* der *liebende, barmherzige und tröstende* Vater der Christen, die zu ihm in einem vertrauensvollen Kindschaftsverhältnis stehen, welches sich in der kindlichen Gottesanrede *abbá*, d. h. *Papa*, niederschlägt.
2. Zugleich ist Gott der Vater Jesu Christi und darum schlechthin der Vater von allen Dingen.
3. Darüber hinaus ist Gott als Vater zugleich der Schöpfer von Himmel und Erde mit ihren vielen Gottheiten, die aber in Wirklichkeit nur Scheingötter sind.
4. Christus Jesus dient dem Gott-Vater als Schöpfungsmittler, der Herr über die Lebenden sowie die Toten ist und so alle Christen der Macht des Todes entreißt.
5. So aber ist Gott in seiner Herrlichkeit die Vollkommenheit von allem schlechthin, nämlich alles in allem.
6. Gott so zu erkennen führt den Christen in die Haltung der *Liebe*, die zur *geistigen* Erbauung der Christengemeinde als Leib Christi führt.

In der paulinischen *Christuslehre* ist das „Wort vom Kreuz" der hermeneutische Schlüssel zum Verständnis des Evangeliums:
1. Paulus zentriert seine Verkündigung auf den *Gekreuzigten*, der als Inbegriff des Heils für den sündig-ungerechten Menschen gilt: Darum kann der Mensch nur allein aus Glauben an den Gekreuzigten vor Gott gerecht werden.
2. Der Gekreuzigte verschafft als der vollkommene Sohn Gottes allen Christen die göttliche Gerechtigkeit, die ins ewige Leben führt.
3. Das „Wort vom Kreuz" ist anstößig und bewirkt Ärgernis und wird seitens der Welt nur als Torheit begriffen. In der Haltung des Glaubens jedoch wandeln sich Ärgernis und Torheit zur höchsten göttlichen Weisheit.
4. In der Taufe bewirkt das „Wort von Kreuz" einen Herrschaftswechsel für den Christenmenschen: Der „alte Adam" wird in den Tod Christi hineingenommen und mit ihm gekreuzigt. Dadurch ist der Christ der Sünde entnommen und kann Christus in seiner Auferstehung nachfolgen.
5. Diese veranschaulicht Paulus anhand der Vorstellung des *geistig* gefassten *Auferstehungsleibes*. Sein Lebensprinzip ist fortan nicht mehr die vergängliche irdisch-seelische Lebenskraft, sondern der unvergängliche *Geist Gottes bzw. Christi.* Infolgedessen trägt und ist der Auferstehende das *Bild* der göttlichen Idee „Mensch".

6. Darum wird das irdisch-natürliche Sterben als Gewinn angesehen, vollendet sich doch darin das *Geistleben* des Christen.

Parallelen zu Platon

Die Theologie des Paulus weist verschiedene geistige Parallelen zu Platons Philosophie auf:

1. Wie einst Sokrates von Kindesbeinen an über sein Daimonion mit dem Göttlichen in Berührung gekommen und seither der wahren Frömmigkeit mit seinem Leben und Sterben verpflichtet gewesen ist, so weiß sich Paulus von Mutterleibe an von Gott dazu berufen, das Evangelium Gottes zu verkündigen. Hierfür tritt er mit seinem ganzen Leben und Sterben ein.
2. Den Gedanken der creatio ex nihilo, der Schöpfung aus dem Nichts, entwickelt Paulus wohl mithilfe der von Platon erschlossenen Begriffe des Seins und des Nicht-Seins. Jedoch vertauscht Paulus gegenüber Platon beide Begriffe in ihrer Denkordnung: Nach Paulus ist es für das Nicht-Sein besser zu sein, als nicht zu sein.
3. Wie Platon ist es Paulus an einer gebildeten *geistigen* Freiheit im Umgang mit der Schrift gelegen. Platons Schriftkritik findet wohl bei Paulus in der Vorordnung des *Geistes* des Evangeliums gegenüber dem *Buchstaben* der jüdischen Thora seinen Niederschlag. So ist nach Paulus der Garant des richtigen Verstehens des Evangeliums der *Geist Gottes.*
4. Die betonte Rede von Gott als *Vater* ist bei Paulus wohl weniger der alttestamentlichen Tradition geschuldet, sondern weist vielmehr – wie auch bei Johannes – eine gedankliche Nähe zu Platons Gotteslehre im *Timaios* auf, wo Platon Gott als *Vater des Alls* bekundet.[109] Analog zu Platon kann Paulus auch von den „sogenannten Göttern" reden, die jedoch allesamt als Scheingötter dem einen und einzigen Gott-Vater untertan sind. Freilich geht Paulus mit seiner vertrauensvollen, väterlichen Wesensbestimmung Gottes als *abbá*, als *Papa,* weit über Platon hinaus.
5. Das paulinische „Wort vom Kreuz" kann seinerseits durch Platons Philosophie als hermeneutisch ergänzt verstanden werden: Wie Sokrates mit seiner öffentlich vorgetragenen Wahrheitsliebe in den Augen der Athener törichte Dinge treibt und damit Ärgernis hervorruft, so ist in den Augen von des Paulus Gegnern das „Wort vom Kreuz" ebenso ein Ärgernis und eine Torheit. Im *geistgewirkten* Glauben aber erweist sich die Rede vom „Gekreuzigten" als wahrhaft göttliche Weisheit, ist er doch der vollkommen Gerechte Gottes schlechthin. Dies zu verkündigen ist – wie schon bei

---

[109] Vgl. Platon, Timaios 28c.

Johannes gezeigt – weniger dem alttestamentlichen Denken geschuldet als vielmehr in Platons Rede vom „gekreuzigten Gerechten“ vorgezeichnet.

6. Mit seinem „Hohe Lied der Liebe“ greift Paulus die mit Platon einsetzende Tradition der Lobrede (enkômion) auf: Ein Anklang an Platons „Hohe Lied des Guten“ und ans „Loblied der Liebe“ ist dabei nicht zu überhören.
7. Hinter der von Paulus verkündigten Idee des Auferstehungsleibes als *geistigen Leib* kann der von Platon im *Timaios* vorgelegte Gedanke stehen, dass der Mensch ein „Gewächs des Himmels“ und der Kosmos als „vollkommenes Abbild Gottes“ zu verstehen ist. Nach Paulus wird darum der Auferstehungsmensch in *geistiger Vollkommenheit* dem *göttlichen Bild des himmlischen Christus* gleich.
8. Der damit verbundende Gedanke des „Sterbens als Gewinn“, ist schon bei Platon zu finden, jedoch erst bei Paulus zur wahrhaftigen Gewissheit geworden.

Drittes Kapitel: Leben

I. Platon

Das Griechische kennt drei unterschiedliche Begriffe für Leben: das Substantiv *bíos* (βίος), als Verbum *bióô* (βιόω = *ich lebe*), dann das Substantiv *zôé* (ζωή) mit seinem Verbum *záô* (ζάω = *ich lebe*) und schließlich *díaita* (δίαιτα) mit seinem Verbum *diaitáomai* (διαιτάομαι = ich lebe).

Die Bedeutung von *bíos* ist weit gefächert: „Leben vernünftiger Wesen, Lebenskraft, Lebenszeit, Leben und Wirken, Lebensart, Lebenswandel, Lebensunterhalt."[1] Bíos beschreibt damit in charakteristischer Weise das (Über-)Leben eines Einzelwesens oder einer Gruppe, somit das Leben in seiner äußeren Gestalt.[2] So bezeichnet das griechische Wort *biológos* (βιολόγος) ursprünglich den Charakterdarsteller und Schauspieler, der „wie im richtigen Leben redet".[3] Im Deutschen hingegen ist die Vorstellung von *bíos* u. a. in die Begriffe „Biologie" und „Biografie" eingeflossen. *Zôé* bedeutet „Leben im Gegensatz zum Tod, das Leben eines Geschöpfes, Leben der Götter."[4] Kerngedanke dieses Begriffes ist demnach die abstrakte, umfassendste Beschreibung von allem Lebendigen: Es meint Pflanzen, Tiere, Menschen und Götter in ihrem „Leben an sich", auch in religiöser Hinsicht, demnach das Leben in einer geistigen Betrachtung.[5] So verweisen etwa der (Vor-)Name Zoe oder der Fachbegriff „Zoologie" auf diesen Lebensbegriff. Trotz ihrer jeweiligen Sinn-Nuancen sind *bíos* (βίος) und *zôé* (ζωή) miteinander etymologisch verwandt, sodass beide Begriffe synonym zur Bezeichnung des Lebens gebraucht werden.[6] *Díaita* (δίαιτα) bedeutet „Lebensart, Leben, vom Arzt empfohlene Lebensweise", aber auch „Schiedsrichteramt".[7] Wir erkennen diese Bedeutung wie-

---

[1] Vgl. Pape-GDHW, Bd. 1, Artikel: βίος = *bíos*, S. 445.

[2] Vgl. Liddell-Scott-Jones, A Greek-English-Lexicon, Oxford 1961[9], Artikel: βίος = *bíos*, S. 316.

[3] Vgl. Pape-GDWH, Bd. 1, Artikel: βιολόγος = *biológos*, S. 445

[4] Vgl. Pape-GDHW, Bd. 1, Artikel: ζάω = *záô*, S. 1137 u. ζωή = *zôé*, S. 1142.

[5] Vgl. Liddell-Scott-Jones, A Greek-English Lexicon, Oxford 1961[9], Artikel: ζῶ = *zô*, S. 758f.

[6] Vgl. Theologisches Wörterbuch zum Neuen Testament, hg. v. Gerhard Kittel, Bd. 2, Stuttgart, Berlin, Köln 1990, Artikel: ζάω = *zaô*, S. 836, Anm. 21. – *Bíos* und *zôé* entstammen der gemeinsamen indogermanischen Wurzel: *gw(e)i* = leben.

[7] Vgl. Pape-GDHW, Bd. 1, Artikel: δίαιτα = *díaita*, S. 580.

derum z. B. im Fremdwort „Diät“. Platon verwendet alle drei griechischen Begriffe zur Beschreibung des Lebens. Primär jedoch gebraucht er *bíos* (βίος) und *zôé* (ζωή) mit ihren jeweiligen Derivaten zur Bezeichnung und Benennung des zeitlich sich erstreckenden Lebens. *Bíos* (βίος) mit seinen jeweiligen Formen verwendet er mindestens 327-mal, *zôé* (ζωή) mit seinen Derivaten wenigstens 248-mal und *díaita* (δίαιτα) mit seinen Ableitungen 48-mal.[8]

Platon erläutert nun den Lebensbegriff in vierfacher Hinsicht: 1. als ewiges Lebens, 2. Leben als bewegt-beseeltes Phänomen, 3. Leben als Seelsorge und schließlich 4. Leben als ethisches Gut. Bei allen vier Beschreibungen finden bei ihm die Wörter *zôé* (ζωή) und *bíos* (βίος) mit ihren Derivaten in aller Regel einen synonymen Gebrauch.[9]

1. Ewiges Leben

Platon verwendet im Allgemeinen den Begriff *zôé* (ζωή) zum einen zur Bezeichnung für das natürlich-zeitliche Leben von Menschen, Tieren und Pflanzen. Leben ist für Platon kein dem Menschen fallweise zukommendes oder abhandenkommendes Geschehen, sondern sein selbstverständliches Sein, das er mit dem Begriff *zôé* (ζωή) erfasst. Dem entspricht, dass in der griechischen Mythologie das Leben (*zôé* = ζωή) nicht als göttliche Gestalt gedacht worden ist, im Unterschied etwa zur Natur (*phýsis* = φύσις), zum Tod (*thánatos* = θάνατος) oder zur Gesundheit (*hygíeia* = ὑγίεια). Das Leben ist mithin wie sein Gegenteil, der Tod, als natürliches Phänomen zu verstehen.[10]

Zum anderen kennt Platon ein Leben (*zôé* = ζωή) der Gottheit, sofern die Götter als Lebewesen (*zôa* = ζῷα), in untrennbarer Weise miteinander verbunden, einen Körper (*sôma* = σῶμα) und eine Seele (*psyché* = ψυχή) haben. Deswegen kann er von Menschen als zeitlich-sterblichen und den Gestirngöttern als zeitlich-unsterblichen Lebewesen reden.[11] Leben ist demnach mit der Kategorie der Zeit untrennbar verbunden. Demgegenüber schreibt Platon der höchsten Gottheit eine zeitlose Ewigkeit zu: Gott und die „*Idee* des Lebens“ werden von ihm gleichgesetzt, sodass er „das Leben in der Zeit“ als *zôé* (= ζωή) und die *zeitlose Idee* des Lebens“ als (*eídos zôés* = εἶδος ζωῆς) voneinander unterscheiden kann. Daher findet sich im *Phaidon* die gedankliche Gleichsetzung des Unsterblichen (*athánaton* = ἀθάνατον) mit dem Ewigen, Immerwährenden

[8] Vgl. Platon im Kontext Plus, Griechisch-deutsche Parallelausgabe, CD-ROM-Anwendung, hg. von Karsten Worm, Berlin 2004².

[9] Vgl. etwa Gorgias 507e, wo Platon die Formulierung: βίον ζῶντα = *bíon zônta* = „ein Leben lebend“ gebraucht.

[10] Vgl. Phaidon 71d.

[11] Vgl. Phaidros 246c–d; Timaios 38c–e.

(*aídion on* = ἀίδιον ὄν), welches nur Gott und der „*Idee* des Lebens" zukommt. Diesen Gedanken fortführend, sagt Sokrates zu Kebes:

> „»Der Gott, glaube ich«, fuhr Sokrates fort, »und die Idee des Lebens selbst und was es sonst noch Unsterbliches gibt: daß diese nie zugrunde gehen, darüber sind sich wohl alle einig.« »Ja, beim Zeus; darüber sind sich alle einig, die Menschen und erst recht die Götter, glaube ich.« »Wenn aber das Unsterbliche zugleich unzerstörbar ist, so muß doch die Seele, wenn sie unsterblich ist, auch unvergänglich sein.«"[12]

Bemerkenswert ist, dass Platon hier zwischen *Gott* und der „*Idee* des Lebens" einerseits und der *Seele* andererseits im qualitativen Sinne unterscheidet: Nur Erstere sind zeitlos ewig Seiende, während die Seele, zwar unsterblich und unvergänglich, jedoch nicht ewig ist. Da aber die Seele das Lebensprinzip ist, ist folglich auch das Leben nicht als ewig zu denken. So sagt Platon in den Gesetzen,

> „… daß alles Entstandene, Seele und Leib, zwar unzerstörbar, aber doch nicht ewig ist …"[13]

Für Platon kommen die Begriffe „Leben" und „ewig" nicht zu einem Sinnganzen zusammen, weil nämlich Leben immer mit Bewegung einhergeht, ewig jedoch nur die in sich selbst ruhende Idee und Gott sind.[14] Im *Timaios* sagt darum Platon:

> „Die Natur des Lebendigen war nun freilich von ewiger Dauer, und er (= Gott-Vater) konnte dies unmöglich auf das Gewordene vollständig übertragen; doch beschloß er, ein bewegtes Abbild (*eikṓn* = εἰκών) der Ewigkeit zu schaffen, … was wir die Zeit genannt haben."[15]

Ewig ist demnach nur die *göttliche Idee der Natur* des Lebendigen, nicht aber das Leben selbst. Das Leben des Menschen ist demnach als Gewordenes von der Ewigkeit Gottes prinzipiell getrennt, aber über die bewegliche Zeit im lebendigen Verhältnis zu ihr stehend. Somit ist die Zeit, damit auch die Lebenszeit des Menschen, nur ein bewegtes Abbild der Ewigkeit, mithin dem Vergehen unterworfen. Über die fließende Zeit jedoch hat der Mensch als Lebewesen Anteil am göttlich gesetzten Werden, das den Menschen zu einen glückseligen Sein geleiten will. So sagt Platon in den *Gesetzen*,

> „daß jedes Werden gerade deswegen geschieht, damit dem Leben des Ganzen ein glückliches Sein (*eudaímôn usía* = εὐδαίμων οὐσία) zuteil wird, daß aber dieses Sein nicht deinetwillen da ist, sondern du um seinetwillen."[16]

— Selbstlosigkeit bzw. Freiheit von sich selbst

[12] Phaidon 106d–e.

[13] Gesetze 904a.

[14] Vgl. Phaidon 78d, wo Platon vom „eingestaltig Seienden selbst für sich selbst" spricht.

[15] Timaios 37d.

[16] Gesetze 903c.

Nach Platon kann menschliches Leben nicht am ewig-göttlichen Sein Anteil haben, aber ihm kann ein glückseliges Sein zuteilwerden, um dessentwillen Menschen leben. Dahinter steht bei Platon der Gedanke der *Angleichung an Gott* (*homoíôsis theố* = ὁμοίωσις θεῷ). Der Mensch soll in und mit seinem Leben das Böse fliehen und gottähnlich werden, wohl wissend, dass zwischen ihm und Gott die unüberbrückbare Verschiedenheit von Zeit und Ewigkeit besteht. Allein durch ein Leben in frommer philosophischer Einsicht, verstanden als ein Leben in Gerechtigkeit, Besonnenheit und Frömmigkeit kann die Gottähnlichkeit erreicht werden. So lehrt Sokrates im *Theaitetos*:

> „Das Böse … kann weder ausgerottet werden … und es kann auch nicht bei den Göttern seinen Sitz haben; es muß also notwendig in dieser sterblichen Natur und an diesem Ort umgehen. Darum muß man auch versuchen, von hier so schnell als möglich dorthin zu fliehen. Diese Flucht ist aber nichts anderes als, Gott möglichst ähnlich zu werden, und ihm ähnlich werden bedeutet gerecht und fromm werden, verbunden mit Einsicht."[17]

Die Gottähnlichkeit des Menschen hat eine zweifache Ausrichtung: Zum einen die Überwindung des natürlichen Lebens mit seiner Boshaftigkeit, indem man dieses durch ein tugendhaftes Leben besiegt. Zum anderen aber seine unsterbliche Seele so zu besorgen, dass diese nach dem Tod der Gottheit möglichst ähnlich ist und wird. Dieses zu erlangen, ist für Platon der Sinn des Lebens.

2. Leben als Beseeltes

Alles Lebendige ist nach Platon mit einer inneren Bewegungskraft ausgestattet: Leben ist demnach Selbstbewegung, die den lebendigen Körper auszeichnet. Diese ist im phänomenologischen Sinne Kennzeichen des Lebens, genau sie macht das Leben aus. So sagt Sokrates zu Phaidros:

> „Das aus sich selbst Bewegte ist unsterblich; was aber anderes bewegt und von anderem bewegt wird, das zeigt in seiner Bewegung und damit auch in seinem Leben (*zôế* = ζωή) ein Aufhören. Einzig das sich selbst Bewegende … hört nie auf, bewegt zu werden, sondern wird auch für alles andere, was bewegt wird, Quelle und Ursprung der Bewegung."[18]

Dieses Lebensprinzip, der Beweger des Lebens, ist keine materielle Größe oder ein innerorganisch-leibliches Geschehen, sondern einzig die zeitlich unvergänglich, jedoch nicht ewig gedachte Seele (*psychế* = ψυχή). So fährt Sokrates fort:

---

[17] Theaitetos 176a–b.

[18] Phaidros 245c. Vgl. zudem Gesetze 895–896, wo Platon die sich selbstbewegende Seele als Ursache von allem Lebendigen beschreibt.

„Nachdem sich also gezeigt hat, daß das von sich selbst Bewegte unsterblich ist, wird sich niemand zu sagen scheuen, daß eben dies das Wesen und der Begriff der Seele sei. Denn jeder Leib, der seine Bewegung von außen her erhält, ist unbeseelt, wer sie aber in sich selbst und aus sich selbst hat, der ist beseelt; denn gerade darin besteht die Natur der Seele. Wenn sich das aber so verhält, daß nichts anderes als die Seele das sich selbst Bewegende ist, dann muss doch wohl die Seele unentstanden und unsterblich sein."[19]

Platon unterscheidet demnach das Prinzip des Lebens (*psyché* = ψυχή) vom Unbelebten (*ápsychon* = ἄψυχον), mangelt es Letzterem doch am inneren Prinzip des Lebens, der Seele. Der Seele aber kommt mithin die elementare Aufgabe zu, nicht nur den Körper des Menschen zu beleben, sondern auch den Tieren und Pflanzen Leben überhaupt (*zôé* = ζωή) zu verschaffen.[20] Die Seele bringt demnach das Leben mit sich, das sich vom Tod als dem Nicht-mehr-Bewegten des seelenlos gewordenen Körpers unterscheidet. So fragt Sokrates seinen Gesprächspartner Kebes im *Phaidon*:

„»Was muss dem Leibe innewohnen, wenn er leben soll (*zôn éstai* = ζῶν ἔσται)?« »Eine Seele«, antwortete er. »Und ist das immer so?« »Ja, selbstverständlich.« »Wird also die Seele, wovon sie auch Besitz ergreift, immer das Leben (*zôén* = ζωήν) mit sich bringen?« »Ja, das wird sie.« »Gibt es aber etwas, das dem Leben entgegengesetzt ist, oder nicht?« »Es gibt etwas.« »Was?« »Den Tod.« »So wird also die Seele das Entgegengesetzte von dem, was sie immer mit sich bringt, ausschließen ...?« »Ganz gewiss«, antwortete Kebes."[21]

Wo also eine Seele anzutreffen ist, da ist auch Leben zu finden. Die Vorstellung des beseelten Lebens weitet Platon zudem noch, wie wir schon sahen,[22] auf den Kosmos als mit einer Seele begabtes, vollkommenes Geschöpf aus.[23] Leben (*zôé* = ζωή) ist nach Platon daher nur als Beseeltes zu verstehen. Er gibt sich demnach als Philosoph zu erkennen, der in Anlehnung an die Vorsokratiker[24] den Begriff des Lebens als philosophischen eigens thematisiert hat, indem er „Leben" als „Beseeltes, als Seele besitzen" definiert und die Seele hierbei als organisierende Kraft der lebendigen Körper erfasst.

---

[19] Phaidros 245e–246a. Vgl. Gesetze 895c, wo die Seele als Lebensprinzip festgestellt wird.

[20] Vgl. Timaios 77a–c.

[21] Phaidon 105c–d.

[22] Vgl. Zweites Kapitel, I./4. Der Sohn Gottes.

[23] Vgl. Timaios 32d; 34b.

[24] Vgl. Die griechische Philosophie, hg. von Walther Kranz, Birsfelden-Basel (ohne Jahresangabe), S. 25–48.

3. Leben als Seelsorge

Leben ist nicht gleich Leben. Es kann im philosophischen Sinne gut oder schlecht geführt werden. Daraus ergibt sich der Zustand der Seele und damit des Lebens, gemessen an dem, wie man mit seinem ganzen Leben leben soll (*chré zên* = χρὴ ζῆν).[25] Dies gelingt nach Platon dadurch, dass der Mensch hierbei für sich selbst Sorge trägt. Diese Selbstsorge ist indes die charakteristische Tätigkeit der Seele des Menschen. Der Begriff „Selbstsorge" (*epiméleia heautú* = ἐπιμέλεια ἑαυτοῦ) ist vor Platon nicht belegt und meint den philosophisch verantworteten Anspruch auf das Leben sowohl in seiner privaten als auch öffentlicher Form.[26] Hier stellt sich für Platon nun die positive Frage nach dem Heil des Lebens (*sôtêría tu bíu* = σωτηρία τοῦ βίου)[27] oder, negativ gewendet, nach einem nicht lebensgemäßen Leben (*bíos u biôtós* = βίος οὐ βιωτός).[28] Als praktische Antwort gibt Platon die Auskunft, nur in der Polis, in der wohlgeordneten Gemeinschaft also kann das Leben (*bíos* = βίος) gut geführt werden.[29] Deswegen bedarf das Leben der Erziehung durch ordnende Gesetze.[30] Diese sind dann gut, wenn sie die Seele des Menschen zum Guten hinführen. Denn der Mensch ist durch drei mögliche Lebensweisen herausgefordert: (1.) Den Sinn des Lebens in Lusterfüllung zu sehen oder (2.) demgegenüber ein Leben in affektfreier Vernunftausrichtung oder aber (3.) ein Leben in der Haltung der Einsicht zu führen.[31] Platon entfaltet dann im *Philebos* den Gedanken, dass weder ein Leben in höchster Lust noch ein Leben in reiner Vernunft ein gutes Leben gewähren kann. Dieses vermag allein die Einsicht zu verbürgen, die ein Leben aus wahrer Erkenntnis und wahrer Lust zu gestalten vermag.[32] Voraussetzung hierfür ist freilich die philosophische Selbstsorge. Diese eröffnet nämlich den Weg zu einem guten Leben, welches für Platon in die Seelsorge mündet. So sagt Sokrates in seiner Verteidigungsrede:

> „Denn, wenn ich umhergehe, tue ich nichts anderes, als euch, jung und alt, zu überreden, nicht so sehr für den Leib zu sorgen noch für das Geld, sondern um die Seele und darum, daß sie möglichst gut werde."[33]

---

[25] Vgl. Staat 352d.

[26] Vgl. Pape-GDWH, Bd. 1, S. 960, Artikel: ἐπιμέλεια = *epiméleia* mit der Bedeutung: „Sorge, Sorgfalt, sorgfältige Betreibung einer Sache." Diese Bedeutungen finden sich als einziger vorplatonischer Beleg bei Thukydides (5. Jh. v. Chr.).

[27] Vgl. Protagoras 356d.

[28] Vgl. Apologie 38a.

[29] Vgl. Apologie 37d.

[30] Vgl. Gesetze 326c–e.

[31] Vgl. Philebos 22a.

[32] Vgl. Philebos 60d–67b.

[33] Apologie 30b, dort heißt es: ἐπιμελεῖσθαι … τῆς ψυχῆς (*epimeleísthai … tês psychés*).

„Sokrates wurde oft entgegengehalten, dies oder jenes – z. B. dass Unrecht leiden besser sei als Unrecht tun – könne man nicht sagen, ohne ins Abseits zu geraten. Er pflegte darauf zu antworten: »Was *man* sagen kann, kann ich nicht beurteilen. Wer ist ‚man'? Was alle sagen, ist nicht wichtig, denn alle haben ja nicht nachgedacht. Lass uns lieber sehen, ob wir beide, du und ich, es einsehen.«"[34] Dieses Einsehen führt den Menschen in ein seelsorgerlich geführtes Leben, welches möglichst gut zu werden sucht. So lässt Platon den Sokrates während seines Prozesses Folgendes sagen:

> „Mein Bester, du bist doch ein Athener, ein Bürger der größten und an Bildung berühmtesten Stadt. Schämst du dich nicht, daß du dich zwar darum bemühst, wie du zu möglichst viel Geld, zu Ruhm und Ehre kommst, um die Einsicht (φρόνησις = *phrónêsis*) aber und um die Wahrheit und darum, daß deine Seele möglichst gut werde, dich weder sorgst noch kümmerst?"[35]

Dem Wohl seiner Seele hat der Mensch mit seinem Leben in der Haltung der *Einsicht*, verstanden als „Denken, Verstand und Klugheit"[36] und *Wahrheit* Rechnung zu tragen. Beide leiten demnach zu einem seelsorgerlich-guten Leben an, welches letztlich aus der Erkenntnis des wahrhaft Guten entsteht. Denn allein das Wissen um das Gute ist nicht ambivalent, im Gegensatz zu allem anderen Wissen, das sowohl zum Guten als auch zum Schlechten gebraucht werden kann.[37] Das gute Leben zu finden ist daher für Platon die schönste Untersuchung. So sagt Sokrates im Gorgias im Gespräch mit Kallikles über die Frage nach der rechten Lebensweise:

> „Die schönste Untersuchung aber von allen, die es gibt, Kallikles, ist die …: wie der Mann sein, was er treiben und wieweit er in seinem Alter danach streben soll und wieweit in seiner Jugend. Denn wenn ich irgend etwas in meiner Lebensführung (βίος = *bíos*) nicht recht mache, dann sei gewiß, daß ich dabei nicht absichtlich fehle, sondern infolge meiner Unwissenheit."[38]

Der Mensch lebt zunächst in allgemeiner Unwissenheit über das Ziel des Lebens. Von seiner Selbstsorge angeleitet, erkennt der Mensch freilich, dass er nicht freiwillig irrt. Mithin verfehlt der Mensch auch nicht freiwillig sein Lebensziel. Denn gut leben wollen alle Menschen. Was aber das wahrhaft gute Leben ist, das will Platon mithilfe der sokra-

---

[34] Robert Spaemann, Schritte über uns hinaus, Stuttgart 2010, S. 14.

[35] Apologie 29e.

[36] Vgl. Page-GDHW, Bd. 2, S. 1308, Artikel: φρόνησις = *phrónêsis*.

[37] Diese Einsicht erörtert Platon in seinem Dialog Hippias II. Im Sonnengleichnis im Staat 506b–509b erläutert Platon die Idee des Guten als das, was dem Erkennbaren Wahrheit mitteilt. Darum denkt Platon das Gute selbst als über dem Sein an Würde und Kraft stehend.

[38] Gorgias 487e–488a.

tischen Seelenführung finden, die sich hierbei auch der Maieutik, der Hebammenkunst bedient. Darunter versteht Platon die Kunstfertigkeit des Sokrates, bei einem philosophischen Gespräch von Frage und Antwort einen geeigneten Gesprächspartner die gesuchte Erkenntnis selbst finden zu lassen; ist diese doch in seiner Seele bis dahin unerkannt vorhanden.[39] Denn die lernwillige, unsterbliche Seele kann sich in einem mit Sokrates geführten philosophischen Gespräch durchaus an ihr ursprünglich göttliches Leben mit dem entsprechenden Ur-Wissen erinnern.[40] Darum wird die Hebammenkunst des Sokrates als ein ihm verliehenes Gottesgeschenk bezeichnet, das dem anderen in Form der je richtigen Frage seelsorgerlich zugutekommt.[41] Folglich ist das gute Leben ohne eine gezielte Seelenpflege nicht zu bekommen. So begreift Platon das Leben als umfassende Aufgabe, die sich über alle Lebenszeiten hinweg dem Menschen stellt, ist der Mensch doch zeitlebens ein beseeltes Wesen. Ziel hierbei ist das Erreichen der Glückseligkeit, der Eudaimonia. Und diese wird nach Platon nicht in der Haltung der ungezügelten Lust erreicht, sondern über die Haltung der Besonnenheit. Wenn diese die Seele leitet, wird sie ein gegenüber den Menschen und den Göttern pflichtgemäßes Leben führen: ein gerechtes, frommes und tapferes. Das aber zieht nach Platon die Folge nach sich, dass dieser so lebende Mensch selbst gerecht, fromm und tapfer ist.[42] Dies aufgreifend, stellt Sokrates fest:

> „Demzufolge, Kallikles, muss ohne Zweifel der Besonnene, weil er – wie wir gezeigt haben – auch gerecht, tapfer und fromm ist, ein vollendet guter Mann sein; der Gute aber muss auch selig und glücklich (μακάριόν τε καὶ εὐδαίμονα εἶναι = *makárión te kai eudaímona eínai*), der Schlechte dagegen, der schlecht handelt, unglücklich sein; das aber wäre der, der sich gerade umgekehrt verhält wie der Besonnene, der Zügellose, den du gepriesen hast. Ich betrachte das so als ausgemacht und behaupte, dies sei wahr. … Das ist nach meiner Ansicht das Ziel, das wir in unserem Leben (ζῆν = zên) vor Augen haben sollen; und danach müssen wir in unserem Tun alles richten, in unserem eigenen und im öffentlichen Leben, damit Gerechtigkeit und Besonnenheit in dem wohne, der glücklich sein will. Auch dürfen wir unsere Begierden nicht zügellos gewähren lassen und sie zu befriedigen suchen – das wäre ein Übel ohne Ende und ein Leben, wie ein Räuber es führt (βίον ζῶντα = *bíon zṓnta*).[43]

---

[39] Vgl. Theaitetos 148e–151d, wo Sokrates seine „Hebammenkunst" beschreibt. Als klassisches Beispiel hierfür dient Menon 80d–86c, in dem Sokrates einen bis dahin mathematisch unkundigen Sklaven durch die Hebammenkunst so in die Mathematik einführt, dass der Sklave nunmehr sein mathematisches Wissen als Wiedererinnern (Anamnesis) von latent vorhandenem Wissen versteht. – Vgl. zur Maieutik allgemein: Christian Schäfer, Platon-Lexikon, S. 193f.

[40] Vgl. Phaidon 72b–80d.

[41] Vgl. Theaitetos 150c; 210c; Menon 82d; 85b–d.

[42] Vgl. Gorgias 507b–c.

[43] Gorgias 507c–e.

Das so bestimmte gute und glückselige Leben zeichnet sich durch die Tugenden der Gerechtigkeit und Besonnenheit aus, die die Seele als Lebensprinzip zu einem pflichtgemäßen Leben anleiten. Um ein solches hier auf Erden führen zu können, ist Platon an einem ausgewogenen Verhältnis von Seele und Körper des Menschen interessiert. Nur auf diese Weise kann der Mensch wohlberaten leben und handeln. So beschreibt Platon im *Phaidros* die Seele des Menschen in seinem Mythos von der „geflügelten Seele" wie folgt: „Die Seele entspringt demnach (246a–256e) einem geflügelten Gespann mit einem Wagenlenker, das den Weg aus der Welt des Werdens nach oben zum Rand des himmlisches Gewölbes sucht. Denn die Schönheit im Diesseits erinnert die Seele an ihre Herkunft, läßt ihr Flügel wachsen und sie nach Rückkehr zum geistigen Bereich streben (Phaedr. 250e–253c). Dies erklärt das dem Menschen eigene Streben nach Wissen. Das Seelengespann des Menschen besteht aus einem trefflichen Pferd und einem schlechten, das unwillig ist und den Wagen zur Erde niederzieht."[44] Als „schlechtes Pferd" können demnach die Begierden und die Zügellosigkeit ausgemacht werden, die durch die Besonnenheit indes in ihre Schranken gewiesen werden können. Denn eigentliches Merkmal der menschlichen Seele ist doch ihr Wunsch, das begrenzt irdische Leben zu überwinden und anstelle dessen die göttlich befreiende Himmelsschau zu erleben.[45] Aber erst die Seelsorge eröffnet hierzu den Erkenntnisweg. Denn die Seele denkt Platon mit sich selbst in Spannung lebend, nämlich nach dem „Begehrenden" (ἐπιθυμητικόν = *epithymêtikón*), dem „Muthaften" (θυμοειδές = thymoeidés) und dem „Überlegenden" (λογιστικόν = logistikón). Letzterem kommt allein die fürsorgende Herrschaft über die Seele zu.[46] Im *Timaios* lokalisiert Platon diese drei Teile der Seele entsprechend in Unterleib, Brust und Kopf.[47] Ein ausgeglichenes Kräfteverhältnis zwischen Seele und Leib dient indes dem guten Leben:

> „Wenn da die Seele stärker ist als der Leib und sie in ihm in übermäßige Aufwallung gerät, so schüttelt sie ihn völlig durcheinander und erfüllt ihn von innen heraus mit Krankheiten, … Oder der umgekehrte Fall, wenn ein großer Leib, der stärker ist als die Seele, mit einem geringen und schwachen Denkvermögen verbunden wurde: … so bekommen die Bewegungen des Stärkeren die Oberhand und erweitern ihren Bereich, machen aber die Seele stumpf und ungelehrig und vergeßlich und rufen dadurch die größte Krankheit, Unwissenheit, hervor."[48]

Zwar räumt Platon der Seele des Menschen als seinem wahren Selbst den Vorrang ein, aber körperliche Gesundheit kommt der Seele zugute. Demnach ermöglicht erst ein be-

---

[44] Michael Erler, Platon, München 2006, S. 137f.

[45] Vgl. Phaidros 66d–67a.

[46] Vgl. Staat 439d; 441e.

[47] Vgl. Timaios 69d–70a.

[48] Timaios 87d–88b.

dachtes Verhältnis von Seele und Leib ein wohlberatenes Leben, welches sich der „Krankheit der Unwissenheit" zu entledigen weiß. Damit unterzieht Platon seinen Lebensbegriff einer grundlegend ethischen Betrachtung: Zum einen ist der Mensch als „ein „Mitglied der Herde Gottes auf Erden" zur Leibespflege verpflichtet und gehalten, sich selbst keine Gewalt anzutun.[49] Zum anderen aber muss der Mensch lernen, in Freundschaft mit sich selbst zu leben, ist sein Lebenskern in Wahrheit doch seine Seele, denn für Platon gilt es als ausgemacht,

> „daß sich die Seele in jeder Hinsicht vor dem Leibe auszeichne und daß in diesem Leben (βίῳ = *bíô*) hier einzig nur die Seele das ist, was das Sein eines jeden von uns ausmacht."[50]

Ist die Seele der Inbegriff des Lebendigen, so hat sie einen vorrangigen Lebensstatus inne, dem der Mensch, will er die Eudaimonia als Lebensziel erreichen, gerecht werden muss. Dies gelingt, indem die durch leibliche Begierden und Affekte hervorgerufenen seelischen Beeinträchtigungen vernünftig und besonnen kontrolliert werden. „Platons Antwort auf Sokrates' Frage: »Wie soll ich leben?« ist eindeutig: Man muß sich auf das wahre und unsterbliche Selbst konzentrieren und mit Hilfe von Philosophie wie Tang oder Muscheln abstreifen, was körperlich und sterblich ist (Rep. 611b–d)."[51] Ein gutes Leben ist demnach ein philosophisches Leben, welches sich auf die im Tode ereignende Trennung von Leib und Seele vorbereitet, um eine reine Seele zu erhalten. So lässt Platon den Sokrates angesichts seiner bevorstehenden Hinrichtung sagen:

> „»Das, wonach wir verlangen und als dessen Liebhaber wir uns ausgeben, der vernünftigen Einsicht (φρονήσεως = *phrónéseôs*) nämlich, das wird uns offenbar erst dann zuteil werden, wenn wir gestorben sind, … nicht aber im Leben (ζῆν = *zên*). … Und so, rein und von der Unvernunft des Leibes befreit, werden wir dann wohl unter gleichartigen Wesen leben und durch uns selbst die ganze reine Wahrheit erkennen.« … »Die Reinigung besteht doch darin, daß wir die Seele … so viel als möglich vom Leibe trennen und sie daran gewöhnen, sich allerseits von ihm zurückzuziehen und sich zu sammeln und sowohl in diesem wie im künftigen Leben möglichst allein für sich zu wohnen, gleichsam befreit von den Banden des Leibes?« »Gewiß«, gab er (= Simmias) zur Antwort. »Ist es dann nicht das, was wir als ‚Tod' bezeichnen: die Erlösung und die Befreiung der Seele vom Leib?« »Allerdings«, sagte er. »Wie wir aber behaupten, bemühen sich die echten Philosophen jederzeit am meisten und als einzige darum, ihre Seele loszulösen; gerade das ist doch ihr Bestreben, die Loslösung und Trennung der Seele vom Leib.«"[52]

---

[49] Vgl. Phaidon 61c–62c.

[50] Gesetze 959a.

[51] Michael Erler, Platon, München 2006, S. 139.

[52] Phaidon 66e–67d.

Demnach ist die ars moriendi, die Kunst des Sterbens ein Kennzeichen eines seelsorgerlich verantworteten Lebens. Diesen Gedanken legt Platon beispielhaft in seiner *Apologie* und im *Phaidon* vor. Der Träger der ethischen Verantwortung für das Leben ist daher die Seele, ist doch diese der bleibende Teil des Menschen, der nicht in den Tod gefordert ist. Darum ist die Seele zugleich das menschliche Vermögen der Lebens- und Charakterwahl, sodass die Sorge um die Seele im Erwerb des Wissens besteht, die richtige Wahl zu treffen: Ein philosophisches Leben zu führen.[53]

4. Das Gut des Lebens

Platons Denken bestimmt die Frage nach dem Gut des Lebens entgegen dem normalen menschlichen Empfinden. Für dieses ist das physische Überleben das höchste Gut, das Sterben und der Tod hingegen sind das schlimmste Übel. Zur Bestimmung des Guts des Lebens bedenkt Platon zunächst den Gedanken der *Güte* des Lebens, die am ethischen Tugendbegriff der Ehre (τιμή = *timḗ*) messbar ist.[54] Damit will er der Vorstellung eines kaufmännischen Verrechnens des Lebens wehren: ein langes Leben sei ein gutes, ehrbares, ein kurzes hingegen ein schlechtes, nicht ehrbares. Für Platon ist das Sterben dann Ausdruck der Güte des Lebens, wenn es in der Haltung der Ehre geschieht. Denn damit wird die öffentliche Schande vermieden und zugleich die Güte des Lebens bewahrt. Als Gewährsmann hierfür beruft sich Platon in der *Apologie* auf den homerischen Achilleus, der vor Troja im Zweikampf mit Hektor, den Tod seines Freundes Patroklos rächend, lieber ehrenvoll sterben will, als allgemeiner Schande ausgesetzt zu sein. So lässt Platon seinen Sokrates diesen Achilleus der Ilias zitieren, der zu seiner Mutter Thetis, die seinen Tod ahnt und ihn vom geplanten Zweikampf zurückzuhalten versucht, Folgendes sagt:

> „»Möchte ich doch gleich sterben, wenn ich den Frevler bestraft habe, damit ich nicht hier bleibe, verlacht bei den geschnäbelten Schiffen, eine unnütze Last der Erde.« (Sokrates fügt dann noch an, einen fiktiven Widerspruch aufnehmend, sein philosophisches Leben würde ihn noch das Leben kosten:) »Glaubst du etwa, *er* (= Achilleus) habe sich um Tod und Gefahr gekümmert?«“[55]

---

[53] Vgl. Staat 616b–619e.

[54] Vgl. exemplarisch: Kratylos 398b, wo Platon, sich auf Hesiod beziehend, davon redet, dass einem guten Menschen im Tod große Ehre zuteilwird; Staat 516c, wo Platon im Höhlengleichnis in Bezug auf den die Wahrheit Erkennenden von dessen Ehre spricht; Gesetze 727c, wo Platon von der sich selbst entehrenden Seele redet, indem sie den Vorgaben des Gesetzgebers nicht folgt.

[55] Apologie, 28d; vgl. Homer, Ilias, XVIII., 70–124.

Diese ehrbare Haltung aufnehmend, fährt dann Sokrates fort zu sagen:

„So steht es damit in Wahrheit, ihr Athener: An dem Platze, an den man entweder sich selbst hingestellt hat … oder an dem man von seinen Vorgesetzten gestellt wurde, da, glaube ich, muss man bleiben und die Gefahren auf sich nehmen und weder den Tod noch irgend etwas anderes in Rechnung stellen außer der Schande.“[56]

Nicht der physische Überlebenswille zeichnet die Güte eines Menschenlebens aus, sondern das ehrbare Handeln, das um der Gerechtigkeit willen auch den eigenen Tod bewusst und billigend in Kauf nimmt. Denn so zu sterben bedeutet letztlich in der göttlichen Ordnung für das Leben zu bleiben, daher bekundet Sokrates in seiner Verteidigungsrede:

„Aber Unrecht tun und dem Besseren, sei es ein Gott oder ein Mensch, nicht gehorchen, davon weiß ich, daß es schlecht und schimpflich ist.“[57]

Für Platon gilt die Erkenntnis uneingeschränkt: Das Gut des Lebens bemisst sich nicht nach der physischen Lebensdauer, sondern allein nach seiner ethisch-seelsorgerlichen Qualität. So thematisiert Platon im *Gorgias* die Frage, ob es nicht empörend ist, dass ein Tyrann seinen Wegefährten dann töten lassen wird, wenn der seinem ruchlosen Treiben nicht nacheifert, um damit Schaden von seiner Seele abzuwenden. Dieses Gespräch fortsetzend, sagt Sokrates zu Kallikles:

„Freilich wird er (= der Tyrann) ihn umbringen, wenn er will; aber als schlechter Mensch wird er das einem guten und edlen antun. Kallikles: Ist nicht das gerade das Empörende daran? Sokrates: Nicht für einen Verständigen, wie unsere Untersuchung zeigt. Oder meinst du, der Mensch müsse darauf bedacht sein, so lange als möglich zu leben (ζῆν = *zên*), und er müsse die Künste üben, die uns immer wieder aus den Gefahren erretten können …?“[58]

Die Güte des Lebens bestimmt sich demnach durch eine schadlos gehaltene Seele. In ihrer Reinheit ist sie unter allen Umständen zu bewahren, und sei es auch durch die Inkaufnahme eines empörend empfundenen gewaltsamen Todes. Am Beispiel eines Schiffsteuermanns erläutert Platon dies nun weitergehend. Des Steuermanns Pflicht ist es, ohne Ansehen der Person seine Passagiere durch die Gefahren auf hoher See wohlbehalten wieder an Land zu bringen. Ob er freilich damit jedem Passagier etwas Gutes tut, kann er nicht ermessen. So gibt Sokrates zu bedenken:

„Denn er kann, glaube ich, berechnen, daß ja niemand wissen kann, wem von seinen Passagieren er genützt und wem er geschadet hat, indem er sie nicht ertrinken ließ, und weiß,

[56] Apologie 28d.

[57] Apologie 29b.

[58] Gorgias 511b–c.

daß sie beim Aussteigen um kein Haar besser waren als beim Einschiffen, weder an Leib noch an Seele. Er sagt sich: wenn einer, der an schweren und unheilbaren körperlichen Krankheiten leidet, nicht ertrunken ist, dann ist das für ihn ein Unglück, daß er nicht sterben konnte, und ich habe ihm keinen Dienst erwiesen. Ist aber einer an dem Teil des Ich, das mehr wert ist als der Körper, an der Seele nämlich, mit vielen unheilbaren Krankheiten behaftet – kann für den das Leben lebenswert (βιωτέον = *biôtéon*) sein, und wird es ihm etwas nützen, wenn man ihn … aus einer Gefahr errettet? Nein, er weiß, daß es für den schlechten Menschen nicht besser ist, wenn er am Leben (ζῆν = *zên*) bleibt; er muss ja doch ein elendes Dasein (ζῆν = *zên*) führen."[59]

Zielpunkt von Platons Überlegungen ist hier allein die ethische Qualität des Seelenlebens. Diese erweist sich für Platon als eindeutiges Kennzeichen für die Güte des Lebens: Diese kann zum einen durch unheilbare, körperliche Krankheiten beeinträchtigt werden, welche ein jämmerliches, elendes, unbrauchbares Leben mit sich bringt, sodass solch ein krankes Leben keine Güte aufweisen kann. Ist demnach jemand ernstlich körperlich krank, so wirkt sich diese Krankheit auch auf seine Seele aus.[60] Deswegen legt Platon ja, wie wir schon sahen, auf ein ausgeglichenes Körper-Seele-Verhältnis wert. Zum anderen verfehlt ein Leben mit einer schlechten, unbrauchbaren Seele ebenso seine Güte[61], fehlt ihm doch das wahrhaft Edle und Gute des Lebens: Ein wahrhaftiges Leben zu führen, das sich in frommer Lebensweise darein schickt, die Sorge um die Dinge des Lebens der Gottheit zu überlassen. So sagt Sokrates zu Kallikles:

„Überlege dir doch, mein Lieber, ob nicht das Edle und Gute etwas ganz anderes ist, als nur zu retten und gerettet zu werden. Denn das Leben (ζῆν = *zên*) und seine mehr oder weniger lange Dauer, das soll ein rechter Mann auf sich beruhen lassen, und er soll nicht am Leben hangen, sondern muß die Sorge um diese Dinge der Gottheit überlassen …"[62]

Das Gut des Lebens bestimmt sich demnach einzig über seine seelsorgerliche Güte, die nicht über seine Lebenslänge quantifizierbar, sondern allein über seine ethische Beschaffenheit qualifizierbar ist. Wo also ein Leben als gut erlebt wird, ohne dass es dies ist, da ist der Erlebende kein wahrhaft Wissender. Ein verständiges Leben führen und darum ein gutes Leben haben kann darum nur derjenige, der ein Wissender in Fragen der Seelsorge geworden ist.

---

[59] Gorgias 511e–512b.

[60] Vgl. Gorgias 504e–505a; Charmides 164b; Laches 195c.

[61] Platon verwendet hierzu die Formulierung: μοχθηρὸς τὴν ψυχήν = *mochthêrós tên psychén* in der Bedeutung: eine schlechte, elende, unbrauchbare Seele, vgl. Pape-GDHW, Bd. 2, S. 212, Artikel: μοχθηρός = *mochthêrós*.

[62] Gorgias 512d–e.

Zusammenfassung

Unter vier Gesichtspunkten betrachtet Platon das Phänomen des Lebens:

1. Leben ist das natürliche Sein des Menschen, der Tiere und Pflanzen, aber auch der Götter. So unterscheidet Platon zwischen zeitlich-sterblichen und zeitlich-unsterblichen Lebewesen. Jegliches Leben ist untrennbar an die Kategorie der Zeit gebunden. Das Prädikat ewig als Zeitunabhängigkeit und bewegungsloser Ruhe erkennt Platon nur der *höchsten Gottheit* und der *Idee* des Lebens zu. Da alles Gewordene untrennbar mit dem Fluss der Zeit und der damit einhergehenden Bewegung verwoben ist, kann Platon ein „ewiges Leben" nicht denken. So ist menschliches Leben prinzipiell von der Ewigkeit Gottes getrennt, jedoch über die Zeit, verstanden als ein bewegtes Abbild der Ewigkeit, in einem lebendigen Verhältnis zur Ewigkeit Gottes stehend. Dieserart hat der Mensch Anteil am göttlich gesetzten Werden und kann sich als philosophischer Mensch dem glückseligen Sein der Gottähnlichkeit annähern. Dieses zu erlangen, ist der Sinn des Lebens.
2. Platon versteht Leben immer als Beseeltes: Die Seele, verstanden als unsterbliche Selbstbewegung, ist das Lebensprinzip schlechthin: Wo Seele ist, da ist auch Leben.
3. Solch ein beseeltes Leben bedarf der Selbstsorge, um das Heil des Lebens zu erlangen. Am besten gelingt diese in einer wohlgeordneten, eine gute Erziehung ermöglichenden Stadt (Polis). Darüber hinaus bedarf die Seele der besonderen Seelsorge, auch der Maieutik, um die Seele über die möglichen Lebensweisen der Lust und der Vernunft hin zur Einsicht des Guten zu führen, welches ein glückseliges Leben mit sich bringt. Dieses macht in seiner Besonnenheit den Menschen selbst gerecht, fromm und tapfer. Solch ein gutes Leben bedarf aber auch eines ausgewogenen Verhältnisses von Leib und Seele, um als philosophisches Leben gelten zu können. Dieses bewährt sich in der Kunst, in Besonnenheit sein Leben zu führen und so, seelsorgerlich vorbereitet, dem Sterben zu begegnen. Geradeso erweist sich die Seele als dem Tod entnommen.
4. Das Gut des Lebens wird nicht über seine quantitative Länge, sondern einzig über seine ethisch-seelsorgerliche Qualität bestimmt. Diese erst ergibt die ehrbare Güte des Lebens, die sich als Lebenshaltung an der Gerechtigkeit orientiert, um die Seele schadlos zu halten.

II. Johannes

Johannes kennt zur Bezeichnung des Wortes „Leben" zum einen das griechische Substantiv *zôé* (ζωή) mit seinen Derivaten, zum anderen das Substantiv *psyché* (ψυχή). *Zôe* verwendet er 50-mal, das Verbum *zên* (ζῆν) neunmal und das Adjektiv *zôn* (ζῶν) siebenmal[1], während *psyché* (ψυχή) nur zehnmal begegnet.[2] Bei Johannes bezeichnet *zôé* (ζωή) das durch Christus offenbarte und dem Gläubigen gewährte göttlich-wahre Leben, das letzterem schon im Hier und Jetzt gegeben ist. Insofern steht *zôé* (ζωή) für das zeitlos-göttliche Leben. Demgegenüber bedeutet das Wort *psyché* (ψυχή) ausschließlich Seele im Sinne von menschlich-vergänglichem Lebensprinzips, sodass *psyché* (ψυχή) „irdisches Leben" bedeutet.[3]

1. Christus und das Leben

Göttliches Leben (*zôé* = ζωή) offenbart sich dem Menschen und dem Kosmos durch den Logos, der in der Person Jesu nach Fleisch und Blut Mensch geworden ist, demnach die Lebensweise der irdischen Gestalt angenommen hat (1, 14).[4] Die menschliche Lebensweise des Logos bestimmt sich jedoch durch seine Seele (*psyché* = ψυχή) als irdisches Lebensprinzip, sodass der inkarnierte Logos in der Person Jesu im irdischen Leben wandelt und sein menschliches Leben verlieren kann.[5] Darum kann Jesus von sich selbst als dem guten Hirten reden, der sein Leben in seiner irdischen Lebendigkeit dahingibt:

---

[1] Das Griechische *bíos* (βίος) samt seinen Derivaten erscheint bei Johannes nicht, mit Ausnahme 1. Johannes 3, 17, wo es „Vermögen, Güter" bedeutet, vgl. Walter Bauer, Griechisch-Deutsches Wörterbuch zum Neuen Testament, Berlin, New York 1971, Artikel: βίος = *bíos*, S. 280f. Zudem fehlt bei Johannes sowie im Neuen Testament das Griechische δίαιτα (*díaita*) gänzlich, vgl. ebd., Artikel: δίαιτα (*díaita*), S. 365.

[2] Vgl. Novum Testamentum Graece, CD-ROM, Deutsche Bibelgesellschaft, Stuttgart 2008.

[3] Vgl. Walter Bauer, Griechisch-Deutsches Wörterbuch zum Neuen Testament, Berlin, New York 1971, Artikel: ψυχή = *psyché*, S. 1765–767.

[4] So ist der Satz: καὶ ὁ λόγος σὰρξ ἐγένετο = *kai ho lógos sarx egéneto* am besten wiederzugeben.

[5] Vgl. Walter Bauer, Griechisch-Deutsches Wörterbuch zum Neuen Testament, Berlin, New York 1971, Artikel: *psyché* = ψυχή, S. 1765–1767.

> „Ich bin der gute Hirte. Der gute Hirte läßt sein Leben (*psyché* = ψυχή) für die Schafe."[6]

Dieses irdisch-menschliche Leben gibt Jesus bei seinem Kreuzestod vollumfänglich dahin. Demgegenüber kommt dem göttlichen Logos das göttliche Leben *zôé* (ζωή) zu, das nicht in den Tod gefordert ist. Insofern ist die Lebendigkeit der Person Jesus Christus als ein Zwei-Naturen-Leben zu denken, bestehend aus *psyché* (ψυχή) und *zôé* (ζωή).[7] So verkündet Jesus angesichts seiner bevorstehenden Kreuzigung seinen Jüngern:

> „Es ist noch eine kleine Zeit, dann wird mich die Welt nicht mehr sehen. Ihr aber sollt mich sehen, denn ich lebe (ζῶ = *zô*), und ihr sollt auch leben (ζήσετε = *zésete*)."[8]

Die Präsensformulierung „ich lebe" verweist auf die göttliche Dimension des Lebens Jesu, das in seiner Unvergänglichkeit dem Tode entnommen ist. Denn dieses Leben ist Jesus als dem Sohn Gottes vom Gott-Vater gegeben worden. So lehrt Jesus seine Jünger:

> „Denn wie der Vater das Leben hat in sich selber, so hat auch er dem Sohn gegeben, das Leben zu haben in sich selber."[9]

Der theologische Ansatz des Johannes ist klar: Gott-Vater hat das Leben in sich selber. Damit denkt Johannes den Begriff des Lebens (*zôé* = ζωή) gegenüber Platon neu: War bei diesem das Sein Gottes dem bewegt-vergänglichen Leben enthoben, damit der Gedanke der Ewigkeit Gottes denkbar werde, so bringt Johannes die Begriffe „Leben, Gott und Ewigkeit" zu einem dynamisch-lebendigen Geschehen zusammen. Das Leben Gottes ist nämlich seinem Wesen nach als ewig-lebendige Liebe zu verstehen. So findet sich im Corpus Johanneum folgender theologischer Spitzensatz:

> „Gott ist die Liebe (*ho theós agápê estín* = ὁ θεὸς ἀγάπη ἐστίν)[10]

Diese Gottesliebe zeigt und offenbart sich seinem Sohn, der Welt und den Jüngern Jesu.[11] Darum ist Gott der lebendige Vater (6, 57), der deswegen der einzig wahre Gott

---

[6] Johannes 10, 11. Vgl. zudem Verse 15 und 17, wo ebenfalls Leben mit *psyché* (ψυχή) bezeichnet wird.

[7] Vgl. zur Christologie mit ihrer Zwei-Naturen-Lehre: Karlmann Beyschlag, Grundriß der Dogmengeschichte, Bd. 2: Gott und Mensch, Teil 1: Das christologische Dogma, Darmstadt 1991.

[8] Johannes 14, 19.

[9] Johannes 5, 26.

[10] 1. Johannes 4, 16b. – Die Mehrzahl der Exegeten geht von einer identischen Verfasserschaft beim Johannesevangelium und dem 1. Johannesbrief aus, vgl. Eduard Lohse, Die Entstehung des Neuen Testaments, Stuttgart 1979³, S. 118.

[11] Vgl. zur Liebe Gottes zu seinem Sohn: Johannes 3, 35; 5, 20; 10, 17; 15, 9; 17, 24; Gottes Liebe zur Welt: 3, 16; Gottes Liebe zu den Jüngern Jesu: 14, 24; 16, 27.

ist (17, 3). Christus ist aber der vom Gott-Vater gesandte Lebensbringer für alle, die an ihn glauben. So verkündet Jesus:

> „Ich bin die Auferstehung und das Leben (*zôé* = ζωή). Wer an mich glaubt, der wird leben, auch wenn er stirbt; und wer da lebt und glaubt an mich, der wird nimmermehr sterben.“[12]

Hier zeigt sich in besonderer Weise das Lebensverständnis des Johannes: Die Auferstehung der Toten wird in der Person Jesu präsentisch erfahrbar, vermittelt durch den Glauben an ihn und sein Wort. Auferstehung geschieht demnach in die lebendige Logos-Person Jesus hinein und ist als *geistiges* Geschehen zu verstehen. Wer immer das Wort Jesu hört und ihm glaubt, der hat schon im Hier und Jetzt das ewige Leben und kommt nicht in das Jüngste Gericht:[13]

> „Wahrlich, wahrlich, ich sage euch: Wer mein Wort hört und glaubt dem, der mich gesandt hat, der hat das ewige Leben und kommt nicht in das Gericht, sondern er ist vom Tode zum Leben hindurchgedrungen.“[14]

Johannes überwindet mit seiner Theologie gänzlich den irdisch-zeitlichen Lebensbegriff (*psyché* = ψυχή) und ersetzt ihn konsequent durch das Lebensprinzip des göttlich-wahren Lebens (*zôé* = ζωή), das nicht mehr mit der Erfahrung der zeitlichen Vergänglichkeit zu erfassen ist. Johannes versteht den physischen Tod als Verdeutlichung dessen, was christliches Leben im Kern auszeichnet: Die Sterblichkeit des Menschen umfasst nur seine irdische *psyché* (ψυχή) als Leben in der Welt, von der sich der Mensch, so er in Wahrheit leben will, abzuwenden hat. Dieses geschieht im Dienst der Nachfolge Jesu, mit der Folge, dass beim Glaubenden die Seele (*psyché* = ψυχή) durch das göttliche Leben (*zôé* = ζωή) ersetzt wird. So lehrt Jesus nach seinem Einzug in Jerusalem die ihn sogleich aufsuchenden Griechen:

> „Wer sein Leben (*psychén* = ψυχήν) lieb hat, der wird's verlieren; und wer sein Leben (*psychén* = ψυχήν) auf dieser Welt haßt, der wird's erhalten zum ewigen Leben (*zôén aiónion* = ζωὴν αἰώνιον). Wer mir dienen will, der folge mir nach; und wo ich bin, da soll mein Diener auch sein. Und wer mir dienen wird, den wird mein Vater ehren.“[15]

Hier wird in Überbietung des hellenischen Geistes der Zusammenhang des göttlichen Lebens in der Nachfolge Jesu eigens thematisiert: Nicht mehr die *psyché* (ψυχή),

---

[12] Johannes 11, 25f.

[13] Vgl. zur Frage der präsentischen Eschatologie bei Johannes: Klaus Berger, Im Anfang war Johannes, Stuttgart 1997, S. 179–182; RGG[4], Bd. 2, Artikel: Eschatologie, S. 1558f.: „Das Gericht ist mit der Sendung Jesu bereits vollzogen, und dementsprechend werden die Glaubenden nicht gerichtet werden, während die nicht Glaubenden bereits gerichtet sind (3, 18–21).“

[14] Johannes 5, 24.

[15] Johannes 12, 25f.

sondern allein die *zôé* (ζωή) hat die zeitlose Ewigkeit in sich, die dem Jünger Jesu ehrenhalber vom Vater Jesu verliehen wird. So kann gesagt werden: Das Wort Christi erschafft in und mit seiner *Geistigkeit* den glaubenden Menschen so neu, dass das wahre, göttliche Leben (*zôé* = ζωή) fortan in ihm ist. Christliches Leben verwirklicht sich darum schon hier auf Erden im richtigen Erkennen des wahren Gottes und in Jesus Christus. Darum betet Jesus im hohepriesterlichen Gebet zu seinem Vater im Himmel:

> „Du hast ihm (= dem Sohn Gottes) Macht gegeben über alle Menschen, damit er das ewige Leben gebe allen, die du ihm gegeben hast. Das ist das ewige Leben, daß sie dich, der du allein wahrer Gott bist, und den du gesandt hast, Jesus Christus, erkennen."[16]

Das ewige Leben ist demnach ein Erkenntnisgeschehen, in das hinein die Menschen gestellt sind, so sie im Glauben diese Erkenntnis mit ihrer göttlichen Macht annehmen. Darum kann Johannes sagen:

> „Denn also hat Gott die Welt geliebt, daß er seinen eingeborenen Sohn gab, damit alle, die an ihn glauben, nicht verloren gehen, sondern das ewige Leben haben."[17]

Im Unterschied zum Lebensverständnis Platons kennt Johannes nur die Heilsfrage der Erlangung ewigen Lebens. Weder die von Platon vorgetragene menschliche Selbstsorge und Seelsorge, noch die dazu im Verhältnis stehende Leibesfürsorge, noch die Frage nach dem Gut des Lebens interessieren Johannes. In einem Punkt freilich stimmen Platon und Johannes grundlegend überein: der *Angleichung* des Lebens an Gott, freilich in bestimmter Umdeutung johanneischer Theologie: Nicht mehr das philosophisch-tugendhafte Leben, nicht mehr die Läuterung der unsterblichen Seele sind Ziel des Lebens, sondern das ewige Leben im Glauben an Christus. Denn dieses Leben überbietet alle bis dahin gedachten Lebensvorstellungen. Jedoch in der *Vergeistigung* des Lebens stimmen Johannes und Platon grundsätzlich überein. So nimmt es nicht Wunder, dass in der Person Jesu die Gottheit vollumfänglich inkarniert in der Welt *geistig* präsent ist, sodass sich an ihr der richtige Weg zum Leben jedermann zeigt. So verkündigt Jesus:

> „Ich bin der Weg, die Wahrheit und das Leben; niemand kommt zum Vater denn durch mich."[18]

Wahrheit und Leben werden hier durch den Begriff „Weg" erläutert: Es gibt nur einen wahren Weg zum *Leben* beim Gott-Vater: Jesus Christus, der sich in seiner Geistigkeit als einzigen Zugang zum wahren Leben in seiner Person zu erkennen gibt.[19] Johannes

---

[16] Johannes 17, 3.

[17] Johannes 3, 16.

[18] Johannes 14, 6.

[19] Vgl. EWNT, Bd. 2, Artikel: ὁδός = *hodós*, S. 1203.

versteht Jesus demnach als das Leben selbst, sodass die Begriffe „Leben“ und „ewiges Leben“ auch synonym verwendet werden. So lehrt Jesus:

> „Wer an den Sohn glaubt, der hat das ewige Leben. Wer aber dem Sohn nicht gehorsam ist, der wird das Leben nicht sehen, sondern der Zorn Gottes bleibt über ihm.“[20]

2. Jesus als Lebenssorger

Der Jesus-Logos gibt der Welt das Leben, welches die Finsternis der Welt mit göttlichem Licht erfüllt. So heißt es über den Logos:

> „In ihm war das Leben, und das Leben war das Licht der Menschen. Und das Licht scheint in der Finsternis, und die Finsternis hat's nicht ergriffen.“[21]

Die Lichtmetaphorik weist auf die durch Christus angebrochene neue Schöpfung hin, in der das Chaos der Finsternis durch Licht und Leben überwunden ist; ist doch der Kosmos durch den Jesus-Logos selbst gemacht worden (1, 10). Deswegen kann Jesus von sich selbst sagen:

> „Ich bin das Licht der Welt. Wer mir nachfolgt, der wird nicht wandeln in der Finsternis, sondern das Licht des Lebens haben.“[22]

Durch Jesus als Licht der Welt werden alle bisherigen Relationen von Leben und Tod im wahrhaftigen Licht zurechtgerückt: Das Leben, das Jesus gibt, ist das helle, lichte, ewige Leben. Dieses zeichnet sich durch eine ewige Zugehörigkeit zu Jesus aus. So versichert Jesus als der gute Hirte:

> „Meine Schafe hören meine Stimme und ich kenne sie, und sie folgen mir; und ich gebe ihnen das ewige Leben, und sie werden nimmermehr umkommen, und niemand wird sie aus meiner Hand reißen.“[23]

Für Johannes ist analog zu seinem Gottesverständnis das ewige Leben nur in Form seiner *Vergeistigung* zu erfassen.[24] Diese zu gewährleisten ist das Ziel von Jesu Worten. Deswegen wird Jesus im Johannesevangelium nicht als der große Seelsorger beschrieben, der wie Sokrates den philosophisch gestimmten Menschen die Selbstsorge und

---

[20] Johannes 3, 36; vgl. 5, 24; 6, 47f.57f.

[21] Johannes 1, 4f.

[22] Johannes 8, 12.

[23] Johannes 10, 27f.; vgl. 3, 15f.36; 5, 24; 6, 40.47.

[24] Vgl. Zweites Kapitel, II./1. Gott ist Vater und Geist.

Seelsorge nahebringt, sondern als der wahre Lebenssorger, der in verschiedenen Lebensbildern gezeichnet wird. Diese Lebenssorge Jesu am Gläubigen zeichnet sich durch die Gewährung einer allumfassenden Lebenssicherheit aus, die den Tod überwunden hat. Ist doch beim Jünger Jesu in der Haltung des Glaubens das göttliche Leben (*zôé* = ζωή) vollumfänglich präsent. Diesen Gedanken aufgreifend, kann Jesus gegenüber den Juden von sich selber sagen:

> „Ich bin das Brot des Lebens. Eure Väter haben in der Wüste das Manna gegessen und sind gestorben. Dies ist das Brot, das vom Himmel kommt, damit, wer davon isst, nicht sterbe. Ich bin das lebendige Brot, das vom Himmel gekommen ist. Wer von diesem Brot isst, der wird leben in Ewigkeit. Und dieses Brot ist mein Fleisch, das ich geben werde für das Leben der Welt."[25]

Die wahre Lebenssorge Jesu erfährt der Glaubende in Form einer *geistigen* Nahrung, die alle bisherigen Glaubenskulte jüdischer und hellenischer Provenienz in Fragen des Lebens überbietet: Konnten diese nur den irdischen Hunger stillen, so überwindet Jesus als Brot des Lebens den Lebenshunger durch seine Gabe des ewigen, unsterblichen Lebens. Dementsprechend spendet Jesus auch „lebendiges Wasser" zur Erlangung des ewigen Lebens (4, 10). Das ist konkrete Lebenssorge Jesu an seinen Jüngern, die auf diese Weise dem Tod enthoben werden; erfahrbar ist sie nicht als sakramentales, sondern als zeichenhaft-geistiges Geschehen. Denn anders als die synoptischen Evangelien und Paulus kennt Johannes kein heiliges Abendmahl, wie Klaus Berger überzeugend nachgewiesen hat.[26] So schreibt er: „Wenn Jesus sich mit dem Brot vergleicht und wenn er sagt, ihn anzunehmen bedeute so etwas wie ihn zu essen, dann diskutiert der Evangelist hier Metaphern, die gewiss nicht sakramental verstanden sind … Aber klar muss sein: Joh 6 deutet nicht ein Gemeinde-Mahl und dessen Elemente, sondern hier sucht Jesus Metaphern *für sich und sein Wirken.*"[27] Darum kann Johannes auch im Zusammenhang der Brot-Rede Jesu sagen:

> „Der Geist ist's, der lebendig macht; das Fleisch ist zu nichts nütze. Die Worte, die ich zu euch geredet habe, die sind Geist und sind Leben."[28]

Daraus ergibt sich der Schluss: Das Brot bzw. Fleisch und Blut Jesu, die das Leben geben, ist der *Geist*. Wie von Johannes Jesus schon gegenüber Dionysos als der geistig-himmlisch Überlegene gezeichnet wurde[29], so überbietet Jesus mit seinem göttlichen Geist

---

[25] Johannes 6, 48–51.

[26] Vgl. Klaus Berger, Im Anfang war Johannes, Stuttgart 1997, S. 208–217.

[27] Ebd., S. 210.

[28] Johannes 6, 63.

[29] Vgl. Zweites Kapitel, II./3. Jesus und Dionysos.

schlechthin alle anderen religiösen oder philosophischen Lebensbetrachtungen. Für Johannes gibt es bei der Beschreibung der Lebenssorge durch Jesus keine Kompromisse. Nur eine kleine Elite, die Jünger Jesu nämlich, ist in der Lage, die Lebenssorge Jesu in seiner Wahrhaftigkeit zu verstehen und sich dieser anzuvertrauen. Johannes kommentiert denn die Brot-Rede Jesu wie folgt:

> „Von da an wandten sich viele seiner Jünger ab und gingen hinfort nicht mehr mit ihm. Da fragte Jesus die Zwölf: Wollt ihr auch weggehen? Da antwortete ihm Simon Petrus: Herr, wohin sollen wir gehen? Du hast Worte des ewigen Lebens; und wir haben geglaubt und erkannt: Du bist der Heilige Gottes."[30]

Man spürt förmlich, wie hier der erhabene theologische Geist im Johannesevangelium zum Tragen kommt: All die anderen Heils- und Lebenslehren scheiden sich an der Person Jesu als Lebenssorger. Denn kein Religionsstifter, sei er jüdischer, samaritanischer oder dionysischer Herkunft, erreicht in seiner Verkündigung die *Vergeistigung* des Lebensbegriffes, wie sie Johannes vorlegt. Allein die *Worte* Jesu bewirken das Ziel menschlicher Lebenssorge: ewiges Leben, der irdischen Lebenswelt enthoben und diese göttlich überragend. Darum ist es nur konsequent, wenn nach Johannes nicht jeder zum ewigen Leben gelangt. Dies ist nur denjenigen möglich, die in der Erkenntnis der richtigen Lehre, das heißt in den Worten Jesu bleiben und ihm im Geiste nachfolgen. An der Person Jesu entscheidet sich demnach Leben und Tod, ist er doch der „Heilige Gottes", der mit seinem Leben am innersten Wesen Gottes, der Liebe, Anteil hat[31]: Darum ist der inkarnierte Logos der Lebenssorger schlechthin, der damit das Heil den Menschen bringt.

Spielt damit Johannes nicht auf den großen Seelsorger Sokrates an, den Platon mithilfe der Begriffe der Selbstsorge und der daran anschließenden Seelsorge in seinen Dialogen zeichnet? Und kommt hier bei Johannes nicht ein ebensolches apologetisches Motiv gegenüber seinen theologischen Gegnern zum Tragen wie es Platon in Bezug auf Sokrates vorgelegt hat? Denn so wie bei Platon Sokrates der große Seelsorger ist, so ist bei Johannes Jesus nicht nur ein Seelsorger, sondern mehr: Er ist der Lebenssorger und göttliche Lebensstifter schlechthin, der wie Sokrates von der Mehrzahl der Menschen verkannt wird, sich selbst seines irdischen Lebens berauben lässt, um seinen Anhängern das wahre göttliche Leben zu geben. So überbietet Johannes wohl auf der gedanklichen Folie von Platon Leben und Werk des Sokrates, sodann die heilsgeschichtlichen Bedeutungen des jüdischen Mose, der Erzväter Abraham und Jakob und des hellenischen Dionysos mit dem wahren Lebenssorger Jesus.

---

[30] Johannes 6, 66–69.

[31] So ist die Formulierung: ὁ ἅγιος τοῦ θεοῦ = *ho hágios tu theú* am besten wiederzugeben: Vgl. Rudolf Schnackenburg, Das Johannesevangelium, Zweiter Teil, Kapitel 5–12, Freiburg, Basel, Wien 1971, S. 112.

3. Zeichen des Lebens

Diese Überbietung aller bisherigen Lebenskonzepte zeigt Johannes anhand von verschiedenen göttlichen Zeichen, die Jesus in aller Öffentlichkeit wirkt: Diese Zeichen (*sêmeía* = σημεῖα) weisen sämtlich in die göttliche Herrlichkeit des Heils- und Lebensbringer Jesu ein, sodass anhand dieser Zeichen das neue Leben aus Glauben vor der Welt beispielhaft aufleuchtet.[32] Als erstes Zeichen nennt Johannes das Weinwunder auf der Hochzeit zu Kana. Der hier dargebotene Christuswein ist als erlebbares Zeichen des heiter-geistigen Lebens zu verstehen, das allein Jesus gewähren kann.[33] Christenleben ist demnach eines, welches aus der Herrlichkeit Jesu seinen himmlischen Glanz erhält und sich im Glauben erfüllt. So kommentiert Johannes dieses fröhliche Leben aus dem Christuswein wie folgt:

> „Das ist das erste Zeichen, das Jesus tat, geschehen in Kana in Galiläa und er offenbarte seine Herrlichkeit. Und seine Jünger glaubten an ihn.“[34]

Christliches Leben wird im Zeichen der Herrlichkeit Jesu geführt. Diese überwindet zeichenhaft bedrängende Lebenssituationen, die eben der Herrlichkeit des Christuslebens entgegenstehen. So erzählt Johannes, nachdem die Samaritaner Jesus als Heiland der Welt erkannt haben[35], die Heilung des Sohnes eines königlichen Beamten (4, 43–54). Der Königsbeamte ist um seinen an tödlichem Fieber erkrankten Sohn besorgt und bittet Jesus um Hilfe.

> „Jesus spricht zu ihm: Geh hin, dein Sohn lebt! (*zê* = ζῇ) Der Mensch glaubte dem Wort, das Jesus zu ihm sagte, und ging hin. Und während er hinabging, begegneten ihm seine Knechte und sagten: Dein Kind lebt. Da erforschte er von ihnen die Stunde, in der es besser mit ihm geworden war. Und sie antworteten ihm: Gestern um die siebente Stunde verließ ihn das Fieber. Da merkte der Vater, daß es die Stunde war, in der Jesus zu ihm gesagt hatte: Dein Sohn lebt. Und er glaubte mit seinem ganzen Hause. Das ist nun das zweite Zeichen, das Jesus tat, als er aus Judäa nach Galiläa kam.“[36]

Dass der kranke Sohn ins Leben berufen wird, ist allein dem Wort Jesu zu verdanken, dem der Vater des Sohnes Glauben schenkt. Zielpunkt dieses Zeichens ist demnach das Aufzeigen der heilenden Größe des Glaubens an Jesus und nicht das rein körperliche

---

[32] Vgl. EWNT, Bd. 3, Artikel: σημεῖον = *sêmeíon*, S. 572f.

[33] Vgl. Zweites Kapitel, II./3. Jesus und Dionysos.

[34] Johannes 2, 11.

[35] Vgl. Zweites Kapitel, II./1. Gott ist Vater und Geist.

[36] Johannes 4, 50–54.

Gesundwerden. Denn dieses ist in den Augen des Johannes weniger von Bedeutung als das Leben des Glaubens zu haben. Dieser Gedanke wird exemplarisch anhand zweier weiterer Zeichen ausgeführt: Zum einen an der Heilung eines Blindgeborenen (9, 1–41), zum anderen an der Auferweckung des Lazarus (11, 1–45).

Dem Blindgeborenen wird durch Jesus als dem Licht der Welt sein Augenlicht geschenkt, sodass an ihm sichtbar wird: Wo immer man Jesus als dem Licht der Welt vertraut, da wird die Dunkelheit des irdisch-sündigen Lebens überwunden und in das lichte Leben der Jüngerschaft Christi gestellt. Hintergrund dieses Zeichens ist die theologische Auseinandersetzung zwischen dem Jesusglauben und dem jüdischen Glauben. Jüdischer Glaube aber kann Jesus als das Licht der Welt nicht erkennen, denn er verweigert sich der Nachfolge Jesu. Demnach ist jüdisches Glaubensleben weiterhin der Sünde verhaftet und hat demnach keinen Anteil am wahrhaft göttlichen Leben. Folgendes Gespräch zwischen dem Geheilten und den Juden verdeutlicht dies:

> „Da fragten sie ihn: Was hat er mit dir getan? Wie hat er deine Augen aufgetan? Er antwortete ihnen: Ich habe es euch schon gesagt, und ihr habt's nicht gehört! Was wollt ihr's abermals hören? Wollt ihr auch seine Jünger werden? … Wäre dieser (= Jesus) nicht von Gott, er könnte nichts tun. Sie antworteten und sprachen zu ihm: Du bist ganz in Sünden geboren und lehrst uns? Und sie stießen ihn hinaus. … Jesus sprach zu ihnen: Wärt ihr blind, so hättet ihr keine Sünde; weil ihr aber sagt: Wir sind sehend, bleibt eure Sünde."[37]

Voraussetzung zur Erlangung des Lebens im Licht der Welt ist der Glaube an die Worte Jesu. Diese werden zeichenhaft gegenüber der Welt bewahrheitet, wie die Auferweckung des Lazarus verdeutlicht: Lazarus, der Freund Jesu, leidet an einer Krankheit:

> „Als Jesus das hörte, sprach er: Diese Krankheit ist nicht zum Tode, sondern zur Verherrlichung Gottes, damit der Sohn Gottes dadurch verherrlicht werde."[38]

Diese Verherrlichung wird dann dramatisch demonstriert: Lazarus stirbt, sein Leichnam verwest schon, eine Trauergemeinde ist anwesend, als Jesus an sein Grab kommt:

> „Einige aber unter ihnen sprachen: Er hat dem Blinden die Augen aufgetan; konnte er nicht auch machen, daß dieser nicht sterben musste? Da ergrimmte Jesus abermals und kam zum Grab. Es war aber eine Höhle und ein Stein lag davor. Jesus sprach: Hebt den Stein weg! Spricht zu ihm Marta, die Schwester des Verstorbenen: Herr, er stinkt schon; denn er liegt seit vier Tagen. Jesus spricht zu ihr: Habe ich dir nicht gesagt: Wenn du glaubst, wirst du die Herrlichkeit Gottes sehen? Da hoben sie den Stein weg. Jesus aber hob seine Augen auf und sprach: Vater, ich danke dir, daß du mich erhört hast. Ich weiß, daß du mich allezeit hörst; aber um des Volkes willen, das umhersteht, sage ich's, damit sie glauben, daß du mich ge-

---

[37] Johannes 9, 26f.33f.41.

[38] Johannes 11, 4.

> sandt hast. Als er das gesagt hatte, rief er mit lauter Stimme: Lazarus, komm heraus! Und der Verstorbene kam heraus, gebunden mit Grabtüchern an Füßen und Händen, und sein Gesicht war verhüllt mit einem Schweißtuch. Jesus spricht zu ihnen: Löst die Binden und lasst ihn gehen! Viele nun von den Juden, die zu Maria gekommen waren und sahen, was Jesus tat, glaubten an ihn."[39]

Dass Lazarus aus dem irdischen Tod wieder ins irdische Leben gerufen wird, ist ein Zeichen für die todüberwindende Kraft der göttliche Worte Jesu. Freilich zielt die Auferweckung des Lazarus nicht auf ein ewig-irdisches Leben, andernfalls könnte man ihn ja bis heute als Zeitzeugen befragen. Das ist aber nachweislich nicht der Fall. Vielmehr liegt der Fokus seiner Auferweckung einzig im doxologischen Erweis der Herrlichkeit des Lebens Gottes und seines Sohnes Jesus Christus, die nur im Glauben zu erfassen ist. Darum weisen die Zeichen Jesu auf das Leben aus Glauben hin, das Jesus allein durch sein Wort als geistige Dimension gewährt, indem er die irdische Existenz des glaubenden Menschen ins göttliche Leben überführt. So formuliert Johannes am Ende seines Evangeliums folgendes Schlusswort:

> „Noch viele andere Zeichen tat Jesus vor seinen Jüngern, die nicht geschrieben sind in diesem Buch. Diese aber sind geschrieben, damit ihr glaubt, daß Jesus der Christus ist, der Sohn Gottes, und damit ihr durch den Glauben das Leben habt in seinem Namen."[40]

Das Lebensverständnis des Johannes lebt letztlich von der Einsicht, dass das wirklich Wichtige des Lebens wie Wahrheit und Gott, Gnade und Glaube, Vertrauen und Liebe nicht zu sehen sind, sondern nur als *geistige* Größen gedanklich erschlossen und erfahren werden können. Leben ist demnach in seiner Substanz eine geistig-göttliche Dimension.

Zusammenfassung

Johannes legt im Unterschied zu Platon keinen in sich differenzierten philosophisch-ethischen Lebensbegriff vor. Der Fokus des Lebensverständnisses bei Johannes zentriert sich allein auf folgende Aspekte:

1. Die Person Jesus Christus ist als der Logos zum einen das ewig-göttliche Leben selbst, zum anderen ist er der Spender dieses Lebens an seine Gläubigen. Dies ist in der johanneischen Umdeutung der klassisch-platonischen Lebensbegriffe *zôé* (ζωή) und *psyché* (ψυχή) begründet. Ist bei Platon die Seele (*psyché* = ψυχή) das zwar gottesferne, aber doch zeitlich-unsterbliche Lebensprinzip des Menschen und der Götter,

[39] Johannes 11, 37–45.

[40] Johannes 20, 30f.

so ist *psyché* (ψυχή) bei Johannes das irdisch-sterbliche Lebensprinzip allein des natürlichen Menschen. Und ist bei Platon der Begriff *zôé* (ζωή) seinerseits Ausdruck irdischer Lebendigkeit, so verwendet Johannes diesen Begriff zur Beschreibung des göttlichen Lebens an sich. Damit gelingt ihm das zu denken, was Platon nicht zusammenbringen konnte: ewiges, göttliches Leben. Dies erreicht Johannes über die dynamische Beschreibung des göttlichen Lebens als Liebe, die er im liebenden Wesen Gottes und Jesu Christi als Gnade und Wahrheit beglaubigt sieht.

2. Insofern ist das ewige Leben in der Person Jesu Christi Ziel des Glaubens, mithin ein *geistiges Erkenntnisgeschehen*, das allein den Jüngern Jesu zukommt: Den Vater Jesu als wahren Gott und Jesus Christus als seinen wahrhaftigen Sohn zu erkennen.
3. Dementsprechend ist die Auferstehung allein über die Person Jesu Christi zu gewinnen, der im Glauben das ewige Leben als *Vergeistigung* schenkt, das somit dem Sog des Todes und zugleich dem Jüngsten Gericht enthoben ist.
4. Nach Johannes ist Jesus als der Logos das Licht der Welt und des Lebens, der dem Kosmos und den Menschen als der wahre Lebenssorger gegenübertritt. Diese Lebenssorge Jesu steht den Menschen in den lebensspendenden Worten als *geistige* Nahrung zur Verfügung. Ziel von alledem ist die Überbietung aller bisherigen philosophischen und theologischen, namentlich jüdisch-theologischer Lebenskonzepte, die sich, an der Person Jesu gemessen, nur im irdisch-sterblichen Leben bewegen.
5. Der inkarnierte Logos ist demgegenüber der Lebenssorger schlechthin, der das ewige Heil und Leben den Menschen bringt.
6. In verschiedenen göttlichen Zeichen demonstriert Jesus die Herrlichkeit des Christus- und des Christenlebens als schon gegenwärtig-geistige Erfahrung der Überwindung des Todes.

Parallelen zu Platon

Der Lebensbegriff bei Johannes ist wohl auf der Folie von Platons Lebensbegriff zu verstehen:

1. Wie Platon geht Johannes von *einem geistigen* Lebensprinzip des Menschen aus: Während jedoch bei Platon dieses die *psyché* (ψυχή) ist, so tauscht Johannes diese gegen die *zôé* (ζωή) als Inbegriff des göttlichen Lebens aus.
2. Leben ist darum bei beiden dem Kern nach als *Vergeistigung* zu verstehen, welche die leiblich-irdische Existenz des Menschen als Adiaphoron, als Nebensächliches begreift. Doch während Platon durchaus noch die Leibespflege im rechten Verhältnis zur Seelsorge thematisiert, entfällt dieser Gedanke bei Johannes völlig.
3. Wie Sokrates allein durch sein philosophisches Wort zum wahren Leben anleiten will, so ist allein das *Wort Jesu* die wahrhaftige *geistige* Nahrung, die der Mensch zum Leben braucht.

4. Wie Platon kennt Johannes den Gedanken der *Angleichung* an Gott: Ziel des Lebens ist seine Vergöttlichung. Während Platon jedoch diesen Gedanken über ein philosophisch-tugendhaftes Leben und die damit verbundenen Läuterung der Seele entwickelt, legt Johannes hierbei den Fokus ganz auf das gnadenreiche Handeln Jesu an seinen Jüngern: In der Haltung des Glaubens wird nicht nur die Angleichung an Gott erfahren, sondern das ewige Leben wird als *Erkenntnisgeschehen* schon im göttlichen Jetzt gewärtig.
5. Wie Platon den Sokrates als den wahren Seelsorger der Menschen beschreibt, so schildert Johannes den Jesus als den wahren Lebenssorger: Sowohl Sokrates als auch Jesus werden von der Menge in ihrem Leben und Werk verkannt, nur eine kleine Elite kann die wahre Größe beider erkennen. Freilich überbietet Johannes die Figur des Sokrates durch Jesus: Kann Sokrates nur auf die Läuterung der Seele hinwirken, so spendet und ist Jesus als Weg und Wahrheit das ewige Leben.

III. Paulus

Paulus gebraucht den Begriff „Leben“ (*zôḗ* = ζωή) 25-mal vornehmlich zur Bezeichnung des göttlich verbürgten Heils. Dabei bezeichnet *zôḗ* (ζωή) das unzerstörbare, göttliche Leben Gottes und Christi sowie der Gläubigen.[1] Das entsprechende Verbum „leben“ (*zên* = ζῆν) erscheint bei Paulus 29-mal und das Kompositum *zôopoiéô* (ζῳοποιέω) in der Bedeutung von „lebendig machen“ siebenmal, wobei Gott hierbei das Subjekt des Handelns ist. Zur Beschreibung der alltäglichen Dinge des Lebens verwendet Paulus zweimal das Adjektiv *biôtikós* (βιωτικός).[2] Die griechischen Wörter *bíos* (βίος) und *díaita* (δίαιτα) hingegen gebraucht Paulus nicht. Demgegenüber verwendet er das griechische *psychḗ* (ψυχή) 11-mal in der Bedeutung „irdisches Leben, Seele, Lebenskraft“, während das Adjektiv *psychikós* (ψυχικός) als „das irdische Leben betreffend“ viermal erscheint.[3] Demnach unterscheidet Paulus wie Johannes das göttliche Leben (*zôḗ* = ζωή) vom irdisch-vergänglichen Leben (*psychḗ* = ψυχή).

1. Leben und Tod

Den Begriff „Leben“ (*zôḗ* = ζωή) entwickelt Paulus im Gegenüber zum Begriff „Tod“ (*thánatos* = θάνατος) in heilsgeschichtlicher Perspektive: Der erste Mensch, Adam, ist als „lebendige Seele“ (*psychḗ zṓsa* = ψυχὴ ζῶσα) geschaffen worden. Durch seinen Sündenfall jedoch hat er das Göttliche dieses Lebens (*zôḗ* = ζωή) verloren und ist darum nur noch im Besitz der sterblichen Seele (*psychḗ* = ψυχή).[4] Demnach ist die Seele bei

---

[1] Vgl. Walter Bauer, Griechisch-Deutsches Wörterbuch zum Neuen Testament, Berlin, New York 1971, Artikel: ζωή = *zôḗ*, S. 672–675.

[2] Vgl. 1. Korinther 6, 3f.

[3] Vgl. zum Wortbefund: Novum Testamentum Graece, CD-ROM, Deutsche Bibelgesellschaft, Stuttgart 2008. Zudem: EWNT, Bd. 3, Artikel: ψυχή = *psychḗ*, S. 1200f.; Walter Bauer, Griechisch-Deutsches Wörterbuch zum Neuen Testament, Berlin, New York 1971, Artikel: ψυχή = *psychḗ* und ψυχικός = *psychikós*, S. 1765–1768.

[4] Vgl. 1. Korinther 15, 45. Zur Stelle: Christian Wolff, Der erste Brief des Paulus an die Korinther, zweiter Teil (8–16), Berlin 1982², S. 198–202.

Paulus als vergängliches Lebensprinzip des natürlichen Menschen zu verstehen.[5] Seither bedroht allein die Sünde mit ihrem Tod den Menschen in seiner Lebendigkeit. Den Tod versteht Paulus als personifizierte Macht, der wie eine Seuche in den Kosmos und zu den Menschen gekommen ist.[6] Seither steht das Leben insgesamt unter seiner Herrschaft. So schreibt Paulus im Römerbrief:

> „Deshalb, wie durch einen Menschen die Sünde in die Welt gekommen ist und der Tod durch die Sünde, so ist der Tod zu allen Menschen durchgedrungen, weil sie alle gesündigt haben."[7]

Dieses nunmehr mit der tödlichen Sünde verwobene Leben des Menschen (*psyché* = ψυχή) ist demnach grundsätzlich der Vergänglichkeit anheimgestellt, der allein Gott mit seiner Gnade wehren kann:

> „Denn der Sünde Sold ist der Tod; die Gabe Gottes aber ist das ewige Leben (*zôê aiônios* = ζωὴ αἰώνιος) in Christus Jesus, unserm Herrn."[8]

Dieses ewige Leben wird durch das Evangelium als „Wort des Lebens" (*lógos zôês* = λόγος ζωῆς)[9] in der Welt verbreitet, ist also als *geistiges* Geschehen zu denken. Konkret erfahrbar wir dieses Leben in der Taufe auf Christus und im Geistbesitz des Glaubens[10], sodass für den Glaubenden in Bezug auf das Leben ein Herrschaftswechsel stattfindet: Nicht mehr die den Menschen in den Tod fordernde Sünde, sondern der auferstandene, göttliche, lebendige Christus herrscht fortan über den Menschen.

> „Nun aber ist Christus auferstanden von den Toten als Erstling unter denen, die entschlafen sind. Denn da durch einen Menschen der Tod gekommen ist, so kommt auch durch einen Menschen die Auferstehung der Toten. Denn wie sie in Adam alle sterben, so werden sie in Christus alle lebendig gemacht werden."[11]

Der so zum wahren Leben kommende Christ befindet sich in einer durch Christus garantierten umfassenden Lebenssicherheit, aus der der Christ nicht erneut vertrieben

---

[5] Vgl. zum Sprachgebrauch von ψυχή = *psyché* als Lebensprinzip bei Paulus: Römer 13, 1; Philipper 2, 30; 1. Thessalonicher 5, 23. Bei Paulus ist, trotz 1. Thessalonicher 5, 23, nicht von einem trichotomischen Menschbild auszugehen.

[6] Vgl. 1. Korinther 15, 21.56.

[7] Römer 5, 12.

[8] Römer 6, 23.

[9] Vgl. Philipper 2, 16.

[10] Vgl. Zweites Kapitel, III./3. Das Wort vom Kreuz.

[11] 1. Korinther 15, 20–22.

werden kann, steht er doch im Leben und im Sterben unter der segnenden Obhut des Herrn Christus:

> „Denn unser keiner lebt sich selber, und keiner stirbt sich selber. Leben wir, so leben wir dem Herrn; sterben wir, so sterben wir dem Herrn. Darum: wir leben oder sterben, so sind wir des Herrn. Denn dazu ist Christus gestorben und wieder lebendig geworden, daß er über Tote und Lebende Herr sei.“[12]

Alle Lebensaussagen formuliert hier Paulus mit dem Begriff *zôé* (ζωή), um somit die absolute Lebenssicherheit und Unvergänglichkeit des Christenlebens zu beschreiben: War bis zum Kreuzestod Jesu Christi und seiner Auferstehung die Macht der todbringende Sünde allumfassend herrschend, so hat sich dies seitdem kosmologisch-kategorial geändert. Die Herrschaft Jesu Christi zeichnet sich nicht *nur* durch ein neues Leben aus, sondern durch ein *Christus-Sein*, in das hinein sowohl die Toten als auch die Lebenden gestellt sind. Paulus weitet hier den Lebensbegriff *zôé* (ζωή) zu einem *Sein im Herrn Christus*, das die Bereiche der Toten (*nekrón* = νεκρῶν) und der Lebenden (*zóntôn* = ζώντων) erlösend umschließt und in sein göttliches Sein überführt: In Christus ist höchste Seins- und Lebenssicherheit gegeben. Darum kann Paulus auch hymnisch verkündigen:

> „Was wollen wir nun hierzu sagen? Ist Gott für uns, wer kann wider uns sein? … Wer will uns scheiden von der Liebe Christi? … Denn ich bin gewiss, daß weder Tod noch Leben (*zôé* = ζωή), weder Engel noch Mächte noch Gewalten, weder Gegenwärtiges noch Zukünftiges, weder Hohes noch Tiefes noch eine andere Kreatur uns scheiden kann von der Liebe Gottes, die in Christus Jesus ist, unserm Herrn.“[13]

Die Liebe Gottes in Christus Jesus ist der Garant für dieses neue Leben im Glauben. Darum spielt der irdisch-leibliche Tod in den Überlegungen des Paulus nur eine nebensächliche Rolle. Ist doch das Lebensproblem für ihn nicht die Todesfurcht und das leibliche Sterben, sondern die Befreiung des Menschen von der tödlichen Macht der Sünde. Für Paulus ist es eine unumstößliche Einsicht,

> „daß Fleisch und Blut (*sarx kai haîma* = σὰρξ καὶ αἷμα) das Reich Gottes nicht ererben können; auch wird das Verwesliche nicht erben die Unverweslichkeit.“[14]

Nur der von der Sünde befreite Mensch wird über den leiblichen Tod hinaus das göttliche Leben und Sein bekommen, allein durch Gottes Geist bewirkt. So schreibt Paulus an die Römer:

---

[12] Römer 14, 7–9.

[13] Römer 8, 31.35a.38f.

[14] 1. Korinther 15, 50b; vgl. Zweites Kapitel, III./3. Das Wort vom Kreuz.

„Wenn nun der Geist dessen, der Jesus von den Toten auferweckt hat, in euch wohnt, so wird er, der Christus von den Toten auferweckt hat, auch eure sterblichen Leiber lebendig machen durch seinen Geist, der in euch wohnt.“[15]

Dieses Lebendig-Machen der sterblichen Leiber (*thnêtá sómata* = θνητὰ σώματα) geschieht durch das Einwohnen von Gottes Geist in den Leib: Diese zukünftige Geschehen versteht Paulus ganz im Duktus des hellenischen Denkens als *Geistgeschehen*, das freilich schon in die Gegenwart des noch irdischen Lebens hineinragt. Den damit gemeinten Auferstehungsleib erfasst Paulus als *geistigen Leib*, ein Gedanke, den er wohl auch in Anlehnung an Platons Timaios formuliert hat.[16] So verkündet Paulus den kühnen Gedanken, dass der Christenmensch, einem „himmlischen Gewächs gleich“, eine neue Kreatur geworden ist:

„Darum: Ist jemand in Christus, so ist er eine neue Kreatur; das Alte ist vergangen, siehe, Neues ist geworden.“[17]

Dieses *geistige Leben* der neuen Schöpfung überstrahlt darum auch des Paulus eigene, nur augenscheinlich betrübliche Lebenssituation. Im Philipperbrief berichtet er davon, dass er um des Evangeliums willen im Gefängnis liegt, aber dennoch hoffnungsvoll sein Leben und Sterben in Christi Hand weiß.[18] So schreibt Paulus:

„Ich lasse euch aber wissen, liebe Brüder: Wie es um mich steht, das ist nur mehr zur Förderung des Evangeliums geraten. Denn daß ich meine Fesseln für Christus trage, das ist im ganzen Prätorium und bei allen andern offenbar geworden, … wie ich sehnlich warte und hoffe, daß ich in keinem Stück zuschanden werde, sondern daß frei und offen, wie allezeit so auch jetzt, Christus verherrlicht werde an meinem Leibe, es sei durch Leben oder durch Tod. Denn *Christus ist mein Leben und Sterben ist mein Gewinn.* Wenn ich aber weiterleben soll im Fleisch, so dient mir das dazu, mehr Frucht zu schaffen; und so weiß ich nicht, was ich wählen soll. Denn es setzt mir beides hart zu: Ich habe Lust, aus der Welt zu scheiden und bei Christus zu sein, was auch viel besser wäre.“[19]

Paulus unterscheidet hier zwischen dem wahrhaftig-geistigen Leben, dem „Bei-Christus-Sein“, und dem wirklich-irdischen Leben mit seiner fleischlich-leiblichen Gebundenheit: Letzteres kann er nur unter der Perspektive der Evangeliumsverkündigung als gut betrachten, Ersteres als das Bessere des Lebens schlechthin. Nicht mehr die irdische

[15] Römer 8, 11.

[16] Vgl. Zweites Kapitel III./3., wo dieser Gedanke schon ausführlich behandelt worden ist.

[17] 2. Korinther 5, 17.

[18] Als Ort der Gefangenschaft kann Ephesus angenommen werden; vgl. Eduard Lohse, Paulus, München 1996, S. 178–181.

[19] Philipper 1, 12f.20–23.

Lebensform der *psyché* (ψυχή) als „Leben im Fleisch" ist das anzustrebende Lebensziel, sondern allein das „Christus ist mein Leben". Da aber Christus mit seinem göttlichen Leben für Paulus nicht vollkommen „im Fleisch", sondern erst mit dessen Überwindung im Tode in Herrlichkeit erfahrbar ist, versteht Paulus sein Sterben als Gewinn (*kérdos* = κέρδος). Diese Formulierung erinnert an Platon, der in der Apologie seinen Sokrates die Hoffnung äußern lässt, dass der Tod etwas Gutes sei, nämlich entweder ein traumlos glücklicher Schlaf oder eine Reise der Seele zu einem seligen Ort des himmlischen Lebens. In Bezug auf den Tod als Schlaf lässt Platon den Sokrates Folgendes über das Sein im Tode sagen:[20]

> „Wenn nun der Tod solch ein Zustand ist, dann nenne ich ihn einen Gewinn (*kérdos* = κέρδος)."[21]

Die gedankliche Verwandtschaft zwischen Platon und Paulus hier ist doch auffällig. Denn so wie Sokrates einst angeklagt und schließlich ins Gefängnis gesetzt wurde, sitzt nun auch Paulus im Gefängnis ein. Beiden steht drohend der irdische Tod vor Augen, beide betrachten das physische Leben nur als Vorspiel auf das wahrhaftige Leben.[22] Während jedoch Sokrates in seiner Hoffnung auf das himmlische Leben allein auf die unsterbliche Seele setzt[23], vertraut Paulus vollkommen auf den göttlichen Christus, der ihm nicht nur das dem Tod enthobene Leben erschließt, sondern ihn darüber hinaus in ein neues *geistiges Sein* stellt: Das Sein bei Christus als Inbegriff aller Eudaimonia. Auch hier wird wieder deutlich, wie Paulus seinen Lebensbegriff *zôé* (ζωή) zu einem Begriff des *Bei-Christus-Seins* weitet, der der platonischen Eudaimonievorstellung nicht nur nahekommt, sondern diese überbietet: Ist für Platon die Eudaimonia, verbunden mit dem Gedanken der Angleichung an Gott (*homoiôsis theó* =ὁμοίωσις θεῷ), die höchste Lebensform, zu der der Mensch gelangen kann, so ist für Paulus das „Bei-Christus-Sein" nicht nur eine Angleichung an Christus, sondern dessen Einwohnen in Paulus selbst. Die *zôé* (ζωή) Pauli wird durch Christus selbst erfüllt und ewiglich vollendet. Eine höhere Form ewig seiender Glückseligkeit ist für ihn nicht denkbar.

---

[20] Vgl. Apologie 40c–42a und Zweites Kapitel, III./3. Das Wort vom Kreuz.

[21] Apologie 40e.

[22] Sokrates wurde im Jahr 399 v. Chr. in Athen durch den Schierlingsbecher hingerichtet; vgl. hierzu den Dialog Phaidon. Paulus wurde vermutlich in Rom im Jahre 62 n. Chr. enthauptet; vgl. Eduard Lohse, Paulus, München 1996, S. 263–266.

[23] Zum einen hofft Platon bzw. Sokrates auf die Unsterblichkeit der Seele, wie Apologie 40c–42a belegt, zum anderen setzt Platon bzw. Sokrates diese in Phaidon 66e–67d voraus.

2. Leben als freier Sklave Christi

Dem kosmischen Sklavendasein des Menschen unter der Sünde hat Gott durch die Auferweckung Christi ein Ende gesetzt. So stellt Paulus kategorisch fest:

> „Wie nun durch die Sünde des Einen (= Adam) die Verdammnis über alle Menschen gekommen ist, so ist auch durch die Gerechtigkeit des Einen (= Christus) für alle Menschen die Rechtfertigung gekommen, die zum Leben führt."[24]

Hintergrund dieser Aussage ist die jüdische Frömmigkeit, nach der das Gesetz zum Leben geben ist (vgl. Römer 7, 10.12). Der Mensch jedoch ist ein hilfloser Sklave der Sünde, lebt darum in Ungerechtigkeit und kann demnach das gottgemäße Leben der Thora nicht erlangen. Deshalb ist solch ein Leben ein hoffnungslos tödliches Unterfangen.[25] Diese radikal existentialistische Deutung der todbringenden Sündenmacht ist im gesamten Kontext neutestamentlicher Texte nur bei Paulus zu finden: Alle Menschen sind ganz und gar todgeweihte Sklaven der Sünde.[26] Ebenso radikal denkt Paulus das Leben des Christenmenschen: Dieses steht nicht mehr unter der versklavenden Herrschaft der Sünde, sondern unter der alles zum glückseligen Leben wandelnden Gnade Christi. So lehrt Paulus im Römerbrief:

> „Denn die Sünde wird nicht herrschen können über euch, weil ihr ja nicht unter dem Gesetz seid, sondern unter der Gnade."[27]

Das Leben aus der Gnade Gottes denkt Paulus wiederum in einem Machtverhältnis: Christus ist der Herr, der den göttlichen Ehrentitel *kýrios* (κύριος) trägt[28], der erlöste Mensch hingegen ist sein Sklave (*dúlos* = δοῦλος).[29] Mithilfe dieses Herrn-Sklaven-Ver-

---

[24] Römer 5, 18.

[25] Vgl. Römer 7, 13.

[26] Vgl. Römer 3, 23.

[27] Römer 6, 14. Vgl. Zweites Kapitel, III./3. Das Wort vom Kreuz.

[28] Der Titel *kýrios* wird im Neuen Testament überwiegend für den auferstandenen Christus verwendet und bezeichnet ihn als göttlichen Gebieter und Herrn mit Entscheidungsvollmacht über Personen, Sachen und kosmische Gewalten. Paulus gebraucht diesen Titel 189-mal. Vgl. zum gesamten Bedeutungsumfeld von *kýrios*: EWNT, Bd. 2, Artikel: κύριος = *kýrios*, S. 811–820.

[29] Der Begriff *dúlos* bedeutet „Sklave, Diener, Knecht" und findet sich innerhalb des Neuen Testaments 124-mal, davon allein in den Paulusbriefen 47-mal. Aufgrund der hohen Wertschätzung der persönlichen Freiheit hat das Wort *dúlos* im Hellenismus einen entwürdigenden, verächtlichen Sinn. Vgl. zum gesamten Bedeutungsumfeld von *dúlos*: EWNT, Bd. 1, Artikel: δοῦλος = *dúlos*, S. 844–852.

hältnisses will Paulus das alltägliche Leben der Christen ordnen, welches er als Berufung versteht. Ausgangspunkt hierzu ist die *Taufe*: Die Christen sind durch sie den versklavenden Mächten der Sünde, der Thora, des Todes und des Kosmos entrissen und auf diese Weise in ein Leben der Herrschaft Christi gestellt. Da der Christ durch die Taufe mit Christus gekreuzigt und damit der Sünde entrissen wurde, erklärt Paulus den Römern:

> „Denn was er (= der Getaufte) gestorben ist, das ist er der Sünde gestorben ein für allemal; was er aber lebt, das lebt er Gott. So auch ihr, haltet dafür, daß ihr der Sünde gestorben seid und lebt Gott in Christus Jesus.“[30]

Leben in Christus bedeutet aber nicht die Überwindung irdischer Gebundenheit, nicht die Aufhebung sozialer Unfreiheit oder Ungerechtigkeit, vielmehr *Dienst* gegenüber Gott und dem Herrn Christus[31], der sich in der Haltung der Gerechtigkeit und dem Nächsten gegenüber äußert,

> „so daß wir dienen im neuen Wesen des Geistes und nicht im alten Wesen des Buchstabens.“[32]

Angesichts dieses Herrschaftswechsels ergibt sich eine neue theologische Ordnung: Die Sklaven der Sünde sind zu freien Sklaven Christi geworden mit der Folge, dass alle innerweltlichen Standesunterschiede in der Ordnung des Glaubens belanglos sind. Deswegen bedeutet als freier Sklave Christi zu leben, in der vorfindbar irdischen Ordnung Gottes zu wandeln:

> „Nur – wie einem jeden (es) der Herr zugeteilt hat, wie Gott einen jeden berufen hat, so soll er wandeln. Und so ordne ich es an in allen Gemeinden.“[33]

Paulus entwickelt nun anhand der Berufung den Gedanken des Lebens in *geordneter Freiheit*: Jede konkrete Lebenssituation ist als „Zuteilung“ Gottes zu verstehen, gemäß welcher der Christ leben und wandeln soll. Paulus legt daher weniger Wert auf konkrete Handlungsanweisung, sondern vertraut auf die *geistige Freiheit*, in welche hinein die Herrschaft Christi stellt. So fährt Paulus fort zu schreiben:

> „Jeder bleibe in der Berufung, in der er berufen ist. Bist du als Sklave berufen, so sorge dich nicht; doch kannst du frei werden, so nutze es um so lieber. Denn wer als Sklave berufen ist in dem Herrn, der ist ein Freigelassener des Herrn; desgleichen, wer als Freier berufen ist,

---

30 Römer 6, 10f.

31 Vgl. Römer 6, 22; 7, 25; 1. Thessalonicher 1, 9; Römer 12, 11; 14, 18.

32 Römer 7, 6b.

33 1. Korinther 7, 17.

> der ist ein Sklave Christi. Ihr seid teuer erkauft; werdet nicht der Menschen Sklaven. Liebe Brüder, ein jeder bleibe vor Gott, worin er berufen ist."[34]

Man verkennt diese fundamentale Ordnungstheologie des Paulus grundlegend, wenn man meint, ihm sei es an gesellschaftlicher Gerechtigkeit im heutigen Sinne gelegen. Für Paulus ist der Gedanke der durch Christus gewährten *Geistesfreiheit* des Menschen, sei er Sklave oder Freier, das Ziel seiner Überlegungen für das Zusammenleben der Christen. Kann hier nicht der Gedanke Platons vernommen werden, dass Unrecht erleiden besser ist als Unrecht tun?[35] Christliches Zusammenleben jedenfalls hat sich im *freien Geiste Christi* einzustellen. Um dies zu erläutern, nimmt Paulus Bezug auf das in der Antike übliche und exemplarisch bei Platon bezeugte *Symposion*.[36] Ein Symposion, bestehend aus Gemeinschaftmahl und geistiger Lehre über ein jeweils bestimmtes Thema, bedarf eines Symposiarchen, einer Art Zech- und Lehrmeister. Dieser Vorsitzende hatte für den korrekten inhaltlichen Ablauf des Symposions zu sorgen und sich dementsprechend in Nüchternheit zu üben, wie Platon in den *Gesetzen* berichtet.[37]

Gemäß der paulinischen Theologie war dieser Symposiarch der auferstandene Christus, der in Form des Heiligen Geistes als anwesend gedacht wurde. Allein durch sein geistiges Wort, so ist Paulus zu verstehen, wird sich nämlich das Leben und Zusammenleben der Christen als gottgemäßer Lebenswandel erweisen. Auffällig hierbei ist, dass Paulus das antike Ideal der sozialen Gleichheit der Teilnehmer, Isonomie genannt, schlicht übergeht. Es steht zu vermuten, dass er hierbei auf die Überlegungen Platons zur Polisgemeinschaft Bezug genommen hat, wie diese etwa in den *Gesetzen* vorliegen. Denn hier kennt Platon auf breiter Basis die faktische Ungleichheit, die Sklaverei, in der Polis.[38] Dieser gedanklichen Line folgt Paulus, aber doch so, dass der Herr Christus seine Sklaven in die Freiheit des Geistes entlässt. Paulus aber war in keiner Weise an einem sozialkritischen Ausgleich von Arm und Reich gelegen. Die erwartete und theologisch begründete Gleichheit aller Menschen verwirklicht sich erst im Leben und Sein bei Christus. Bis dahin hat hier auf Erden jeder als Sklave Christi nach der gesellschaftlichen Ordnung zu leben. So erklärt Paulus:

> „Jedermann sei untertan der Obrigkeit, die Gewalt über ihn hat. Denn es ist keine Obrigkeit außer von Gott; wo aber Obrigkeit ist, die ist von Gott angeordnet. Wer sich nun der Obrig-

34 1. Korinther 7, 20–24.

35 Vgl. Gorgias 475b–c und Erstes Kapitel, I/2. Gorgias.

36 Vgl. Platon, Gastmahl; zudem die von Matthias Klinghardt vorgelegte erhellende Studie: Gemeinschaftsmahl und Mahlgemeinschaft, Tübingen, Basel 1996. Vgl. zum Folgenden: Friedemann Richert, Kleine Geistesgeschichte des Lachens, Darmstadt 2009, S. 72–74.

37 Vgl. Gesetze 460d. In diesem Dialog findet sich die einzige eingehende schriftliche Beschreibung eines Symposions, vgl. ebd., 636e–641e.

38 Hauptstellen sind: Gesetze 776b–778a; 816e–817e; 914e–915c.

keit widersetzt, der widerstrebt der Anordnung Gottes; die ihr aber widerstreben, ziehen sich selbst das Urteil zu. Denn vor denen, die Gewalt haben, muss man sich nicht fürchten wegen guter, sondern wegen böser Werke. Willst du dich aber nicht fürchten vor der Obrigkeit, so tue Gutes; so wirst du Lob von ihr erhalten. Denn sie ist Gottes Dienerin, dir zugut. Tust du aber Böses, so fürchte dich; denn sie trägt das Schwert nicht umsonst: Sie ist Gottes Dienerin und vollzieht das Strafgericht an dem, der Böses tut. Darum ist es notwendig, sich unterzuordnen, nicht allein um der Strafe, sondern auch um des Gewissens willen."[39]

Indes deutet Paulus den *geistigen* Sklavenstand der Christen erheblich um: Paulus nennt sich und seine Mitarbeiter Sklave bzw. Mitsklave *Christi* bzw. *Gottes*:

„Paulus, ein Sklave Christi Jesu, berufen zum Apostel, ausgesondert zu predigen das Evangelium Gottes,"[40]

und bezeichnet damit nicht nur ein Dienstverhältnis, sondern einen Ehrentitel, der die Freiheit des Sklavendaseins zum Inhalt hat. So schreibt Paulus an die Korinther:

„Denn obwohl ich frei bin von jedermann, habe ich mich doch selbst jedermann zum Sklaven gemacht, damit ich möglichst viele gewinne."[41]

Diese Freiheit zeigt sich in einer praktischen Unabhängigkeit der Verkündigung des Evangeliums: Den Juden ist Paulus ein Jude geworden, den Gesetzestreuen ein Gesetzestreuer, den Gesetzlosen ein Gesetzloser, den Schwachen ein Schwacher.[42] Diese Haltung der Freiheit ist für Paulus der Narrenfreiheit geschuldet, in die der Christ um der Weisheit willen gestellt ist:

„Niemand betrüge sich selbst. Wer unter euch meint, weise zu sein in der Welt, der werde ein Narr, daß er weise werde."[43]

Paulus versteht hier das Leben als Sklave Christi als ein Theaterspiel, das in einer allumfassenden geistigen Freiheit aufgeführt wird. Man kann diese Haltung nur als Humor bezeichnen, mit der Paulus das Apostelamt betrachtet:

„Denn wir sind ein Schauspiel geworden der Welt und den Engeln und den Menschen. Wir sind Narren um Christi willen."[44]

---

[39] Römer 13, 1–5. Das „Jedermann" heißt im Griechischen: *pása psyché* = πᾶσα ψυχή und meint damit den normal lebenden Menschen.

[40] Römer 1,1; vgl. Galater 1, 10; Philipper 1, 1.

[41] 1. Korinther 9, 19.

[42] Vgl. 1. Korinther 9, 20–22.

[43] 1. Korinther 3, 18.

[44] 1. Korinther 4, 9b–10a.

Demnach zeichnet sich das Leben als Sklave Christi durch geordnete Freiheit, Gelassenheit und Humor aus. Die antike Tugendlehre bezeichnet diese Lebenshaltung als Eutrapelía, verstanden als Ernstheiterkeit, die das Leben ob seiner Widerwärtigkeiten zum wohlberatenen Schönen zu wenden weiß. Paulus indes ist diese antike Tugend der Eutrapelía sehr wohl vertraut gewesen.[45]

Zusammenfassung

Paulus entwirft seine theologischen Überlegungen zum Leben mit dem Begriff *zôé* (ζωή) als Inbegriff göttlichen Heils und Lebens. Demgegenüber verwendet er das Substantiv *psyché* (ψυχή) zur Beschreibung des irdisch-vergänglichen Lebensprinzips von Fleisch und Blut des Menschen.

1. In heilsgeschichtlicher Perspektive bedenkt Paulus die Überwindung der Herrschaft des Sündentods über den natürlichen Menschen: Der auferstandene Herr Christus übernimmt mit seinem göttlichen Leben beim Glaubenden die Lebensherrschaft, sodass dessen irdisch-vergängliches Lebensprinzip, die Seele, durch die *zôé* ersetzt wird. Dies geschieht in der Taufe und durch Gottes Geist, sodass der Christ gnadenhalber wahres, ewiges Leben geschenkt bekommt.
2. Demgegenüber verschwindet das Todesproblem des irdischen Menschen, wird doch der sterbliche Leib durch Gottes Geist in einen lebendig-geistigen Leib verwandelt werden.
3. Diese neue Lebensweise des ewigen Lebens ist eine durch Christus geschaffene neue, geistige Kreatur, deren Kennzeichen das Sein bei Christus ist. In dieses Sein sind Lebende und Tote gleichermaßen gestellt, sodass Leben und Tod jeweils Derivate des Seins in Christus sind.
4. Deswegen ist das Sterben für Paulus ein Gewinn, da er dadurch zur Vollkommenheit des Bei-Christus-Seins gelangt: höchste Form ewig-seiender Glückseligkeit.
5. Alltägliches Christenleben ist in der geordneten Freiheit des Geistes Christi zu führen. Der Christ ist nicht mehr Sündensklave, sondern im Ehrenrang des Sklaven Christi stehend: Gott, Christus und dem Nächsten in Gerechtigkeit dienend und so sich der jeweiligen Standesberufung als würdig erweisend. Praktisch wird dies im Gemeindeleben, das als antikes Symposion gefeiert wird, freilich unter Verzicht auf das sozialkritische Element der Isonomie.
6. Deswegen ist das Christenleben als Theaterspiel in Narrenfreiheit gegenüber der Welt und den Menschen in der Tugend der Eutrapelía zu führen, einzig mit dem Ziel, das Evangelium Gottes zu verkündigen.

---

[45] Vgl. Friedemann Richert, Kleine Geistesgeschichte des Lachens, Darmstadt 2009, bes. S. 29–34; zu Paulus: S. 71–74 und 106–113.

Parallelen zu Platon

Der Lebensbegriff bei Paulus ist auf der geistigen Grundlage der Philosophie Platons zu verstehen:

1. Wie Platon geht Paulus von *einem geistig-unsterblichen* Lebensprinzip aus, das den Menschen lebendig macht: Während dieses jedoch bei Platon die *psyché* (ψυχή) ist, tauscht Paulus, ebenso wie Johannes dies getan hat, diese gegen die *zôé* (ζωή) als Inbegriff göttlichen Lebens aus. Über Platon hinausgehend, bestimmt Paulus inhaltlich diese *zôé* (ζωή) durch Christus.
2. Paulus und Platon stimmen in der Erkenntnis überein, dass das irdisch-physische Leben nur das faktisch-wirkliche, aber nicht das eigentliche wahre Leben ist. Dieses ist vielmehr als *Vergeistigung* zu denken und nur im *Geiste* erfahrbar: Während Platon hierbei die Angleichung an Gott in Blick hat, überbietet Paulus diese Sichtweise durch die Lehre des „Bei-Christus-Seins", welches *Lebende und Tote* zur *höchsten Form ewig-geistigen Seins* führt: Ewiges Leben wird darum durch Christus als kosmischen Herrn zum ewig-göttlichen *Sein* geweitet, sodass der Christ mit einem *Geistleib* eine neue Kreatur ist. Diesen Geistleib bezeichnet Platon als „himmlisches Gewächs".
3. Sowohl für Paulus als auch für Platon kann darum das Sterben als persönlicher Gewinn gedacht werden.
4. Wie Platon hat Paulus das alltägliche Leben im Blick: Beiden ist an einem geordneten Miteinander in der Polis als Gemeinschaft gelegen, welches im Ideal des Symposions zum Ausdruck gebracht wird.
5. So wie Platon hält Paulus an den sozialen Unterschieden innerhalb der „Polisgemeinschaft" fest und geht mit Platon konform, dass Unrecht zu erleiden besser ist, als Unrecht zu tun. Aber mithilfe des Gedankens der *geordneten Freiheit* im *Geist* des *Glaubens* gelingt es Paulus, das irdische Leben des Christen als närrisch-freiheitliches Theaterspiel zu verstehen. Die Tugend der Eutrapelía ist darum Kennzeichen irdischen Christenlebens.

Viertes Kapitel: Die Wendung zu den Alten

Unsere Darstellung hat sich bewusst den drei Begriffen „Wahrheit – Gott – Leben“ zugewendet, stehen diese doch, wie sich gezeigt hat, in einem reflexiven Gedankenverhältnis zueinander: Wie nämlich Wahrheit gedacht wird, so wird auch Gott erschlossen, und wie Gott gedacht wird, bestimmt das Verständnis vom Leben. Deswegen greifen diese drei Begriffe gedanklich untrennbar ineinander. So wurde die Philosophie von Platons Wahrheits-, Gottes- und Lebensverständnis erhoben. Ebenso wurde das theologische Wahrheits-, Gottes- und Lebensverständnis des Johannesevangeliums und der Schriften des Apostels Paulus herausgearbeitet. Obwohl zwischen den beiden genannten neutestamentlichen Zeugen und Platon eine Zeitdifferenz von circa 400 Jahren liegt, ist doch eine geistige Beziehung zwischen Platon einerseits und Johannes und Paulus andererseits nicht zu übersehen. Allein diesen Tatbestand gilt es zu festzuhalten.[1] Und dies gilt unbeschadet des möglicherweise vorgetragenen Einwands, der da etwa lautet: Weder Johannes noch Paulus haben die Philosophie von Platon je gehört, geschweige denn selbst gelesen. Das mag sein, wer wollte das bestreiten? Das Gegenteil ist aber, wie sich gezeigt hat, indes viel wahrscheinlicher. Insofern will dieses Buch die geistige Nähe zwischen Platon einerseits und dem Johannesevangelium und den Schriften des Paulus andererseits aufweisen und die These aufstellen: Wer die Theologie des Evangelisten Johannes und des Apostels Paulus in ihrem traditionsgeschichtlichen Hintergrund wirklich verstehen will, der muss die Philosophie Platons kennen. Erst dann erschließt sich die theologische Eigenständigkeit und geistige Erhabenheit von Johannes und Paulus. Deren geistige Nähe zu Platon ist doch wohl als eine *bildungsbedingte* Verwandtschaft zu verstehen, die Platon und seine Gedanken über die Brücke des Hellenismus sowohl zu Johannes als auch Paulus gebracht haben. Demnach ist das Christentum, wie Johannes und Paulus es lehren, in erster Linie nicht aus dem hebräisch-alttestamentlichen Judentum hervorgegangen, sondern im theologisch gebildeten Gespräch mit Platon und dem davon inspirierten Hellenismus, auch jüdischer Provenienz, entstanden.[2]

---

[1] So mit Olof Gigon, Die antike Kultur und das Christentum, Darmstadt 1967, S. 145.

[2] Die entgegengesetzte Position vertreten Martin Hengel/Anna M. Schwemer in ihrem 2007 in Tübingen erschienen Werk: „Geschichte des frühen Christentums I“, nämlich dass das Christentum ganz und gar aus dem Judentum hervorgehe, das seinerseits hellenistischen Einflüssen-

„Wer unter den Christen Bildung erwerben wollte, war und blieb auf das Schulsystem der antiken Gesellschaft angewiesen."[3] Johannes und Paulus können aber selbstredend als solcherart Gebildete angesehen werden. Ein Blick auf das antike Bildungssystem zur Zeit der frühen Christen mag dies verdeutlichen:[4]

In der Elementarschule wurden die Grundfähigkeiten des Lesens, Schreibens und Rechnens vermittelt, wobei die griechische Sprache hierzu die Grundlage bildete, dem nachgeordnet war das Latein.[5] Hierbei dominierte in den griechischen Text- und Lesebüchern Homer, in den lateinischen Vergil. Wurden genannte Grundfertigkeiten fließend beherrscht, wechselte der Schüler auf die Grammatikschule, wobei zunächst das Lesen und Auswendiglernen ausgewählter Texte der Klassiker, sogenannter Florilegien, eingeübt wurde. Was hier dem (Christen-)Schüler gegenübertritt, war eine klassische Zusammenstellung der Lehren *Platons*, Aristoteles und der Stoa. „Man fand sie in Gesamtdarstellungen, die wir heute »Handbücher« zu nennen pflegen mit einem etwas unglücklichen Begriff, der nur besagt, daß es sich nicht um weitläufige Spezialuntersuchungen handelte, sondern um Abbreviaturen, die auch der durchschnittliche, aber aufnahmebereite Gebildete, der πεπαιδευμένος (= *pepaideuménos*) zu bewältigen vermochte. Gerade darum sind sie ungemein einflußreich geworden."[6] Wurde das beherrscht, fanden regelmäßige Aufsatzübungen statt, erst danach wechselte der Schüler zum Studium der Rhetorik. Als Handbuch des Aufsatzunterrichts dienten die sogenannten Progymnasmata, darunter sind Vorstudien zu verstehen, die in einer Art pädagogischer Stufenleiter Übungen nach verschiedenen rhetorischen Schwierigkeitsgraden beinhalten. Hier wurde die Beherrschung bestimmter Literaturgattungen wie Fabeln und Mythos, Erzählung und Geschichte, Chrie (weisheitliche Lebensregeln) und Sprichwörter eingeübt. So finden sich bei Paulus antike Lebensweisheiten in Form von Tugend- und Lasterkatalogen[7], während das Johannesevangelium in Sprache, Stil und Erzählkunst der hellenistisch-alexandrinischen Bildung entspricht.[8] Paulus schrieb

---

unterworfen gewesen sei, vgl. ebd., S. 22. Freilich stützen sich beide in ihrer Argumentation vor allem auf die synoptischen Evangelien, vornehmlich Markus und Lukas, denen sie eine relativ hohe historische Plausibilität zuerkennen. Diese Grundthese hat Martin Hengel schon in seinem Standardwerk: „Judentum und Hellenismus", Tübingen 1988[3] vorgelegt.

[3] Hans Reinhard Seeliger, Litteratulus christianus, in: Theologische Quartalschrift 183, Tübingen 2003, S. 301.

[4] Vgl. zum Folgenden: Detlev Dormeyer, Das Neue Testament im Rahmen der antiken Literaturgeschichte, Darmstadt 1993, S. 33–42.

[5] Vgl. Marcus Fabius Quintilianus, Ausbildung des Redners, zwölf Bücher, herausgegeben und übersetzt von Helmut Rahn, Sonderausgabe 2006, I, 12: „Mit der griechischen Sprache soll der Knabe am besten anfangen."

[6] Olof Gigon, Die antike Kultur und das Christentum, Darmstadt 1967, S. 41.

[7] Vgl. 1. Korinther 5, 10f.; 6, 9f.; 2. Korinther 12, 20f.; Galater 5, 19–23; Römer 13, 12–14.

[8] So mit Klaus Berger, Im Anfang war Johannes, Stuttgart 1997, S. 54–64.

seine Briefe zudem im Stil der öffentlich-literarischen Rede, da er diese zum offiziellen Verlesen in der Gemeindeversammlung bestimmte.[9] Insofern kann man Paulus eine hellenistische Schulbildung zuschreiben, die bis hin zu Kenntnissen aus dem Rhetorikstudium reichten. In der Abfassung seiner Briefe blieb er mit den Formalzielen der antiken Bildung durchweg geistig verbunden, wie man auch daran erkennen kann, dass er beliebte rhetorische Stilmittel wie Metaphorik, Antithetik, Diatribe (dialogisches Aufnehmen fiktiver Einwände eines Zuhörers), Paränese, Exempla-Ethik, Apologie, Selbstempfehlung, Tadel und Schriftbeweis regelmäßig verwendet. Inhaltlich brach Paulus jedoch mit der antiken Bildung, als er sein gesamtes Denken im Kern von der Person Jesus Christus geformt wissen wollte. Diese hohe antike Bildung vorausgesetzt, verwundert es auch nicht, dass sich in der Zeit nach Paulus im 2. Petrusbrief 3, 15ff. folgende „Bildungswarnung" findet:

> „Erachtet die Geduld unseres Herrn für eure Rettung, wie auch unser lieber Bruder Paulus nach der Weisheit, die ihm gegeben ist, euch geschrieben hat. Davon redet er in allen Briefen, in denen einige Dinge schwer zu verstehen sind, welche die Unwissenden und Leichtfertigen verdrehen, wie auch die anderen Schriften, zu ihrer eigenen Verdammnis."

Und für das Johannesevangelium kann festgehalten werden, dass es wie Platon einen Dualismus kennt, der zwischen himmlischem Urbild und irdischem Abbild unterscheidet, wie etwa die Logosrede (Johannes 1, 1–8) belegt. So fragt Klaus Berger völlig zurecht: „Könnte es nicht sein, daß im ... Johannesevangelium eine alte Analogie zwischen Platonismus im weitesten Sinne und Orientierung am himmlischen Urheiligtum wiederentdeckt und neu belebt wird?"[10] Wir bejahen diese Frage und gehen mit guten Gründen davon aus, dass sowohl Paulus als auch Johannes aufgrund ihrer Bildung in der Tat mit dem Gedankengut Platons in Berührung gekommen sind und sich dessen zu Zwecken ihrer Theologie in Auswahl bedient haben.

Dieser Gedanke findet zudem Anhalt an einem neu aufbrechenden Bildungsverständnis in der ersten Hälfte der römischen Kaiserzeit (30 v. Chr. bis 284 n. Chr.), das der ausgewiesene Fachmann für Dogmengeschichte Karlmann Beyschlag „Die Wendung zu den Alten" nennt:[11] Seit Aristoteles war das philosophische Denken davon geprägt, das jeweils Neue an Erkenntnis dem wissenschaftlichen Standard der Vergangenheit vor- und überzuordnen. Diese fortschrittliche Haltung wurde nun langsam

---

[9] Vgl. zum Folgenden: Detlev Dormeyer, Das Neue Testament im Rahmen der antiken Literaturgeschichte, Darmstadt 1993, S. 62f.

[10] Klaus Berger, Im Anfang war Johannes, Stuttgart 1997, S. 58.

[11] Vgl. zu Folgendem: Karlmann Beyschlag, Grundriß der Dogmengeschichte, Bd. I: Gott und die Welt, Darmstadt 1982, S. 101f. Und Olof Gigon, Die antike Kultur und das Christentum, Darmstadt 1967, S. 34–69.

aber sicher in ihr Gegenteil gekehrt: Ab dem 1. Jh. v. Chr. bricht ein philosophiegeschichtliches Zeitalter an, das nicht mehr dem Neuen, sondern dem Alten im Denken verpflichtet ist. Innerhalb der Philosophie und Bildung erwachten die „großen Alten" und ihre Erkenntnis, die in Ehrerbietung „das alte Wort" (ὁ παλαιὸς λόγος = ho palaiós lógos) genannt wurden, zu ungeahntem Ruhm. Allen voran galt Platon als Gewährsmann für dieses „alte Wort". Vornehmlich sein Dialog *Timaios* wurde wie ein kanonisches Buch behandelt, ebenso aber genossen die Dialoge *Gorgias*, *Phaidon*, *Gastmahl*, *Der Staat* und *Die Gesetze* in der Antike nicht nur unter den Gebildeten großes Ansehen.[12] Platons Gedanken wurden in der frühen Kaiserzeit wie eine Richtschnur für das richtige Denken angesehen, um der Wahrheit, Gott, der Welt- und Lebenserschließung auf die Spur zu kommen. Freilich nicht in der Weise, dass jeder Gebildete alle Texte Platons gelesen hätte, vielmehr bediente man sich der bereits erwähnten Florilegien der Grammatikschulen, die auch die Lehren Platons beinhalteten. Ein spätes Beispiel hierfür ist das Werk des Diogenes Laertius, der um 220. n. Christus die wohl bekannteste systematische Zusammenstellung von Leben und Werk berühmter Philosophen der Öffentlichkeit vorgelegt hat.[13] Mithilfe dieser alten Überlieferungen ließ sich nämlich das gewinnen, wonach der Geist jener Epoche sehnsüchtig fragte: eine letztgültige Erkenntnis des Universums nach metaphysischen Prinzipien und Ursachen. „Man nennt diesen geistigen Spätaufbruch einer Zeit, die ihrer eigenen Überzeugungskraft zu mißtrauen begann, um ihr Heil bei den alten Weisen zu suchen, den spätantiken „Eklektizismus", d. h. man bezeichnet damit eine geistige Bewegung, deren Denkgerüst sich aus Elementen ganz verschiedener philosophischer Herkunft zusammensetze, wobei Philosophie und religiöse Offenbarung überdies mehr und mehr ineinander wuchsen. In der Tat hatte schon (der Lehrer Ciceros =) Antiochos von Askalon (= gest. um 68 v. Chr.) die Losung ausgegeben, daß die großen philosophischen Schulen – akademische, peripatetische und stoische Richtung – letztlich alle auf eine gemeinsame (dogmatische) Grunderkenntnis zurückgingen. Zwar blieb diese Behauptung nicht ohne Widerspruch, aber allmählich setzte sie sich durch."[14] Betrachtet man den spätantiken Eklektizismus inhaltlich jedoch genauer, zeigt sich, dass dieser in seiner Gesamterkenntnis kein bunter philosophischer Steinbruch, sondern eine fortschreitende *Platonrenaissance* gewesen ist. Aus den übrigen Schulrichtungen wie etwa der Stoa oder den Peripatetikern wurde dieser Platonismus lediglich mit bestimmten Gedanken- und Systemelementen angereichert. Im Kern aber blieb das *Denken Platons* die *Richtschnur* der Philosophie dieser Zeit. „In der Tat schienen sich gerade im Lichte eines neu verstandenen Plato alle bis-

[12] Vgl. Michael Erler, Kleines Werklexikon Platon, Stuttgart 2007, S. 43.

[13] Vgl. Diogenes Laertius, Leben und Meinungen berühmter Philosophen, Bd. 1 und 2, hg. von Klaus Reich, Hamburg 2008, zu Platon vgl. Drittes Buch, 67–80.

[14] Karlmann Beyschlag, Grundriß der Dogmengeschichte, Bd. I: Gott und die Welt, Darmstadt 1982, S. 102.

herigen Erkenntnisdimensionen ins Unermeßliche zu erweitern. *Gott und Welt* als letzter überdimensionaler Erkenntnishorizont trat vor den suchenden Blick."[15] Ein neuer Geistesfrühling kündigte sich an. An diese Bildungstradition konnten Paulus und Johannes, wie gezeigt, nahtlos anknüpfen. Ehrerbietend wird Platon darum in der griechisch-orthodoxen Kirche bis heute auf manchen Fresken abgebildet, wie mir Robert Spaemann mitgeteilt hat.[16] Insofern kann man dem wohl bedeutendsten Gelehrten des hellenistischen Judentums, Philon von Alexandria (20/10 v. Chr.–45? n. Chr.), zustimmen, wenn er anerkennend vom „göttlichen Platon" schreibt.[17] Und Recht hat er, wie unsere Untersuchung gezeigt hat. Mithilfe seines Denkens vollendeten Johannes und Paulus die Theologie des christlichen Glaubens, mit der Folge, dass so Platons Philosophie, nunmehr vom Glauben an Christus gedanklich durchdrungen, an ihr Ziel kommt: Auf der Folie Platons lassen Johannes und Paulus *den Christus* so lehrend sprechen, dass seine Worte Wahrheit, Gott und Leben in einem einmaligen, unüberbietbaren Sinn – über Platon hinaus – wiedergeben.

---

[15] Ebd.

[16] Vgl. „Die Darstellung der antiken Akademie", Freske der Griechisch-Orthodoxen Pfarrgemeinde Hl. Georgios, Sebastian-Rinz-Straße 2a, 60323 Frankfurt/Main: www.orthodoxie.net/frankfurt.

[17] Zitiert nach Eduard Lohse, Umwelt des Neuen Testaments, Göttingen 1986[7], S. 186.

Stellenregister

Das Stellenregister listet nur die im Text angeführten und zitierten Stellen von Platon und der Bibel auf.

Die Platontexte werden, wie üblich, nach der Zählung der Stephanusausgabe angegeben. Als Übersetzung diente: Platon, Sämtliche Werke in VIII Bänden, eingeleitet von Olof Gigon, übertragen von Rudolf Rufener, Zürich, München 1974.

Als griechischer Text wurden verwendet: Erstens: Platon, Werke in acht Bänden, griechisch und deutsch, hg. von Gunter Eigler, Darmstadt 2005[4]. Zweitens: Der digitalisierte griechische Text der klassischen 5-bändigen Ausgabe von John Burnet, Platonis Opera, Oxford 1900–1907: CD-ROM Platon im Kontext Plus, Griechisch-Deutsche Parallelausgabe, hg. von Karsten Worm, InfoSoftWare, Berlin 2004[2].

Die biblischen Texte sind angegeben nach: Die Bibel. Nach der Übersetzung Martin Luthers, Stuttgart 1999.

Novum Testamentum Graece, Stuttgart 1993[27], hg. von Eberhard und Erwin Nestle/Barbara und Kurt Aland.

Septuaginta, hg. von Alfred Rahlfs, 2006[2], bibeldigital, Stuttgart 2008, Deutsche Bibelgesellschaft. Und: Septuaginta, hg. von Alfred Rahlfs, Deutsche Bibelstiftung Stuttgart 1935.

Biblia Hebraica Stuttgartensia, hg. von K. Elliger und W. Rudolph, Stuttgart 1977.

Einzelne Abweichungen bei der Übersetzung werden nicht ausdrücklich angegeben und sind letztlich von mir zu verantworten.

Platon

Bibel

Altes Testament

Neues Testament

Johannes

Paulus

Übrige Briefe

Verzeichnis verwendeter Lexika und Wörterbücher

Platon

Gigon, Olof/Zimmermann, Laila (Hg.):
Platon. Lexikon der Namen und Begriffe, Zürich/München 1975.
Perls, Hugo (Hg.):
Lexikon der Platonischen Begriffe, Bern/München 1973.
Schäfer, Christian (Hg.):
Platon-Lexikon, Begriffswörterbuch zu Platon und der platonischen Tradition, Darmstadt 2009.

Philosophie und Theologie

Ritter, Joachim (Hg.):
Historisches Wörterbuch der Philosophie, 13 Bände, Darmstadt 1971–2007 (Lizenzausgabe) = HWPH.
Betz, Hans Dieter u. a. (Hg.):
Religion in Geschichte und Gegenwart, 9 Bände, Tübingen 1998–2007^{4} = RGG^{4}.

Exegetische Wörterbücher

Balz, Horst/Schneider, Gerhard (Hg.):
Exegetisches Wörterbuch zum Neuen Testament, 3 Bände, Stuttgart, Berlin, Köln, Mainz 1980–1983 = EWNT.
Bauer, Walter:
Wörterbuch zum Neuen Testament, Berlin, New York 1971.
Pape, Wilhelm:
Griechisch-Deutsches Handwörterbuch, 2 Bände, CD-ROM-Ausgabe, Digitale Bibliothek 117, Berlin 2005 = Pape-GDHW.